Amed Sherwan, geboren 1998, ist der jüngste Mensch, der in Irakisch-Kurdistan wegen Gotteslästerung inhaftiert und gefoltert worden ist. Er lebt seit 2014 in einer norddeutschen Kleinstadt und betätigt sich heute als Blogger und Aktivist.

Katrine Hoop ist Kriminologin, Kommunikationsreferentin und Kulturschaffende. Sie ist zweisprachig aufgewachsen und gehört zur dänisch-friesischen Minderheit in Schleswig-Holstein.

Amed Sherwan
mit Katrine Hoop

KĀFIR

Allah sei Dank bin ich Atheist

Edition Nautilus

Edition Nautilus GmbH
Schützenstraße 49 a
D-22761 Hamburg
www.edition-nautilus.de

Originalveröffentlichung
Erstausgabe September 2020
Umschlaggestaltung:
Maja Bechert, Hamburg
www.majabechert.de
Titelfoto: Gönna Ketels
Porträts Seite 2:
Florian Chefai, Amed Sherwan
Druck und Bindung:
CPI – Clausen & Bosse, Leck
1. Auflage
ISBN 978-3-96054-238-4

»Warum ist eine Propaganda, die an den Hass appelliert, so ungleich erfolgreicher als irgendein Versuch, freundschaftliche Gefühle zu erwecken?«

Bertrand Russell in *Eroberung des Glücks*

Dieses Buch ist den vielen Menschen auf meinem Weg gewidmet: Denen, die mir geholfen und mich ausgehalten haben, ebenso wie jenen, die mich verletzt haben oder an mir verzweifelt sind.

Alle Ähnlichkeiten mit lebenden Personen und realen Handlungen sind beabsichtigt und keinesfalls zufällig. Vieles ist verändert, aber nichts erfunden.

DER ANFANG

»Kopfsteinpflaster«, schießt es mir durch den Kopf, als eben dieser mit voller Wucht auf die Straße knallt. Ich habe meine Freundin mal gefragt, warum das so heißt, sie hat die Antwort nachschlagen müssen.

Nun liegt mein Kopf auf dem harten Pflasterstein, während Schläge und Tritte auf mich einprasseln, und ich habe keine Ahnung, ob mich ein Islamist deswegen von hinten umgetreten hat, weil ich seinen Gott beleidigt habe, oder ein Rassist sich an meinem Flüchtlingsgesicht gestört hat.

Als eine Polizistin mich wenige Minuten später fragt, wie es zu diesem Vorfall gekommen ist, ist meine Sicht zwar noch leicht vernebelt, die Situation aber inzwischen klar. Und so fasse ich die relevanten Lebensereignisse routiniert zusammen.

Manchmal wirken meine Erinnerungen auf mich so fremd, als seien sie gar nicht meine. Ich habe Teile meiner Geschichte schon so oft erzählt, dass sie sich anfühlen wie Textdateien in meinem Kopf, die ich rausholen und vortragen kann, wenn mich jemand danach fragt.

Fragmente meiner Kindheitserlebnisse erzähle ich wie unterhaltsame Anekdoten, die ich irgendwo aufgeschnappt habe. Berichte aus einer anderen Welt. Und trotzdem gibt es keinen Tag, an dem ich nicht daran erinnert werde, wie alles damals vor 21 Jahren in Kurdistan angefangen hat.

AHMED

»Allahu akbar, Gott ist groß.« Meine Mutter wurde nicht müde zu betonen, dass es ein Wunder Gottes sei, dass ich das Licht der Welt überhaupt erblickt hatte.

Während die Geburten meiner Geschwister völlig unkompliziert verliefen, ging bei mir alles schief. Schon die Schwangerschaft war anstrengend und die Geburt schmerzhaft. Und als mein Körper dann endlich rauskam, war er leblos. Die Ärzte erklärten mich zum Entsetzen meiner Mutter für tot. Doch entgegen der ersten Prognosen war es nach langen, bangen Minuten gelungen, mich wieder zum Leben zu erwecken. Nach einigen Tagen konnte sie mich mit nach Hause nehmen, Ahmed, das dritte Kind der Familie.

»Alhamdulillah, gelobt sei Gott«, erklärte sie und schaute mich mit ihren ernsten braunen Augen besorgt an.

Möglicherweise hatte dieses Wunder des wiedergeborenen Sohnes ihre Religiosität erst wirklich entfacht. Denn wenn ich die Schachtel mit den Familienbildern rauskramte, entdeckte ich auf den Fotos eine Frau, die keine Ähnlichkeit hatte mit der strenggläubigen Muslimin, die ich als meine Mutter kannte.

Auf den Fotos sah ich eine lachende junge Frau ohne Kopftuch. Sie hatte meinen Vater ganz dreist aus Liebe und ohne Einwilligung ihrer Eltern geheiratet, hatte sie mir mal mit schelmischem Blick erzählt.

Rebellisch kam mir meine Mutter überhaupt nicht vor. Ich sah sie den ganzen Tag im Haushalt arbeiten, während die Fernsehprediger von *Makkah Live* vom Bildschirm auf sie einredeten. Sie ließ kein Gebet ausfallen, verhüllte ihre Haare in Anwesenheit aller anderen Männer außer meinem Vater und ging nie ohne den langen Mantel aus dem Haus.

Und Irakisch-Kurdistan hatte sie bisher nur für die Haddsch verlassen.

Bei Entscheidungen ordnete sie sich meinem Vater fast immer unter. Nur wenn er uns Kindern gegenüber zu streng auftrat, blitzte Trotz in ihren Augen auf. Niemand sollte ihren Kindern etwas zuleide tun. Sie nahm mich immer in Schutz und ich dankte es ihr, indem ich ihr im Haushalt zur Hand ging.

»Du musst das nicht tun, Kúřim, mein Sohn, das kann deine Schwester machen«, sagte meine Mutter oft, wenn ich ihr das Gemüse klein schnitt oder beim Putzen half.

»Daya, ich mache das gern«, antwortete ich dann immer, und es stimmte.

Ich hatte keine Geduld, stundenlang für die Schule zu lernen wie mein älterer Bruder und verlor schnell den Spaß an den Spielen meiner großen Schwester und meines kleinen Bruders. Ich war am liebsten in Bewegung und fragte meine Eltern ständig nach Aufgaben.

Ich putzte gern und ich genoss es, meiner Mutter beim Kochen zuzugucken. Meine Mutter machte die besten Dolma der Stadt. Wir höhlten das Gemüse aus, schnitten das Fruchtfleisch klein und mischten es mit Reis, um die Mischung anschließend in die ausgehöhlten Teile oder Weinblätter zu füllen.

»Ist es so genug oder soll ich noch mehr Reis einfüllen?«, fragte ich und zeigte meiner Mutter mein Werk.

»Das sieht gut aus. Aber du musst es nicht lernen. Deine Frau wird später für dich kochen«, sagte meine Mutter, während sie die befüllten Gemüseteile und Weinblätter mit routinierten Handgriffen zum Garen in den Topf legte. Viele Jahre später war ich froh darüber, dass ich mir meine Leibgerichte selber kochen konnte.

DAS GEMÄLDE

»Ich war letztens bei zwei Syrern zum Essen eingeladen und die haben mir tatsächlich Spaghetti mit Tomatensoße gemacht«, erzählt mir meine Nachbarin, die Studentin, entsetzt. »Ich dachte, die orientalische Küche sei so besonders.«

»Das Kochen ist den Arabern genauso wenig in die Wiege gelegt wie den Franzosen. Die beiden haben vermutlich kein einziges Mal eine Küche von innen gesehen, bevor sie flüchten mussten.«

»Aber du kochst gut!«, sagt sie und nimmt sich noch etwas. Wir essen europäisch, am Tisch mit Besteck und strikt getrennten Tellern. Und ich bezweifle, dass ihr ein echtes orientalisches Essen gefallen würde, wo jemand sich einfach etwas von ihrem Essen nehmen oder ihr etwas hinzupacken könnte.

»Danke, aber das Tofugericht, das du gerade isst, ist kein kurdisches Nationalgericht«, entgegne ich leicht schnippisch. Ich bin es gewohnt, dass Leute mit mir über orientalische Kultur reden wollen. Dabei bin ich kein wirklich repräsentatives Exemplar meiner Art.

»Das kurdische Essen ist in Syrien viel besser als im Irak«, wirft mein Freund, der Künstler, ein. Er hat halblanges braunes Haar und einen Bart und sieht aus wie ein kubanischer Freiheitskämpfer. Er trägt indische Hemden, schwärmt für tschechische Literatur und italienische Filme. Aber wenn es um Kurdistan geht, ist er sehr heimatverbunden.

»Mach doch mal Musik an«, fordert er mich auf. Wir sitzen zu dritt in meiner Wohnung. Während viele meiner Freunde noch in Mehrbettzimmern in Unterkünften wohnen, habe ich eine eigene Wohnung. Eine wirklich schöne sogar, mit einer kleinen Küche und einem schönen Balkon. Ganz anders als die Bruchbuden, die einige Freunde angemietet haben. Sie haben viel Geld für die Vermittlung von Wohnungen bezahlt, in denen einem der Schimmelgeruch schon beim Betreten der Wohnung entgegenschlägt. Mit Verzweiflung lässt sich offenbar gut Geld machen.

Ich verbinde mein Telefon mit einer Bluetoothbox und wähle einen zufälligen Mix mit Popmusik auf YouTube. »Warum hörst du nie Musik aus Kurdistan?«, fragt der Künstler. »Es gibt so schöne kurdische Musik.«

Ich stöhne. »Ganz ehrlich? Ich bin nicht geflüchtet, um mir das Gedudel auch hier noch anhören zu müssen. Ich habe schon als Kind lieber koreanische Popmusik gehört«, sage ich und räume die Teller vom Tisch, während ich *Oppa Gangnam Style* singe.

»Na, ob das besser ist?«, kichert die Studentin.

Ich verschwinde schnell mit den Tellern in die Küche, schneide ein paar Limetten und mache drei Gläser mit Minz-Limetten-Limo und gehe wieder in das Wohnzimmer, wo die beiden sich unterhalten.

»Hast du die Revolution in Rojava miterlebt?«, fragt die Studentin. »Ist sie wirklich so toll?«

»Natürlich ist nach der Revolution nicht alles sofort gut gewesen, aber alles besser. Es hat uns wirklich Mut gemacht. Aber nun habe ich keine Hoffnung mehr. Wir haben die Welt vor dem Daesh geschützt und als Dank hat sie tatenlos zugeschaut, wie die Türkei mit deutschen Panzern in meine Stadt eingefallen ist und einen Großteil der Bevölkerung vertrieben hat. In meinem Haus wohnt nun ein arabischer Islamist, der ein kurdisches Mädchen mit Gewaltandrohung zu seiner Frau gemacht hat.«

»Hast du noch Familie in Syrien?«

»Ja, meine Oma lebt noch dort. Sie ist alt und möchte in ihrer Heimat sterben«, der Künstler holt seinen Tabak raus und dreht sich eine Zigarette. »Aber eigentlich gibt es diese Heimat gar nicht mehr. Ich bin heimatlos.«

»Erdoğan nennt seinen Einmarsch übrigens einen Erfolg gegen die Ungläubigen«, sage ich. »Genau wie Saddam seinen Genozid an den Kurden im Irak einen Krieg gegen die Ungläubigen genannt hat.«

»Tja, die Unterwerfung unter den Islam hat Kurdistan keine Sicherheit gebracht«, meint der Künstler.

Der Künstler ist sehr schlau und sehr traurig. Vermutlich macht die Welt einen umso trauriger, je besser man sie versteht. Er steht auf, geht auf den Balkon und raucht seine Zigarette. Wir schauen ihm nach. Der Wind bläst seine braunen Haare aus dem Gesicht. Durch das Fenster betrachtet sieht er aus wie eins seiner eigenen Gemälde, voller Trauer und Verzweiflung, genau wie die Musik, die er so mag.

»Und wie ist die Situation in deiner Heimat, im irakischen Teil?«, fragt die Studentin mich.

»Da ist es ganz anders. Der kurdische Teil Iraks hat seit Saddams Niederlage weitgehende Selbstständigkeit. Ich komme aus Hewlêr, also Erbil, der Hauptstadt der Autonomieregion. Meine ganze Familie lebt noch da.«

DIE SCHILDKRÖTE

Die Erinnerungen an meine frühe Kindheit sind bruchstückhaft. Aber ich weiß noch, dass wir an einer Straßenecke wohnten, ganz nahe beim alten Basar und der uralten Zitadelle.

»Die älteste Stadt der Welt«, erzählte mein Vater mir stolz, wenn er mit mir durch die alte Festung im Stadtkern spazierte.

Wenige Schritte von unserem Zuhause lag der Salon des Friseurs, der meinem Vater, meinen Brüdern und mir die Haare schnitt und Neuigkeiten aus der Stadt erzählte. Ein paar Meter in die andere Richtung befand sich ein kleiner Laden, in dem wir Kinder uns manchmal Eis holten. Und an Freitagen mussten wir nicht weit gehen, um zu dem großen Tiermarkt der Stadt zu kommen. Da gab es Hühner, Puten und Gänse zu kaufen, aber auch wunderschöne bunte Vögel in Käfigen und Raubvögel, die auf Stangen angebunden waren. Manchmal konnte ich da auch Eichhörnchen, Füchse und sogar Affen bewundern. Und es gab Becken mit glitzernden Goldfischen, die man im Beutel oder Glas mit nach Hause nehmen konnte.

Ich liebte die Tiere und bettelte so lange, bis mein Vater mir eines Tages erlaubte, mir eine kleine Schildkröte auszusuchen, die ich den ganzen Weg zurück nach Hause stolz in meinen Händen trug.

Von der Straße vor unserem Zuhause ging es in den kleinen quadratischen Innenhof. Rechts vom Eingang war ein kleiner Garten. Weiter hinten lag ein Toilettenschuppen mit einer Stehtoilette voller Kakerlaken und einer kleinen Kanne mit Wasser zum Waschen und Spülen. Ich versuchte immer ein paar der vielen Schaben mit wegzuspülen. Aber sie krochen ständig wieder aus dem Loch hervor. Ich ekelte mich vor ihnen und weigerte mich, nachts im Dunkeln auf die Toilette zu gehen. Deswegen bekam ich von meiner Mutter eine Flasche ans Bett, in die ich stattdessen pinkeln konnte.

Unser Wohnhaus lag in der linken Ecke des Innenhofs. Ich erinnere mich an die sandfarbenen Mauersteine an den Außenwänden und daran, wie der Putz daraus bröckelte. Auf der einen Seite des Hauses rankte eine Grünpflanze und davor schwirrten immer Bienen, die manchmal so träge waren, dass ich sie mit einem Glas einfangen und darin untersuchen konnte, bevor ich sie wieder freiließ.

Im Haus gab es einen Waschraum und zwei Zimmer. In dem einen schliefen meine Eltern, in dem anderen wir Kinder. Abends holte meine Mutter die Unterlagen, Kissen und Bettdecken aus dem Schrank und richtete unsere Schlafstätten für uns ein.

Vor dem Haus war die Kochecke unter einer Überdachung. Außen am Haus führte eine Treppe auf das Dach. Oben befanden sich ein großer Wassertank und eine kleine

Dachterrasse, von der ich die Welt überblicken konnte, in der sich fast meine ganze frühe Kindheit abspielte.

Nur manchmal nahm mein Vater mich den langen Weg in die Werkstatt mit, in der er damals arbeitete. Ich liebte es, war meinem Vater aber oft mehr im Weg als zur Hilfe. Ich ließ mich zu leicht ablenken, um ihm sein Werkzeug zuverlässig zu reichen, hatte keinen Spaß daran, ihm nur beim Schrauben zuzugucken, und stellte mich zu ungeschickt an, um selber mit an den Autos zu hantieren.

»Willst du dir nicht Falafel holen gehen«, schickte mein Vater mich meistens nach kurzer Zeit weg. Dann spazierte ich stolz die wenigen Schritte zum Imbiss, schaute zu, wie der Händler den Teig zu kleinen Bällen formte und frittierte, nahm die fertige Brotrolle entgegen und stapfte damit zurück. Ich aß meine Mahlzeit in einer Ecke der Werkstatt und bemühte mich, ruhig zu warten, sprang aber meistens schnell wieder auf und hampelte rastlos um meinen Vater herum, bis er mich nach Hause bringen konnte.

Meiner Mutter machte es nichts aus, wenn ich versehentlich etwas umstieß, laut jauchzte oder mitten in einem Arbeitsschritt plötzlich vergaß, was ich machen wollte, weil ein Schmetterling vorbeiflog oder ein Vogel auf dem Strauch im Garten landete. Das Arbeiten im Haushalt wurde deshalb zu meinem liebsten Hobby. Ich goss Pflanzen im Garten, fegte den Innenhof und half beim Waschen und Trocknen der Wäsche auf dem Dach unseres Wohnhauses.

Eines Tages kam mein älterer Cousin vorbei, als ich gerade einen Teppich auf dem Dach bearbeitete, und bot mir seine Hilfe an. Wir kippten gemeinsam Seifenwasser über den Teppich, schrubbten die Fasern und spülten die Lauge mit einem Gartenschlauch ab. Mein Cousin war gewissenhaft am Schrubben, während ich den Schlauch führte. Ich nahm ihn hoch, um meinen Cousin nasszuspritzen, und rutschte dabei so heftig auf der Seifenlauge aus, dass ich kopfüber auf das Dach knallte. Was genau danach passierte, weiß ich nicht mehr. Aber ich erinnere mich noch an meine aufgeplatzte Lippe und daran, dass ich ein paar Tage eine Bandage um den Kopf tragen musste und mein Cousin sich darüber lustig machte.

Ich tröstete mich im Garten mit meiner Schildkröte und strich ihr fasziniert über ihren harten Panzer. Dabei verlor ich sie kurz aus den Augen und fand sie nie wieder, doch die Beule über meiner rechten Augenbraue blieb.

DER STAUB

Der Künstler sieht noch immer traurig aus, als er die Balkontür aufmacht und sich wieder setzt.

»Ich mag Irakisch-Kurdistan sehr«, sagt er. »Aber ich hätte mir nie vorgestellt, dass Kurden so altmodisch sein können. Für uns in Syrien war die Autonomieregion immer das Gelobte Land. Aber als wir dahin flüchten mussten, war es wie eine Reise in die Vergangenheit. Das war fast wie im Mittelalter gegen das Leben in den Städten Syriens.«

»Ja, zumindest in Hewlêr«, stimme ich ihm zu.

»In Silêmanî ist es etwas moderner, studentischer, da gibt es viel Kunst und Kultur. Und es ist die Stadt der Eselpartei«, erinnert der Künstler.

Wir lachen beide laut auf. »Oh, die hatte ich fast vergessen«, sage ich.

»Die Partei hat sich für Esel eingesetzt, weil Esel die einzigen waren, die den kurdischen Freiheitskampf aktiv und uneigennützig unterstützt haben. Das Manifest der Partei war sehr lustig. Bei Parteitagen durfte man die Türen nur mit einem Eselstritt öffnen und das Parteilied lautete ›Ihhh-Ahhh‹.«

»Eigentlich erstaunlich, dass die sich so viel Satire erlauben konnten«, werfe ich ein.

»Naja, Spaß ist auch in Irakisch-Kurdistan erlaubt.«

»Jaja, solange man Familie, Glaube und Sexualmoral ausklammert«, sage ich zynisch. »Ein falscher Witz und du bist tot.«

»Was willst du damit auch erreichen? Als ich so jung war wie du, dachte ich auch, dass Provokationen wirken. Aber nun bin ich erwachsen und sehe es realistischer.«

»Na, wohl eher fatalistischer. Willst du die Ewiggestrigen einfach duldsam aushalten? In Kurdistan hat sich die erste Hochkultur der Menschheitsgeschichte entwickelt. Und seither geht es gefühlt stetig bergab. Vielleicht sollte man die Leute da sogar eher Neugestrige nennen? Gibt es so ein Wort?«

»Nein, das gibt es bisher nicht, glaube ich. Aber es passt gerade auch zu vielen Menschen in Deutschland«, sagt die Studentin.

»Im Moment ist Irakisch-Kurdistan ja zumindest ziemlich sicher, nur etwas altmodisch«, sagt der Künstler.

»Hewlêr ist ja auch eine der am längsten durchgehend bewohnten Städte der Welt, da haftet halt der Staub alter Zeiten an den Gemäuern.«

»Ja, staubig ist es da auf jeden Fall in mehrfacher Hinsicht.«

DER KRIEG

Der staubige, schmale Bürgersteig entlang der Straße vor unserem Haus war wie ein Treppenabsatz, auf dem wir Kinder oft saßen, mit Steinen oder Murmeln spielten oder einfach die Straße beobachteten.

Einmal konnten wir sehen, wie der Präsident mit seinem Gefolge durch unsere Stadt kam. Schwerbewaffnete Truppen begleiteten seinen Zug durch die Straßen und die Luft war von Helikopterlärm erfüllt. Wir standen auf, staunend und ehrfurchtsvoll vor dem mächtigsten Mann unserer Region.

Manchmal fuhren amerikanische Soldaten auf einem Pick-up auf der großen Straße am Haus vorbei. Vorne zwei Menschen in der Fahrerkabine und hinten jemand mit Waffe an einem Stand. Manchmal gingen sie auch zu Fuß, und wenn sie an unserer Ecke in die Straße einbogen, sprangen mein kleiner Bruder und ich aufgeregt auf und rannten ihnen hinterher. Manchmal drehten sie sich dann zu uns um, lächelten und sagten etwas auf Amerikanisch. Mein Bruder und ich bewunderten diese großen Männer. Einige hatten ganz helle Haare, andere ganz dunkle Haut. Sie waren die Guten und hatten uns von Saddam und seinem Vetter Ali Chemie befreit. Sie erschienen mir wie Helden aus einem Märchen.

Auf dem Weg zurück imitierten wir die amerikanischen Worte, begrüßten uns mit »Hello«, kicherten und fragten uns, wie es wohl in Amerika war. Und dann hockten wir uns wieder an den Straßenrand, spielten mit Murmeln und warteten darauf, dass unser Vater von der Arbeit kam. Er lächelte immer breit, wenn er uns beide sitzen sah. Wir rannten dann auf ihn zu und hüpften an ihm hoch. Manchmal packte er einen von uns und wirbelte uns einmal durch die Luft.

Mein Vater war auch ein Held. Er hatte dichtes schwarzes Haar, dunkle Augenbrauen und einen Schnauzer, so wie jeder Mann mit Autorität. Ich war stolz auf meinen Vater. Er hatte sein Leben und seine Familie im Griff. Er war gottesfürchtig, schreckte aber sonst vor nichts zurück und war jederzeit bereit, zu den Waffen zu greifen, um die Ehre seiner Familie oder seines Volkes zu verteidigen.

Manchmal holte er seine alten Waffen aus dem Schrank und zeigte sie uns. Wir durften sie anfassen und er erzählte uns dann von der Zeit, als er gegen die Araber gekämpft hatte. Er war in den Bergen gewesen. Wie er wohl da gelebt hatte? Hatte er morgens zu Hause gegessen und danach in den Bergen gekämpft? Die Erwachsenen redeten oft von der Zeit, als die Kurden keine anderen Freunde hatten als die Berge. Und ich stellte mir gerne vor, dass die Berge riesige, freundliche Wesen waren, die meinen Vater versteckt und beschützt hatten im letzten großen Krieg.

Der Krieg war vorbei, aber allgegenwärtig. Auf den Mahntafeln für die Verstorbenen, in den Körpern der Männer und den Augen der Frauen. Unser Nachbar sprach nicht mehr, sein Körper war aus dem Gefängnis in Silêmanî befreit worden, seine Seele war aber noch dort gefangen. Er verrichtete seinen Alltag nur noch mechanisch und starrte dabei vor sich hin. Und wenn man in seine Augen sah, war da nichts mehr, nur Leere.

Südlich der Autonomieregion tobte der Krieg noch, und Besuche bei meiner Tante in Kerkûk waren immer bedrohlich. Ständig jagte sich da jemand mit dem Auto in die Luft. Wir durften ihr Haus nie allein verlassen und waren alle froh, wenn wir wieder heil zu Hause angekommen waren.

Unsere Bekannten in der Stadt Helebçe besuchten wir Kinder nie, weil meine Mutter Angst hatte, wir könnten uns dort noch vergiften an dem Giftgas, mit dem das irakische Regime zehn Jahre vor meiner Geburt fast die ganze Stadt ausgelöscht hatte.

Die Freundin meiner Mutter war eine Hałâtin, eine Vertriebene. Eines Abends saß sie bei uns zu Hause auf dem Boden und erzählte vom Giftgasangriff. »Plötzlich roch die Luft ganz süß und lecker wie frischer Apfel, und kurz danach fing das Sterben an.«

Tausende waren innerhalb weniger Minuten tot. Und in dem Chaos des Massensterbens wurden viele Familien auseinandergerissen. Die Säuglinge, die danach von den Rettungskräften alleine aufgefunden wurden, wurden adoptiert und lebten nun in neuen Familien. Ich konnte danach nie wieder einen Apfel essen, ohne an die Kinder von Helebçe zu denken.

DER KREISLAUF

Ich gehe mit meinem Freund, dem Trainer, am Hafen entlang, die ersten warmen Sonnenstrahlen des Jahres fallen auf unsere Gesichter. Die ganze Stadt ist draußen. Eltern mit Kinderwagen, Pärchen eng umschlungen, Kinder auf dem Spielplatz. Vor den Restaurants sitzen Grüppchen bei Bier und Fischgerichten. Wir setzen uns auf eine Holztreppe am Wasser und teilen uns meinen letzten Tabak. Es ist Monatsende und wir sind beide pleite.

Der Trainer ist groß und muskulös. Er hat schwarze Haare, einen Zopf und ein strahlendes Lachen. Ich reiche ihm nur knapp über die Schulter und watschele ungelenk neben ihm her, während er sich geschmeidig durch die Straßen bewegt und dabei aussieht wie ein Krieger. Doch der Schein trügt, während ich aufbrausend und kämpferisch bin, ist er besonnen und sanftmütig.

Er ist behütet in Syrien aufgewachsen und liebt seine Familie. Er hat sein Abitur gemacht und sorglos in die Zukunft geschaut. In seiner Freizeit hat er Fußball gespielt oder im Betrieb seiner Familie mitgearbeitet. Und er hat keine Sekunde gedacht, jemals in ein anderes Land flüchten zu müssen.

»Bei Sonne ist es schön hier«, er schaut über das Meer. »Doch leider scheint sie fast nie.«

»Ja, ich verstehe inzwischen auch, warum hier alle hektisch rausrennen, sobald die Sonne scheint«, sage ich. »Sie könnten den einzigen Sommertag des Jahres verpassen.«

»Ich vermisse Syrien. Vor dem Krieg war es so ein schönes Land. Ich habe mir über Politik wenig Gedanken gemacht und einfach nur mein Leben genossen und das gute Wetter. Wobei ich erst jetzt weiß, wie schön es war.«

Der Trainer lernt fleißig Deutsch. »Danke, bitte, Entschuldigung«, perfektioniert er das Auftreten, das von einem guten Flüchtling erwartet wird, engagiert sich ehrenamtlich als Trainer und nimmt jede Arbeitsgelegenheit wahr.

»Ich werde mich vielleicht bald bei einem Sicherheitsdienst bewerben«, sagt er.

»Vielleicht solltest du lieber eine Ausbildung machen«, schlage ich vor. »Möglicherweise könntest du sogar studieren.«

»Aber das dauert doch ewig«, wehrt er ab und drückt die Zigarette aus. Er will unabhängig sein und sich selbst versorgen. »Mein Deutsch ist auch gar nicht gut genug.«

»Kennst du den Übersetzer, der in Syrien Deutsch studiert hat?«, frage ich ihn.

»Ja, der spricht fließend Deutsch und hat einen guten Job«, sagt der Trainer. »Der hat Glück im Unglück gehabt. Ich muss halt sehen, was ich ohne Ausbildung kriegen kann«, sagt er.

»Nicht, dass du Deutschland noch Geld wegnimmst, so wie ich«, grinse ich provokativ. Er guckt mich fragend an.

»Naja, einen Großteil meines Geldes vom Jobcenter kriegt mein Vermieter, dann kriegt mein Stromanbieter noch was und den Rest gebe ich fast komplett für Lebensmittel aus. Ich war im Kinderheim, in der Schule, im Krankenhaus, beim Arzt und in Gewahrsam der Grenzschutzpolizei. Das hat Steuergeld gekostet, das in diese Jobs geflossen ist. Ich habe bisher nur ein Mal so viel Geld gespart, dass ich ein kleines Paket mit Geschenken an meine Geschwister schicken konnte. Sonst habe ich persönlich noch nie Geld außer Landes gebracht. Ich kenne mich damit nicht wirklich aus. Aber glaubst du, dass ich Deutschland ärmer mache?«

»Aber willst du ewig vom Geld des Staates abhängig sein?«

»Nein, natürlich nicht«, sage ich. »Wer will das schon? Ich finde das genauso furchtbar wie du.«

»Ich bin aber auch sehr dankbar, dass ich hier nie verhungern muss.«

»Natürlich, das bin ich auch«. Ich drehe uns aus den allerletzten Tabakkrümeln zwei Zigaretten. »Mein Kühlschrank ist allerdings gerade genauso leer wie mein Tabakbeutel.«

DIE KATZE

Wenn meine Geschwister und ich mit den Kindern aus der Nachbarschaft spielten, fragte ich mich oft, ob ich genau wie die Kinder aus Helebçe in einer fremden Familie lebte. Vielleicht hatte meine Mutter die Geschichte von meiner Geburt nur erfunden, um mich zu beruhigen?

In den Spielen stand meistens ein Kind in der Mitte, musste zwischen den Beinen der anderen Kinder entweichen, einen Ball rauswerfen oder blitzschnell versuchen, einen Platz zu erwischen, wenn die anderen Kinder ihre Positionen tauschten. Meine Geschwister waren dabei schnell und geschickt. Ich stand immer in der Mitte. Und wenn es mir endlich gelang, aus der Mitte rauszukommen, war es für das neue Kind in der Mitte ein Leichtes, meinen Platz zurückzuergattern.

Wenn mich die Spiele traurig machten, kletterte ich aufs Dach und guckte über meine Welt. Und wenn ich mich unbeobachtet fühlte, kletterte ich von unserem Dach auf das Nachbardach und von da auf das nächste. Mitunter musste ich nur eine Umrandung übersteigen, manchmal über einen schmalen Spalt springen. Gelegentlich traf ich Katzen, die genau wie ich über die Dächer turnten. Die meisten liefen ängstlich weg, aber eine kleine schwarze Katze ließ sich manchmal streicheln. Dann setzte ich mich neben sie, spürte ihren weichen Körper und das leise Schnurren unter der Kehle. Ich schaute zu, wie ihr die Augen vor Wohlbehagen zu kleinen Schlitzen zufielen.

Nach den Streifzügen kletterte ich über unser Dach zurück in den Innenhof und guckte, ob mein Vater schon zurück war. Oft saß er vor dem Fernseher und guckte Fußball. Manchmal setzte ich mich eine Weile dazu, obwohl es mich nicht interessierte.

»Kann ich dein Mobiltelefon leihen, Baba?«, fragte ich ihn dann. Sein Telefon war von Nokia, hellblau, ganz klein und modern. Wenn man es anschaltete, lief ein kleiner Film mit zwei Händen, die sich einen Handschlag gaben. Ich spielte immer ein Spiel, bei dem man eine kleine Schlange mit den Tasten über den kleinen Bildschirm bewegen konnte. Wenn ich davon genug hatte, lief ich raus zu meiner Mutter, um zu sehen, ob ich helfen konnte.

Oft saß sie zusammen mit den Nachbarinnen im Innenhof und backte Nansaji, weiches Fladenbrot. Schräg rechts vor sich hatte sie dann die Teigkugeln unter einem Tuch und direkt vor sich eine kleine Holzplatte, auf der sie jeweils eine Kugel mit einer dünnen Holzrolle zu einem Fladen rollte, den sie danach auf einem großen Kissen glatt zog, bis er ganz dünn war. Dann drehte sie das Kissen mit Schwung kopfüber auf die nach oben gewölbte metallene Halbkugel, den Sac. Unter dem Sac loderte eine Gasflamme. Das Metall war heiß und meine Mutter achtete genau auf den Fladen. Sobald er anfing Blasen zu schlagen, hob sie ihn vom Metall und legte ihn auf den Stapel links von sich, wo der Teig schnell steif wurde. Wenn wir das Brot später essen wollten, mussten wir es mit etwas Wasser besprenkeln, damit es wieder weich und geschmeidig wurde.

»Pass auf«, sagte meine Mutter. Beim Brotbacken durfte ich ihr nicht zu nahe kommen, sie hatte Angst, dass ich etwas umstoßen und mich an dem Feuer verbrennen konnte. Ich ging dann raus, um den Block. Auf den großen Straßen fuhren die Autos im ständigen Strom, es gab keine Ampeln für Menschen. Wer rüber wollte, musste auf Gott vertrauen und sich todesmutig in den Verkehr stürzen. Das durfte ich noch nicht alleine. Also ging ich durch die ruhigen kleinen Seitenstraßen um unser Haus, grüßte den Friseur und schlenderte weiter.

Einmal entdeckte ich dabei ein kleines schwarzes Fellknäuel neben einem Hauseingang unweit des Friseursalons. Meine Katze lag auf der Seite, ihre Augen starrten geradeaus. Ich fasste sie vorsichtig an, ihr Körper unter dem Fell war hart wie Stein. Ich sprang auf, lief zum Friseur und erzählte ihm von meinem schrecklichen Fund.

»Wilde Tiere leben gefährlich«, sagte er, streichelte mir tröstend über den Kopf und erklärte mir, dass einige Menschen vergiftete Köder auslegten für die wilden Katzen und Hunde der Stadt. »Geh lieber schnell wieder nach Hause.«

DER TOD

»Ich habe kürzlich zum ersten Mal einen toten Menschen gesehen«, erzähle ich dem Trainer. »Ein Freund von mir ist überraschend gestorben.«

»Und du hast ihn dann tot gesehen?«, fragt der Trainer verwundert.

»Wir waren bei der Aufbahrung im Bestattungsinstitut und haben Abschied genommen.«

»Macht man das so in Deutschland? Das wusste ich nicht.«

»Es machen wohl nicht alle so«, gebe ich weiter, was mir meine Freundin erklärt hat. »Jedenfalls denke ich seitdem viel über den Tod nach. Es gibt viele Menschen, die ich wahrscheinlich nie wieder sehen werde. Aber es ist anders, wenn jemand stirbt und du es mit Sicherheit weißt. Ich habe immer Angst, dass meine Eltern sterben und ich sie nie wieder in die Arme schließen werde.«

Er nickt.

»Früher habe ich fest an ein Leben nach dem Tod geglaubt, aber seitdem mir der Glaube abhandengekommen ist, hat Sterben eine andere Bedeutung für mich«, sage ich. »Vielleicht macht der Glaube an ein Leben nach dem Tod die Leute so fahrlässig im Umgang mit Menschenleben?«

»Ich hatte meine erste Begegnung mit dem Tod als Soldat«, sagt er.

»Wie war das?«

»Na, wie war das wohl?« Er macht sich sein Haargummi ab, streicht die Haare wieder glatt nach hinten und bindet sich einen Zopf.

»Was ist denn genau passiert?«

Er wirkt plötzlich sehr angegriffen.

»Wir haben auf die Ankunft ganz junger neuer Rekruten gewartet. Als sie nicht wie geplant ankamen, haben wir uns auf den Weg gemacht. Und da lagen sie dann, alle tot, mehr als zwanzig junge Männer, einfach erschossen. Sie sind in einen Hinterhalt geraten. Wir mussten ihre Kleidung durchsuchen nach persönlichen Gegenständen. Ich fand ein Mobiltelefon und habe damit die Familie des Jungen angerufen. Es war furchtbar.«

»Und danach bist du desertiert?«

»Nein, noch nicht. Aber ich habe immer deutlicher gemerkt, dass ich das nicht kann«, seufzt er. »Ich wusste, dass der Tag kommen würde, an dem ich selber töten müsste oder sterben. Und dann bin ich geflüchtet.«

Ich hole mein Mobiltelefon raus und lese ihm einige Kommentare unter einem Post von mir vor. »Hör dir mal an, was die geschrieben haben: ›Ach, du bist nach Deutschland geflüchtet, um nicht für dein Heimatland kämpfen zu müssen? Was bist du für ein Mann? Lässt andere für deine Heimat kämpfen und lebst solange in der Fremde ein schönes Leben. Schäm dich.‹ Oder hier: ›Ja, ich würde meinen Sohn in den Kampf schicken, wenn Deutschland angegriffen würde. Ja, ich würde auch selbst zur Waffe greifen und mein Land verteidigen. Vor allem, wenn ich ein Mann wäre, würde ich mich schämen, davonzulaufen und andere für mein Land kämpfen zu lassen.‹ Die würden sich gut mit meinem Vater verstehen.«

»Die haben garantiert noch keinen Krieg erlebt«, sagt der Trainer. »Ich hatte viel weniger Angst vorm Sterben als vor dem Töten.«

»Warum bist du dann überhaupt Soldat geworden? Wurdest du zum Wehrdienst eingezogen?«

»Nein, ich habe mich freiwillig gemeldet. Und anfangs war es auch in Ordnung. Es war drei Monate nach Beginn des Bürgerkriegs und ich hatte zuerst nur ungefährliche Dienste.« Er nimmt sein Telefon. »Willst du mal sehen?« Er sucht ein bisschen und zeigt dann Fotos. Sein Gesicht mit demselben Lachen, aber mit kurzen Haaren und Sonnenbrille vor einem Panzer, im Jeep, mit Maschinengewehr, zusammen mit anderen jungen Männern, die alle so aussehen, als wäre es nur ein Spiel.

»Der Tarnanzug stand dir doch ganz gut«, grinse ich.

Er schüttelt den Kopf und wirft einen kleinen Zweig ins Wasser. Wir schauen zu, wie er dahintreibt. »Ich war naiv. Ich wusste nach dem Abitur nicht genau, was ich werden sollte, und dachte, dass ich mich beim Militär selber finde. Aber ich habe mich beinahe verloren. Und nun sitze ich hier nutzlos rum. Manchmal träume ich, dass alles nur ein Albtraum war. In meinem Traum wache ich auf und bin in meinem hellen Zimmer im Haus meiner Eltern. Ich gehe ans Fenster und schaue im Morgenlicht über die schöne Stadt. Und ich lache, weil ich alles nur geträumt habe. Und davon wache ich dann wirklich auf und starre an die dunkle Decke meiner düsteren Wohnung.« Er inhaliert und guckt traurig über das Meer.

»Bereust du deine Flucht?«, frage ich ihn.

»Nein, sonst wäre ich jetzt wahrscheinlich tot.«

»Ich bin froh, dass du geflüchtet bist«, sage ich. »Zusammen sitzt es sich viel schöner nutzlos rum als allein.«

DIE PRÜFUNG

Am Tag meiner Einschulung spiegelte ich mich in den Fenstern aller Autos, an denen wir auf dem Weg zur Schule vorbeikamen. Ich war stolz auf mein weißes Hemd und die graue Hose meiner Schuluniform. Ich entdeckte erst einige Monate später, dass die Farben sehr unpraktisch waren.

»Warum hast du Schuhabdrücke auf deiner Hose und deinem Hemd?«

Meine Mutter sah mich ernst an, als ich von der Schule kam.

»Wir haben gespielt«, antwortete ich und wollte an ihr vorbeigehen.

»Beim Spielen kriegt man doch keine Fußabdrücke auf die Kleidung.«

Im Islamunterricht war ich der Klassenbeste. Auch die Buchstaben lernte ich schnell. Ich war wissbegierig und neugierig und oft platzte mir die Antwort auf eine Frage der Lehrer einfach raus. Trotzdem war ich das Gespött der Klasse. Das Rumsitzen langweilte mich. Ich kippelte oft mit dem Stuhl, manchmal fielen meine Schulhefte dann runter. Wenn ich sie aufheben wollte, entdeckte ich etwas Interessantes unter dem Tisch. Und wenn meine Lehrer mich dann etwas fragten, wusste ich oft nicht mehr, worum es gerade ging. Dann kicherten die anderen über mich.

Und in den Pausen lauerten sie mir auf. Sie ärgerten mich damit, dass ich eine Fehlstellung der Beine hatte und wie ein Pinguin mit den Füßen zu den Seiten ging. Sie lachten, wenn sie mich über den Schulhof trieben, denn beim Laufen sah es noch lustiger aus. Sie mussten mir meistens nicht mal ein Bein stellen. Ich fiel ganz von alleine hin und dann traten sie auf mich ein, bis meine große Schwester es sah und dazwischenging.

»Es wäre einfacher, wenn ich schneller laufen könnte«, sagte ich und guckte auf meine Füße.

»Gott hat sich etwas dabei gedacht«, sagte meine Mutter. »Gott prüft dich, du musst geduldig sein. Erinnere dich an den Propheten Ayyūb, der jede Prüfung ertrug und dafür von Gott belohnt wurde.«

Ich nickte und ging ins Haus. Ja, Gott hatte mich halt so geschaffen. Aber ich konnte nicht verstehen, was sein Plan damit war.

Ich versuchte immer, mich zu konzentrieren. Aber meine Augen, Ohren und Gedanken machten, was sie wollten. Ich bemühte mich auch, die Füße geradezubiegen, bekam sie aber genauso wenig in den Griff. Manchmal ging ich abends allein raus und übte Fußballspielen, aber ich kriegte weder meine Aufmerksamkeit noch die Füße auf den Ball gerichtet. Er flog in alle Richtungen, doch nie dorthin, wo er sollte.

In meiner Freizeit ging ich daher lieber in die Moschee als zum Ballspiel. Und als wir in den Schulferien die Möglichkeit bekamen, uns für Ferienkurse anzumelden, wählte ich ganz selbstverständlich lieber die Koranschule als den Sportkurs und kam am Ende der Ferien stolz mit meinem Zertifikat nach Hause: »Zor basha, sehr gut!«

Während der Schulzeit war der schulfreie Freitag mein Lieblingstag. Ich achtete genau auf die Uhrzeit, und sobald die Abfahrtzeit sich näherte, rannte ich aufgeregt durch das Haus und erinnerte meinen Vater und meine Brüder daran, dass sie sich für das Gebet fertig machen sollten. Meine Brüder hatten oft keine Lust mitzukommen, ich aber ließ kein Freitagsgebet in der Moschee ausfallen.

Manchmal freute ich mich so sehr darauf, dass ich mich nicht zurückhalten konnte und auf dem Weg zur Moschee laut aus dem Auto rief und Leute dazu anhielt, uns zu folgen.

In der Moschee angekommen, zog ich die Schuhe aus und stellte sie ins Regal, wusch mich gewissenhaft, betrat den

Gebetsraum und stellte mich neben die Männer in die Reihe. Während des Gebets konnten meine Gedanken fliegen, wohin sie wollten, und meine Füße dahin zeigen, wohin es ihnen passte.

Niemand lachte über mich. Und der Imam mochte und lobte mich. Hier gehörte ich dazu. Denn vor Gott waren wir alle gleich.

DER URIN

»Meine alte Heimat riecht nach Benzin, meine neue nach Urin«, sage ich und reiche meinem Freund, dem Computerfachmann, und meiner Freundin jeweils ein Bier.

Das Kneipenkollektiv hat die Schicht ausfallen lassen. Deshalb haben wir unser Bier im Kiosk gegenüber gekauft und stehen damit nun vor einem leerstehenden Supermarkt.

»Wir sind in der Gosse gelandet«, stellt der Computerfachmann fest und legt einen kleinen Stepptanz hin.

»Das ist ein Zeichen«, sagt meine Freundin. Er fragt sie, wofür das ein Zeichen sein soll.

»Dafür, dass wir es uns lieber auf dem Sofa bequem machen sollten.«

Es stinkt wirklich erbärmlich hier. Aber so ist es halt, wenn weit und breit keine öffentliche Toilette in Sicht ist. In Irakisch-Kurdistan ist an jeder Ecke eine Moschee mit Waschgelegenheit und Klo. Aber vermutlich gibt es in jedem anderen Land mehr öffentliche Toiletten als in Deutschland.

»Ob die Überwachungskamera wohl noch aufzeichnet?«, fragt der Computerfachmann und zeigt auf ein Gerät oben am verrammelten Eingang.

»Das ist mir wurscht«, entgegne ich und baue einen Joint direkt vor der Kamera.

»Du hast echt einen Sockenschuss«, meckert meine Freundin.

Mein deutscher Wortschatz besteht aus einer eigentümlichen Mischung aus komplizierten Fachbegriffen und seltsamen Schimpfwörtern. Das passiert, wenn man sein Deutsch von angetrunkenen Linksintellektuellen lernt.

»Sockenschuss ist kein schönes Wort«, entgegne ich und reiche dem Computerfachmann den Joint.

Meine Freundin stapft derweil missmutig in Richtung Innenstadt. Wir gehen ihr nach und stehen in wenigen Minuten in der Fußgängerzone. Hewlêr hat etwa zehn Mal so viele Einwohner wie das Provinzkaff, in dem ich am Ende meiner Flucht gelandet bin. Man ist hier irgendwie immer im Zentrum.

»Ich gehe nach Hause«, meine Freundin dreht sich um und schaut mich an. »Kommst du mit?«

»Hey, so kenne ich dich ja gar nicht!« Wie so oft rettet der Computerfachmann die Situation. »Lass uns tanzen gehen.« Er hakt sie unter und schleift sie durch eine kleine Seitenstraße in Richtung unserer Lieblingsbar.

Wir manövrieren uns durch den überfüllten Eingangsbereich vor der Theke nach hinten. Unterwegs bleiben die beiden auf der Tanzfläche hängen und hüpfen begeistert los.

Ich schlendere weiter zum Kicker und plaudere auf Arabisch mit einigen der Jungs, die zum festen Inventar gehören.

»Was machst du denn noch hier, Habibi?«, frage ich meinen Kumpel, den Spieler, der seit Wochen davon redet, dass er Deutschland verlassen will.

»Ich gehe nächsten Monat in die Türkei zu meinen Eltern«, sagt er. »Hast du was zu kiffen?«

»Nein, aber willst du ein Bier?«, biete ich ihm an.

»Nein, ich trinke nicht mehr. Das ist harām.«

»Das ist jetzt nicht dein Ernst. Wolltest du nicht gerade kiffen?«

»Von Cannabis hat der Prophet nicht gesprochen«, sagt er ernst.

»Seit wann interessierst du dich für den Koran? Außerdem sind alle Drogen harām«, ich klopfe ihm auf die Schulter. »Glücksspiel übrigens auch, Habibi!«

Früher ist Basketball seine große Leidenschaft gewesen, nun sucht er offensichtlich Halt in der Religion. Das werde ich nicht mit ihm diskutieren. Ich gehe zurück zur Tanzfläche und geselle mich zu meiner Freundin und dem Computerfachmann. Sie singen lautstark ein Lied mit, das ich noch nie gehört habe.

»Ich gehe mal ein bisschen vor die Tür, oder wollen wir nach Hause?«, frage ich meine Freundin.

»Du bist gut«, sie lacht. »Nun bleibe ich erst mal hier.«

Ich stehe vor der Bar. Drei blonde Typen mit zerzausten Bärten taumeln an mir vorbei, klettern in ein schrottreifes Auto, fahren los und hinterlassen eine Fahne Dieselgeruch.

DIE BERGE

Der Ölgeruch war allgegenwärtig. Ich nahm ihn nicht bewusst wahr, genauso wenig wie das Rauschen der Autos oder das Rattern der dieselbetriebenen Stromgeneratoren. Mir fiel nur auf, wenn etwas davon fehlte. Wenn wir zum Beispiel einen der seltenen Ausflüge in die Berge von Şeqlawe machten.

Meine Eltern hatten Freunde in den Bergen. Auf ihren Feldern wuchsen Bäume – Granatäpfel, Maulbeeren, Birnen, Pflaumen und Oliven. Meine Geschwister und ich kletterten in den Bäumen oder gingen in die Felder. Wir pflückten Tomaten zum Kochen und naschten Kichererbsen und Weintrauben. Wir ernteten Tirozî, lange gurkenähnliche Melonen, und dippten sie in Sumach, die gemahlenen Früchte der Essigbäume, die überall wild wuchsen. Genau so stellte ich mir das Paradies vor.

Auch die kleine Stadt in den Bergen erschien mir ganz magisch mit dem kleinen Basar mit ganz anderen Spezialitäten als in unserer großen Stadt. Wir Kinder bekamen Eis in kleinen Schalen und spazierten damit mit unseren Eltern durch die Straße.

Der Weg in die Berge führte über kleine, gewundene Straßen. Und ich weiß noch genau, dass wir einmal unterwegs zum Essen anhielten. Mein ältester Bruder saß schon mit meinem Vater auf der Decke, meine Schwester erkundete mit unserem kleinen Bruder die Gegend, während ich mit meiner Mutter das Essen aus dem Auto holte. Wir legten eine lange Plastikdecke auf den Boden und verteilten darauf Schüsseln mit Reis, Dolma und Salat.

»Bismillah, im Namen Gottes!« Das Essen duftete und die Luft um uns war frisch und wunderbar.

Der Kopf ist bescheuert und merkt sich die Ausnahmen am besten, wahrscheinlich erinnere ich mich deshalb so glasklar an die Ausflüge. Vielleicht erinnere ich mich auch nur deshalb an diese Fahrten, weil es davon viele Fotos gibt. Darauf sind wir aber selbstverständlich nicht beim Essen, sondern stehen meistens aufgereiht nebeneinander und starren feierlich in die Kamera. Es gibt aber auch ein Bild, auf dem ich barfuß in einem Fluss stehe und schmollend in die Kamera schaue. Und ich liebe ein Familienfoto, auf dem alle brav posieren, während ich in der Mitte eine Grimasse in Richtung Kamera mache, die offensichtlich mein Vater hält, weil er auf dem Foto fehlt.

DAS KIND

»Ist das deine Familie?«, fragt mich der Spieler, während er sich die Fotos anguckt, die ich hinter meinem Sofa an die Wand geklebt habe.

Mein großer Bruder mit ernstem Gesicht, meine Schwester lächelnd, mal mit Zopf, mal verschleiert, meine Mutter mit großen braunen Augen vom Kopftuch umrandet und immer in langem Mantel, mein kleiner Bruder und ich oft mit den gleichen T-Shirts, wie Zwillinge. Manchmal fehlt mein Vater auf den Bildern, manchmal steht er neben uns mit zerzausten schwarzen Haaren und dunklen Augenbrauen. Auf dem letzten gemeinsamen Bild sehen wir alle so aus, als sei gerade jemand gestorben.

»Ich vermisse meine Familie so sehr«, sagt der Spieler. Seitdem seine Familienzusammenführung gescheitert ist, verspielt er jeden Monatsanfang all sein Geld in der Hoffnung, plötzlich reich zu werden und damit alle seine Probleme lösen zu können. Manchmal arbeitet er auch als Drogenkurier, doch viel häufiger dröhnt er sich selber zu, um zu vergessen. Zurückgehen kann er nicht, ankommen auch nicht.

Gelegentlich fragt er mich, ob er bei mir übernachten kann. Dann duscht er, während ich etwas für ihn koche. Während des Essens erzählt er mir von seiner Familie. Danach rollt er sich auf meinem Bett zusammen und schläft wie ein kleines Kind. Er wohnt in einem Zimmer mit drei Leuten, die eine andere Sprache sprechen. Er vermisst sein altes Leben, das Essen seiner Mutter und die Familie.

Aber er hat sie enttäuscht. Sie werfen ihm vor, dass er sich nicht genug bemüht hat, sie nach Deutschland zu holen. Dabei hat er alles versucht. Aber er ist erst als Volljähriger als Flüchtling anerkannt worden, und nun hängt seine Familie in der Türkei fest und hofft, dass ihr Sohn es hier in Deutschland zu etwas bringt und ihnen zumindest regelmäßig Geld schicken kann. Er kann sich nicht mal um sich selber kümmern.

»Vermisst du deine Familie gar nicht?«, fragt er mich am nächsten Morgen, als wir zusammen zum Bus gehen. »Hättest du sie nicht holen können?«

»Nein, ich hätte sie nicht holen können. Aber das hätten sie ohnehin nicht gewollt.«

Wir stellen uns an die Bushaltestelle und warten auf den Bus. Im Wartehäuschen sitzen zwei Frauen mit einem kleinen Kind. Das Kind stellt eine Frage nach der anderen. Die beiden Frauen unterbrechen jedes Mal ihr Gespräch und beantworten jede Frage freundlich und ruhig.

Der Spieler und ich gucken uns an und kichern.

»Das war bei mir nie so«, sage ich.

»Bei mir auch nicht. Kinder sollen zuhören und leise sein.«

»Ja. Aber ich habe trotzdem immer dazwischengequatscht.«

DIE PINGELIGKEIT

Ich vergötterte meinen Vater, und obwohl er wie alle Väter, die ich kannte, oft streng war und selbstverständlich auch mal schlug, hatte ich immer das Gefühl, dass er mich genau so liebte, wie ich war. Ich erinnere mich gut daran, wie er roch, wenn er mich morgens weckte, damit wir zusammen zum Morgengebet gehen konnten.

Wir schlichen uns aus dem Haus, setzten uns ins Auto und fuhren schweigend durch die Stadt zur Moschee, um uns dort unter die wenigen Leute zu mischen, die so früh da waren. Nach zwei Gebetsdurchgängen, ein bisschen ruhigem Beisammensein und dem Lesen einiger Suren kehrten wir wieder zurück. Wenn wir ins Haus kamen, war meine Mutter meist dabei, die Betten fein säuberlich aufzurollen und wegzuräumen.

Wenn mein Bruder es noch nicht geschafft hatte, lief ich schnell zum Bäcker und holte frisches Brot. Ich schaute zu, wie die Männer die Teigkugeln an die Innenwände des hohen, nach oben enger werdenden Tandurofens warfen und wieder rausholten, und naschte auf dem Weg zurück oftmals ein Stück des warmen, duftenden Brotes, bevor ich mich zu meinen Geschwistern zum Frühstücken auf den Boden setzte.

Im Sommer war es tagsüber brütend heiß in unserem Haus. Der Ventilator an der Decke lief ständig, und ein Klimagerät vor dem Fenster pustete heftig in den Raum. Wir stellten uns davor und ließen unsere Haare im Wind wehen und uns das Gesicht kühlen. Im Winter war es kalt und wir hockten nahe am Ölofen, wärmten unseren Tee oder legten ein Fladenbrot darauf.

Vor den Mahlzeiten achtete meine Mutter pingelig auf unsere Sauberkeit. Wir mussten die Hände waschen und vor allen Dingen darauf achten, dass kein Dreck unter den Fingernägeln steckte. Denn wenn die Fingernägel dreckig waren, konnte Satan sich darin verstecken.

Satan nutzte jede Gelegenheit, sich anzuschleichen. Wenn ich morgens mit Speichel auf den Lippen aufwachte, hatte Satan sie nachts angepinkelt und ich musste sie schnell sauber waschen. Die Zähne waren aber offensichtlich nicht sein Revier, ich kann mich nicht daran erinnern, dass wir als kleine Kinder jemals Zähne geputzt hätten.

Aber ich weiß noch sehr genau, als uns die Familie meines Onkels aus Deutschland besuchte und meine kleine Cousine abends eine Zahnbürste und einen Zahnputzbecher rausholte. Sie befüllte ihn mit Wasser und spülte sich damit den Mund.

»Warum trinkst du nicht aus dem Hahn?«, fragte ich sie.

»Weil man Wasser sparen muss«, sagte sie. Ich lachte, weil ich sowas Komisches noch nie gehört hatte. Wenn unser Wassertank voll war, lief es aus dem Hahn, und wir mussten es nicht sparen. Und wenn Wassermangel herrschte oder das Wasser dreckig war, blieb der Hahn zu. Dann kauften wir große Container mit Wasser und sparten es zum Trinken auf und bestimmt nicht, um uns damit nur den Mund auszuspülen.

Meine Cousine trug schon als kleines Kind eine Armbanduhr. Sie sprach kein gutes Sorani, konnte aber trotzdem die Namen aller Monate und redete viel über Zeit.

Wenn wir Zeit hatten, teilten wir sie gern. Doch Zeit schien bei ihr genau wie das Wasser etwas zu sein, das man nicht verschwenden durfte.

Selbst ihre Süßigkeiten teilte sie sich ein. Sie guckte sauer, wenn man sich welche davon nahm, so als ob sie sich keine nachkaufen könnte.

Dabei redete ihr Vater ständig davon, wie reich sie in Deutschland waren, und zeigte Fotos von seinem großen schwarzen BMW. In Deutschland war alles größer, schneller und besser als im Irak, erzählte er stolz von seinem Besitz. Vielleicht bekam man mehr Angst davor, etwas zu verlieren, je mehr man davon hatte.

DAS GRAUEN

Meine Freundin hat es eilig und stürzt ohne Frühstück aus ihrer Wohnung.

Ich mache das Bett und einen Tee, setze mich damit an den Tisch und scrolle auf meinem Mobiltelefon durch meinen Newsfeed.

Neben Katzenfotos und Werbung für Flugreisen und Turnschuhe taucht plötzlich ein Begriff auf: *Earth Overshoot Day.*

Ich google den Begriff und lese, dass wir als Menschheit heute die Ressourcen, die uns die Erde in diesem Jahr zur Verfügung stellt, verbraucht haben. Dabei ist erst das halbe Jahr vergangen.

Mich packt ein inneres Grauen.

Ich lege das Telefon weg und ziehe mich an. Ich mache mich auf den Weg in die Psychiatrie, um den Spieler zu besuchen. Das muntert mich bestimmt auf.

Inzwischen wohne ich schon so lange in der Grenzstadt, dass ich nicht nur norddeutsch klinge, ich denke auch so. Müsste ich zurück nach Kurdistan, würde ich vermutlich innerhalb weniger Tage wieder im Knast landen, weil dort niemand meinen Humor versteht.

Die Psychiatrie ist ein trauriger Ort, aber der Spieler lacht mich an. Er freut sich, dass überhaupt mal jemand reinguckt. Als unbegleiteter Minderjähriger eingereist, hat er keine Familie, die ganz selbstverständlich Krankenbesuche macht.

»Habibi, wie geht es dir«, frage ich ihn.

»Besser, ja, besser. Allah gibt mir die Kraft. Ich werde nie mehr Drogen nehmen. Ich spiele nicht mehr. Ich werde jetzt gut leben.«

Er glaubt es wirklich und guckt ganz selig, als sei er selbst der Prophet.

Seitdem er nicht mehr auf dem Basketballplatz, sondern in der Spielhalle spielt, geht es ihm stetig schlechter. Vor einigen Wochen hat er so viele chemische Drogen genommen, dass er in der Psychiatrie gelandet ist. Und nun spricht Gott zu ihm.

Wir rauchen am Fenster im Raucherzimmer.

»Kommst du bald wieder?« Er guckt wie ein verlassener Welpe. Ich verspreche ihm, dass ich bald wieder reinschauen werde.

Einer meiner deutschen Facebookfreunde schreibt, dass Ex-Muslime wie ich die einzigen Flüchtlinge sind, die es verdient haben, hier zu sein. »Kriminelle Ausländer abschieben«, beendet er seinen wütenden Post.

»Du verwöhnter Idiot«, denke ich mir, blockiere ihn und renne zum Bus. Ich setze mich ganz nach hinten und lasse die Kleinstadt an mir vorbeiziehen. Mehrfamilienhäuser werden zu Einfamilienhäusern, dazwischen ein bisschen Grün.

DAS LEBEN

Als ich neun Jahre alt war, zogen wir um in ein neues Viertel. Reihe an Reihe moderner neuer Häuser für Familien, die es zu etwas gebracht hatten. Und wir gehörten dazu.

Früher hatte meine Mutter manchmal Kuchen, Saft oder Eiscreme hergestellt und an die Läden rund um den Basar verkauft. Nun musste sie das nicht mehr. Ein erfolgreicher Mann musste seine Frau nicht arbeiten lassen.

Mein Vater hatte das Grundstück gekauft, die Bauarbeiten persönlich überwacht und vieles selber gemacht. Ich fand die Baustelle furchtbar aufregend. An den Tagen, an denen ich nachmittags schulfrei hatte, flehte ich meinen Vater deshalb an, mich mitzunehmen.

Und obwohl mein Vater erst skeptisch war, belehrte ich ihn eines Besseren. Ich räumte Schutt weg, putzte Fenster und Räume, strich die Wände und malte mir dabei in Gedanken unsere schöne Zukunft in dem wunderbaren neuen Haus aus, so schön wie das neue Viertel mit dem verheißungsvollen Namen Jian, Leben.

Bismillah, ein neues Leben lag vor uns.

Die ersten Stunden im neuen Haus verbrachten mein Bruder und ich allein. Mein Vater hatte uns vorab abgesetzt und war dann zurückgefahren, um den Rest der Familie abzuholen. Wir standen am Herd in der neuen modernen Küche, machten uns ein Mittagessen aus Instantnudeln und waren glücklich.

Es gab zwei Badezimmer im Haus. Im oberen Bad befand sich eine Toilette im marokkanischen Stil, auf die man sich setzen und mit Wasser aus einem Schlauch säubern konnte. Unsere Kinderzimmer hatten flauschige Teppiche, moderne Betten und Kleiderschränke. Ich teilte das Zimmer mit meinem großen Bruder, hatte aber einen eigenen Schreibtisch und durfte mir zum Einzug einen kleinen Goldfisch kaufen, der in seinem hübschen neuen und glänzenden Glas auf meinem Tisch seine Runden zog und mich begeisterte.

Alle unsere Nachbarn waren ebenfalls gerade eingezogen. Neben uns wohnte eine nette Familie vom Land. Sie legten einen großen Rasen und Blumenbeete um das Haus an. Als ihnen die Pflanzen nicht schnell genug wuchsen, holten sie eine Wagenladung Dung. Der Geruch hing tagelang in der ganzen Straße und zog in unser schönes neues Zuhause. Wir mussten für eine Woche zu meinen Großeltern ziehen, um nicht stinkend in der Schule aufzutauchen.

In der neuen Schule kannte mich niemand. Wenn ich versehentlich etwas umstieß, lachte ich frech. Ich entschuldigte mich nicht mehr, wenn mir die Antwort auf eine Frage laut rausplatzte, ohne dass ich mich vorher gemeldet hatte. Und wenn ich den Faden verlor, tat ich so, als sei mir die Schule einfach egal. Ich wurde vom Klassentrottel zum Klassenclown und fand dadurch endlich Freunde.

Ich war nicht stark und sportlich, aber Konfrontationen gewohnt. Wenn Lehrkräfte ungerecht waren und zu streng straften, war ich der Einzige, der sich traute, den Mund aufzumachen. Und als wir Arabisch als Fremdsprache in der Schule bekamen, wollten alle plötzlich gerne neben mir sitzen. Ich hatte so viel im Koran gelesen, dass die leichten arabischen Anfängertexte lächerlich einfach für mich waren. Ein neues Leben hatte begonnen.

DAS GESCHÄFT

»Die Flüchtlinge nehmen mir meine Arbeit weg!«, flucht er. Er habe sich ein Geschäft aufgebaut, einen guten Ruf und fast ein Monopol gehabt. Und nun kämen diese Flüchtlinge und machten ihm Konkurrenz.

Er ist als Kind mit seinen Eltern nach Deutschland gekommen. Das Herkunftsland seiner Familie hat er seitdem nur zwei Mal besucht. Sein Deutsch ist gut, er sieht freundlich aus. Aber er ist wütend und frustriert.

»Merkel ist schuld«, sagt er. Sie habe diese ganzen Leute ins Land geholt, und seitdem sie da seien, habe niemand mehr Respekt vor ihm.

»Hm«, antworte ich und weiß nicht, ob ich lachen oder weinen soll. Ich nehme das Weed, gebe ihm einen Zehner und verabschiede mich in Richtung Bus.

Am Busbahnhof treffe ich meinen besten Freund, den kleinen Gangster, im Gespräch mit einem Kumpel.

»Schlounak, wie geht's, Habibi?«, fragt er und umarmt mich herzlich.

»'ana bikhayr, alhamdulillah, mir geht es gut, wie läuft das Geschäft?« Sein Freund gibt mir die Hand, wir küssen uns flüchtig auf die Wange, dann verabschiedet er sich von uns und wünscht uns Eid Mubarak zum Opferfest. Der kleine Gangster erwidert den Wunsch fröhlich, ich verkneife mir einen aggressiven Kommentar.

»Was ist denn mit dir los?«, fragt der kleine Gangster. »Darf man dir nicht mal mehr ein frohes Fest wünschen, nur weil du nicht glaubst?«

»Ich habe kein Problem damit, wenn mir jemand frohe Weihnachten oder gesegneten Ramadan wünscht. Aber das Opferfest ist nicht mein Fest. Ich esse keine Tiere. Ich erinnere mich noch genau an das Schreien der Schafe und das Spritzen des Blutes, furchtbar.«

»Das verstehe ich sogar«, sagt er und lädt mich zu sich ein. »Ich habe Feierabend, kommst du mit zu mir?«

Wir steigen in den Bus und fahren auf die andere Hafenseite.

»Hast du gehört, dass der Spieler im Krankenhaus ist?«, frage ich.

»Ja, Scheiße. Man soll nicht so viel von den eigenen Waren naschen.«

»Arbeitest du noch in der Fabrik?«

»Nee, ich jobbe jetzt in einem Imbiss. Es ging echt nicht mehr. Ich musste immer um fünf Uhr aufstehen, um rechtzeitig da zu sein. Meine Mutter hat mich dafür jeden Morgen aus Syrien angerufen, damit ich nicht verschlafe.«

Der kleine Gangster ist ein geliebter Mensch. Seine Mutter wohnt in einer zerbombten Stadt, sorgt sich aber um ihren jüngsten Sohn, der ganz allein ist in der Fremde. Mit seinen legalen Jobs verdient er kaum seinen Lebensunterhalt, deshalb versucht er, sich parallel anderweitig Geld zu verschaffen, um seiner Mutter damit über die Runden zu helfen.

Ich weiß inzwischen, dass ich ohne meine Familie leben kann, und meine Familie überlebt auch ohne mich. Den meisten meiner Freunde geht es anders. Sie müssen ihren Eltern etwas beweisen. Oder ihnen einfach das Leben retten.

DER KOPFSCHMERZ

In Arabisch bekam ich weiterhin Bestnoten, aber in allen anderen Prüfungen schnitt ich immer schlechter ab. In den ersten Klassen hatte ich mich irgendwie durch die Schule geschlängelt, jetzt verlor ich immer mehr den Überblick. Wenn ich eine Rechenaufgabe lösen sollte, war das kein Problem. Aber wenn ich einen ganzen Bogen mit Aufgaben bekam, wusste ich nicht, wo ich anfangen sollte.

Meine neue Attitüde machte mich zudem bei den Lehrern unbeliebt. Nun zog ich zwar nicht mehr den Spott der anderen Kinder, dafür aber zunehmend den Zorn der Lehrkräfte auf mich. Und sie beschwerten sich bei meinen Eltern, dass ich ungezogen sei und weit unter meinen Möglichkeiten bliebe.

Meine Eltern hielten mich deshalb dazu an, zu Hause mehr zu üben. Wenn ich meiner Mutter zur Hand gehen wollte, schickte sie mich hoch zum Lernen. Aber die Texte und Zahlen verschwammen vor meinen Augen. Ich entfloh dem Druck wie gewohnt, indem ich das Viertel erkundete. Ich untersuchte jeden Winkel, kletterte über Bauzäune, schaute mir Baustellen und Gärten an.

»Bitte, Baba, schenk mir ein Fahrrad«, bettelte ich und stellte mir vor, wie ich durch die Nachbarschaft flitzen würde. Und eines Tages kam mein Vater tatsächlich mit Fahrrädern für mich und meinen kleinen Bruder nach Hause. Wir übten erst mit Stützrädern, dann ohne. Und bald erfüllte sich mein Traum, als wir um die Wette die Straße runtersausten.

»Ich bin viel schneller als du«, lachte mein kleiner Bruder mich aus. Er war zwei Jahre jünger, aber fast schon so groß wie ich und viel sportlicher. Ich strampelte mich hinter ihm ab und war so konzentriert darauf, ihn einzuholen, dass ich weder nach rechts noch links schaute. Im einen Moment war er noch vor mir, im nächsten lag ich im Krankenhaus.

Mich hatte ein Auto erwischt, mein Gesicht war geschwollen und mein Kopf tat weh. Ich hatte eine schwere Gehirnerschütterung und musste auch zu Hause im Bett bleiben.

»Das arme Auto«, sagte unser Nachbar, als er bei uns vorbeischaute. »Was stimmt bloß mit dem Jungen nicht?« Ich lag im Bett, hörte ihn und fragte mich dasselbe.

Wenige Monate nach dem Autounfall rannte ich im Spiel hinter meinem kleinen Bruder her und rutschte dabei so heftig aus, dass ich wieder fiel, aufs Gesicht. Diesmal tat der Kopf nicht nur weh, mein Vorderzahn brach raus und ich kriegte eine Zahnprothese.

Irgendwie ging bei mir immer alles zu Bruch: Teller und Gläser und mein eigener Körper. Mein ältester Bruder war ernst und zielstrebig, meine Schwester brav und angepasst und mein kleiner Bruder geschickt und fleißig. Ich wollte auch gerne alles richtig machen, eckte aber ständig an.

Ich konnte die sorgenvollen Blicke meiner Mutter fühlen. Und mein Vater, der mich früher so viel angelächelt hatte, war nun oft wütend auf mich. Er konnte nicht verstehen, warum ich die Sachen nicht vernünftig hinkriegte, warum mein jüngerer Bruder schon vieles besser machte als ich. Und ich fand es ungerecht, dass ich für etwas bestraft werden sollte, was ich nicht mit Absicht falsch machte.

Eines Tages, als ich abends spät von einer Erkundung nach Hause kam, empfing mein Vater mich wütend am Eingang zu der Garage im Haus. »Ich hatte dir doch deutlich gesagt, wann du zu Hause sein solltest!«

»Ich wusste nicht, dass das wichtig ist, Baba.« Ich versuchte, an ihm vorbeizugehen.

»Du sollst deine Hausaufgaben machen, nicht durch die Gegend streunen!« Mein Vater tobte.

»Warum schreist du mich so an?« Damit machte ich die Situation nur schlimmer. Mein Vater zog die Augenbrauen zusammen und ich wusste, was kommen würde. Ohrfeigen gehörten für mich, wie für die meisten Kinder hier, zum Alltag. Aber diesmal traf mich der Schlag mit einer Wucht, dass ich aus dem Gleichgewicht geriet und rückwärts auf das Auto meines Vaters fiel. Völlig benommen griff ich mir an den Hinterkopf, hatte die Hand voller Blut und musste schon wieder ins Krankenhaus.

Meine Wunde am Kopf wurde genäht. Sie heilte schnell, der Bruch zwischen mir und meinem Vater aber nicht. Ich war offensichtlich nicht mehr sein kleiner Wildfang, sondern ein missratener Balg. Wir gerieten immer häufiger aneinander und die körperlichen Auseinandersetzungen wurden heftiger.

Mein großer Bruder ermahnte mich, nicht ständig den Zorn meines Vaters zu erregen, und meine anderen Geschwister bemühten sich, noch unauffälliger zu sein als sonst. Sie hielten Abstand zu mir, so als sei mein Zustand ansteckend. Nur meine Mutter stand mir bei. Wenn mein Vater zu sehr tobte, packte sie hastig unsere Sachen und verbrachte ein paar Tage mit mir bei ihren Eltern, bis mein Vater sich abgeregt hatte. Bevor wir wieder zurückgingen, ermahnte sie mich, mir mehr Mühe zu geben und meinem Vater besser zu gehorchen.

Ich guckte mir regelmäßig muslimische Cartoons und Kindersendungen an und versuchte, mir alle Ermahnungen und Ratschläge gut einzuprägen. Und bei jedem Gebet flehte ich Gott an, mir den richtigen Weg zu weisen. Doch er schien mir eine besondere Prüfung auferlegt zu haben. So sehr ich mir vornahm, mich zu bessern, ich konnte mich nicht in einen Alltag aus Schule und Lernen einfinden.

Aber so wenig die Schulbücher mich interessierten, so sehr fesselten mich muslimische Sachbücher und Jugendromane. Am liebsten las ich die Romane von Halit Ertuğrul. In seinen Erzählungen war die Hauptfigur immer eine verlorene Seele, die mit Hilfe des Glaubens wieder zurück auf den rechten Weg geleitet wurde. Der Prophet würde auch mir den Weg weisen.

DIE LIEBENDEN

Der kleine Gangster und ich kommen kichernd in der Wohnung an, die er zusammen mit seiner Cousine und ihrem Mann bewohnt.

Er ist als Kind von einem Querschläger erwischt worden und hat erlebt, wie sein Wohnort in Schutt und Asche gelegt worden ist. Er wirkt hart mit seiner coolen Attitüde und den vielen Narben im Gesicht. Aber wenn wir zusammen sind, ist er albern und kindlich.

Wir poltern kreischend in sein Zimmer, wo seine Freundin, die Schülerin, auf dem Sofa hockt und eine Serie guckt. Sie trägt ein weites T-Shirt und Jogginganzug und hat ihre langen blonden Haare auf ihrem Kopf zu einem Dutt hochgedreht.

»Moin, wie geht es dir?«

»Ich mache dir einen guten arabischen Tee«, sagt der kleine Gangster und verschwindet in der Küche.

Die Schülerin ist jung und klug. Ich mag sie gern und weiß, dass der kleine Gangster sie über alles liebt. »Geht es euch gut?«, frage ich sie.

»Ja, schon, solange wir alleine sind«, seufzt sie, stellt den Ton des Fernsehers runter und schüttet mir ihr Herz darüber aus, dass sie sich in Anwesenheit seiner arabischen Freunde oft wie ein Fremdkörper fühlt. »Immerhin kennen einige jetzt schon meinen Namen. Aber meistens bin ich nur ›die Deutsche‹.«

»Sie sind nur neidisch, dass er eine feste Freundin hat. Die können davon doch nur träumen.«

»Ach Quatsch«, sagt sie missmutig. »Für die bin ich doch eine Hure, mit der man nur zusammen ist, bis man eine ›richtige‹ Frau findet.«

Ich versichere ihr, dass er sie liebt.

»Das weiß ich. Aber wird er jemals wirklich zu mir stehen?«

»Er steht doch sogar zu mir!«

»Jaja, du bist zwar ein Kāfir, aber trotzdem ein Bruder.«

»Du bist doch auch eine Schwester«, sage ich.

»Na, glücklicherweise bin ich das nicht«, lacht sie. »Lieber Hure als Schwester. Ich ziehe garantiert kein Kopftuch an, damit sie mich respektieren.«

»Sharaf, Ehre!«, sage ich und mache ein feierliches Gesicht.

Der kleine Gangster ist für mich da, wenn ich es mit allen anderen verbockt habe. Er verteidigt mich selbst dann, wenn Leute ihn deswegen bedrohen. Er verzeiht mir alles. Und er ist der Grund dafür, dass ich Muslime nie pauschal hassen werde. Aber sein Freundeskreis erfüllt trotzdem jedes Klischee.

»Ich habe den Spieler mal gefragt, was Ehre ist«, erzähle ich ihr. »Er meinte, es sei das Wichtigste im Leben, konnte mir aber nicht wirklich erklären, was Ehre ausmacht.«

»Aber er weiß vermutlich genau, wann seine Ehre gekränkt ist«, sie verzieht das Gesicht. »Wenn seine Schwester, Mutter oder Frau ihm Schande macht.«

»Ja, die Ehre der Männer liegt zwischen den Beinen der Frauen, das ist zum Kotzen. Aber es tut natürlich gut, zu Hause den geilen Macker zu spielen, wenn man sonst immer der letzte Arsch ist.«

»Wo bleibt mein ehrenhafter Mann eigentlich so lange?«, fragt sie. Wir horchen auf und hören ihn in der Küche auf Arabisch mit dem Mann seiner Cousine streiten.

»Wie lange soll diese Person noch in unserem Haus sein?«, brüllt der Mann.

»Oh Shit, ich glaube, er ist sauer, weil ich hier bin.« Ich übersetze ihr den Wortwechsel.

»Nein, es geht bestimmt um mich. Hier können wir nicht sein, weil ich eine Hure bin. Bei meinen Eltern geht es nicht, weil er ein Kanake ist.«

Der kleine Gangster kommt rein und serviert uns den Tee. Er setzt sich neben die Schülerin, sie krault ihm seinen roten Bart.

»Ihr seid wie Romeo und Julia!«

»Na, hoffentlich nimmt unsere Liebesgeschichte ein besseres Ende!«, sagt sie.

»Das liegt in deiner Hand, Habibi«, sage ich dem kleinen Gangster. »Liebe statt Ehre!«

Er küsst sie sanft in den Nacken.

DER DJINN

»Was ist nur mit dem Jungen los?«, fragten sich die Lehrer, meine Eltern und die Nachbarn. Ich fragte mich das auch. Hatte Gott mich wirklich so geschaffen? War etwas bei der Geburt falschgelaufen oder war ich ein vertauschtes Kind? Kam es von der Beule vom Teppichunfall? Hatte der Autounfall meinen Kopf kaputt gemacht oder der Schlag meines Vaters?

Ich war elf Jahre alt, in der Schule wurden meine Noten dramatisch schlechter und der Haussegen hing schief. Weder die Beschwerden der Lehrer noch die Schläge meines Vaters, die Ermahnungen meiner Mutter oder meine eigenen Gebete halfen. Zu allem Übel entdeckte meine Mutter auch noch, dass ich nachts im Schlaf durch das Haus wandelte. Und so fand sie zu der Überzeugung, ich sei von einem Djinn besessen.

»Hör zu, ich habe einen amerikanischen Spezialisten in Kerkûk gefunden«, sagte sie eines Tages in den Ferien. »Mein Onkel wird uns hinfahren. Es ist ein sehr guter Arzt, er kann deine Füße heilen.« Ich war überrascht, denn wir hatten lange nicht mehr über meine Füße gesprochen. Aber dann ließ ich mich überreden. Natürlich wollte ich gerne besser laufen können.

Der Onkel meiner Mutter wartete schon draußen vor unserem Haus in seinem Auto.

Ich schaute meine Mutter an.

»Wir haben diesen Termin heute bekommen«, sagte sie nur.

Mein Großonkel begrüßte mich fröhlich aus dem Auto heraus, so, als solle es eher zu einer Feier als zu einem Arzt gehen. Das verwirrte mich, denn normalerweise hatte er nicht viel für mich übrig.

Wir fuhren raus aus der Stadt. Die Häuser wurden immer spärlicher und vor dem staubigen Fenster zog die Landschaft an mir vorbei. Hügel, trockenes Gebüsch, gelegentlich ein Haus oder eine Tankstelle. An der Scheibe klebte ein Insekt. Meine Mutter saß schweigend vor mir auf dem Beifahrersitz und lächelte mich gelegentlich durch den Rückspiegel an. Es dauerte ewig.

»Wann sind wir denn endlich da?«, fragte ich.

»Gleich, Kúřim.«

Irgendwann kamen wir zum Checkpoint vor Kerkûk.

»Salām«, begrüßte mein Großonkel den Beamten. Der guckte kurz und winkte uns durch.

Wir fuhren in die Stadt hinein, mein Großonkel nahm das Tempo runter. Er lenkte das Auto durch eine schmale, verfallene Gasse und parkte vor einer kleinen Moschee. Das 'Asr, das Nachmittagsgebet, war gerade vorbei. Männer kamen aus dem Haus und gingen an uns vorbei.

»Was sollen wir denn hier?« Ich war irritiert. »Das ist keine Arztpraxis.«

»Wir möchten vor der Behandlung beten«, sagte meine Mutter.

»Nein, ich warte im Auto.«

»Komm bitte mit.« Meine Mutter öffnete meine Tür, ich stieg zögerlich aus.

Mein Großonkel legte seinen Arm an meinen Rücken und meine Mutter lächelte mich an.

Ich hatte plötzlich Angst, riss mich los, drehte mich um und lief weg. Doch mein Großonkel fing mich schnell ein und ließ mich nicht wieder los. Die beiden schleiften mich förmlich zwischen ihnen her.

»Was ist bloß los mit dir?«, rief meine Mutter. »Du gehst doch sonst so gern in die Moschee.«

DIE ALBTRÄUME

»Heute Nacht habe ich wieder Albträume gesehen«, sage ich zu meiner Freundin. Ich sitze am Frühstückstisch, sie kommt aus dem Bad.

»Auf Deutsch hat man Albträume, man sieht sie nicht«, antwortet sie, während sie sich hektisch für die Arbeit fertig macht.

»Auf Kurdisch sieht man seine Träume«, entgegne ich leicht genervt. »Es fühlt sich auch so an wie in einem Kino, in dem nichts läuft außer Horrorfilme. Und ich kann die

Augen nicht schließen. Da war eine große Demonstration in der Stadt, die Menschen hatten sich in weiße Gewänder mit spitzen Kappen gehüllt und trugen brennende Fackeln. Sie sahen aus wie der Ku-Klux-Klan, aber ich wusste, dass es Islamisten sind, die mich suchen.«

»Ach, Hase.« Sie küsst mich und lässt mich mit meinen Gedanken allein.

Die Träume kommen nicht zufällig. Sie brechen nachts über mich herein, wenn ich tagsüber zu viele schreckliche Nachrichten bekomme. Dann ist meine Zeit im Irak nicht mehr Vergangenheit, sondern läuft in meinem Nachtkino auf Heavy Rotation und zeigt sich in immer wieder neuen Bildern.

Der Auslöser ist diesmal ein Anruf von einer fremden Frau, die mich auf Facebook gefunden hat. Sie lebt in ständiger Angst vor ihrem gewalttätigen Ehemann.

»Er hat mir vorgeschrieben, was ich anziehen darf. Ich durfte das Haus nicht alleine verlassen. Ich hatte keinen Schlüssel für den Briefkasten. Aber ich kannte meine Rechte. Ich habe ihm gesagt, dass ich die Polizei rufe.«

Dafür hat ihr Mann sie geschlagen. Sie schickt mir die Fotos von ihren Blutergüssen. Und dann hat er sie zusammen mit den gemeinsamen Kindern nach Ägypten verschleppt. Inzwischen ist sie frei, aber sie muss sich vor ihm verstecken. Er schickt ihr furchtbare Drohnachrichten. Mir ist beim Hören ganz schlecht geworden.

»Wenn ich dich finde, werde ich dich schlagen, bis du nicht mehr denken kannst. Ich werde dich zerstören. Du hast mir Schande gemacht und meine Ehre gekränkt.«

Ehre. Wie sehr ich dieses Wort hasse. Und ich weiß nicht, wie ich ihr helfen kann. Diese Ohnmacht hasse ich noch mehr.

Ich räume die Wohnung meiner Freundin auf, sauge Staub, bringe den Müll weg und mache den Abwasch.

Ich liebe Ordnung. Wenn ich einen Ort in Ordnung bringe, fühlt sich die Welt ein bisschen besser an als vorher.

DER IMAM

Ich ließ mich unwillig zum Waschraum mitziehen, wusch mich mechanisch, stellte meine Schuhe im Eingangsbereich ab und trat in den Vorraum. Es war eine kleine, schlichte Moschee. Trotz der vertrauten Suren an den Wänden und der gewohnten Stimmung unter den Männern, die sich ihre Schuhe anzogen und beim Rausgehen redeten, hatte ich Angst.

»As-salāmu 'alaikum, Friede sei mit euch«, sagte der Imam und trat an uns heran.

»Wa 'alaikumu s-salām, und Friede sei auch mit dir«, antwortete mein Großonkel.

Der Imam war sehr groß und dick, sein Mund lächelte, seine Augen nicht.

»Komm mit mir«, gebot er mir, und ich folgte ihm ängstlich. Wir gingen an einer verschlossenen Tür vorbei, aus der Frauenstimmen herausdrangen. Weinen, Schreie, gemurmelte Gebete. Ich drehte mich verstört um, aber meine Mutter ging hinter mir und lächelte.

Der Imam führte mich in einen kleinen Raum und schloss die Tür hinter uns. »Leg dich auf den Boden«, sagte er. Ich drehte mich wieder zu meiner Mutter um. Sie nickte mir aufmunternd zu. Der Imam forderte mich erneut auf. Ich blieb stehen. So ging es eine Weile, bis der Imam meinem Großonkel zunickte. »Legt ihn auf den Boden.«

Ich versuchte mich zu wehren, aber mein Großonkel war stärker. Er legte mich auf den Rücken und kniete sich neben mich und hielt mich unten. Der Imam führte meine Mutter auf die andere Seite. Sie kniete sich ebenfalls hin, so dass sie den einen Arm und mein Großonkel den anderen festhalten konnte.

Ich war steif vor Angst und starrte geradeaus, wo der

Imam sich mit einem Stock in der Hand vor mir aufbäumte und auf mich runterschaute. Er war ein sehr großer Mann, ich ein kleines Kind.

Er setzte ein Knie auf meine Brust und stieß es immer wieder mit großer Kraft nach unten. Es tat furchtbar weh und ich hatte Angst zu ersticken. Ich hielt die Luft an und spannte aus Angst und Schmerz dagegen an, während er sein Knie runterdrückte und mich anschrie, ich solle den Djinn rauslassen. Zuletzt konnte ich nicht mehr gegenhalten und stöhnte laut auf.

»Allahu akbar«, die Suren rasselten auf mich nieder, die Schläge auch. Der Imam drehte sich um und schlug mit dem Stock fest auf meine Fußsohlen, bis ich schrie.

»Ja, so ist es richtig. So kommt der Djinn aus ihm raus«, erklärte der Imam. Meine Mutter hielt fest und schaute zu. Ich sah die Sorge in ihren Augen, aber auch ihre Entschlossenheit.

Ich kann mich nicht erinnern, wie lange ich schreiend und weinend unter ihm auf dem Boden lag, bis er endlich zufrieden sagte: »Ah, der Djinn ist raus!«

Er griff mich an den Schultern und riss mich hoch. Er befahl mir, endlich mit dem Weinen aufzuhören und zeigte auf eine schwere Eisenkette, mit der er mich fesseln und ruhigstellen wolle, wenn ich nicht endlich leise sei.

Verängstigt und vollkommen leise folgte ich ihm allein in einen anderen Raum, in dem mehrere andere Kinder an den Wänden saßen oder lagen. Er zeigte auf einen freien Platz und forderte mich auf, mich hinzusetzen. Diesmal gehorchte ich ohne zu zögern.

Er deckte meinen Kopf mit einem Tuch mit heiliger Schrift zu, sprach einige Gebete über mich und ließ mich allein. Es war ganz leise im Raum, nur ein sehr kleines Kind wimmerte leise.

Nach einer Weile befahl der Imam mir aufzustehen. Er führte mich hinaus, übergab mich meiner Mutter und meinem Großonkel als geheilt. Mein Großonkel gab ihm seine Bezahlung, während meine Mutter mir meine Schuhe reichte.

Wir gingen schweigend raus zum Auto.

Auf dem Rückweg brach ein leises Schluchzen aus mir raus. Die Tränen liefen über mein Gesicht, während wir aus der Stadt fuhren. Die Häuser wurden wieder spärlicher und vor dem staubigen Fenster zog die Landschaft erneut an mir vorbei: Hügel, trockenes Gebüsch, gelegentlich ein Haus oder eine Tankstelle. An der Scheibe klebte noch immer das Insekt. Meine Mutter saß schweigend auf dem Beifahrersitz und wirkte beruhigt und zufrieden, während mein Großonkel routiniert durch den Verkehr navigierte und uns zuletzt vor unserem Haus rausließ.

Alles sah aus wie immer, doch nichts war wie vorher. Ich wich den fragenden Gesichtern meiner Geschwister aus, erzählte ihnen nichts und verkroch mich in meinem Zimmer. Ich schloss mich eine Woche dort ein und starrte an die Decke, während der Goldfisch neben mir in seinem Glas seine endlosen Runden zog.

Danach kamen die Albträume. Und sie gingen nicht mehr weg.

DIE DIAGNOSE

»Das ist eine eindeutige Diagnose. Sie haben ein ausgeprägtes Aufmerksamkeitsdefizitsyndrom«, sagt mir die Psychiaterin bei der Auswertung der zahlreichen Tests, die ich bei ihr durchlaufen habe. »Vermutlich hat das bisher niemand entdeckt, weil Ihre posttraumatische Störung vordergründiger ist. Das ADS ist bei Ihnen sehr ausgeprägt. Hat Ihr Umfeld nicht schon darauf reagiert, als Sie Kind waren?«

»Ich war einfach ein schwieriges Kind. Ich sollte mich zusammenreißen, mich mehr bemühen. Nur meine Mutter hat erkannt, dass ich nichts dafür kann.«

»Oh, das ist gut.«

»Naja, nicht wirklich. Sie dachte, ich sei von einem bösen Geist besessen und hat mich exorzieren lassen.«

Die Psychiaterin reißt die Augen auf. »Ist das im Islam üblich?«

»Nein. Es ist ziemlich strittig. Aber meine Mutter hatte von einem Imam gehört, der große Erfolge mit Geisteraustreibung hatte. Sie war verzweifelt und dachte, dass es mir helfen würde«, erkläre ich. »Meine Mutter ist sehr gläubig. In ihrer Welt gibt es für psychische Probleme keine anderen Erklärungen als die, von einem Djinn oder im schlimmsten Fall vom Satan besessen zu sein.«

»Sie scheinen ja sehr abgeklärt.«

»Inzwischen schon. Meine Eltern tun mir leid. Ihr Respekt vor religiösen Autoritäten ist so groß, dass sie zu grausamsten Handlungen fähig sind, wenn sie glauben, damit das Richtige zu tun.«

»Fast alle Eltern sind bereit, ihren Kindern Schmerzen zuzufügen, wenn sie glauben, dass es notwendig ist. Nur bei uns orientieren sich die meisten glücklicherweise an wissenschaftlich begründeten Empfehlungen. Und auch das bewahrt sie nicht vor Fehlentscheidungen.«

»Meine Mutter hat mir damit sicher helfen wollen. Sie hat den Djinn damit aber eher stärker gemacht.«

»Wir müssen sehen, ob wir Ihnen mit Medikamenten helfen können«, sagt die Psychiaterin.

»Ja, mal sehen, wie der Djinn darauf reagiert. Er hat schon viele Tabletten gefuttert.«

DIE FRATZE

Meine Mutter sprach nie wieder über den Tag. Sie tat so, als sei nichts geschehen, und das ängstigte mich. Meine Mutter war keine Beschützerin mehr. Ich fürchtete mich nun mehr vor ihrem Lächeln als vor der Wut meines Vaters. Und ich vertraute keinem von beiden.

Wenn es tatsächlich ein Djinn war, der in meinem Körper steckte, hatte der Imam ihn nicht erwischt. Der Djinn hatte sich vor Angst tief in mich rein verkrochen, steckte tagsüber in meinen Knochen und bewohnte des Nachts meinen Kopf und quälte mich mit Albträumen.

Nach den Schulferien wurden meine schulischen Leistungen nicht besser. Im Gegenteil. Wo ich früher nur unkonzentriert gewesen war, war ich jetzt auch noch nervös. Ich hatte oft das Gefühl, keine Luft zu bekommen und musste dann immerzu lautstark schlucken.

»Hör auf damit«, beschwerte sich mein Nebenmann. Und ich versuchte dann, das Schlucken zu unterdrücken, aber es kam umso heftiger.

Manchmal suchten mich die Bilder aus den Albträumen auch tagsüber auf, wenn ich etwas roch, was mich an die Moschee in Kerkûk erinnerte, oder meine Mutter mich auf eine bestimmte Art anguckte. Ich konnte mir kaum noch etwas merken und hatte ständig Kopfschmerzen. Kein Thema konnte mich noch begeistern und am Lesen hatte ich keinen Spaß mehr.

Die Tage, an denen ich mich zu unwohl für die Schule fühlte, wurden immer mehr. Ich fiel noch mehr aus der Reihe als sonst, und ein Nachbar sprach meine Eltern darauf an, dass es für so was Psychiater gäbe.

Meine Eltern packten mich wieder in ein Auto, und diesmal ging es wirklich zu einem Arzt. Er verschrieb mir Tabletten, die mich müde und schläfrig machten. Wenn ich nicht in der Schule war, schlief ich. Und obwohl ich wenig aß, wurde ich plötzlich dick. Ich war mein Leben lang beweglich, klein und dünn gewesen. Wenn ich nun in den Spiegel sah, starrte mich ein fremdes Gesicht an, eine aufgedunsene, steife und ernste Fratze.

Ich ging weiter in die Moschee und betete wie bisher. Ich glaubte fest an Gott, aber ich verlor den Glauben daran, dass sich hier auf Erden etwas für mich ändern könnte. Ich war ein Versager und die Welt machte mir Angst.

Nach einem Jahr in psychiatrischer Behandlung riet der Arzt meinen Eltern, mit mir in ein Beratungszentrum für Folteropfer zu gehen. Meine Eltern vergewisserten sich erst, ob es ein seriöser und gottesfürchtiger Ort sei, und ließen mich dann tatsächlich meine freie Zeit dort verbringen.

Es war wie eine Oase. Die jungen und freundlichen Mitarbeiterinnen und Mitarbeiter näherten sich mir behutsam in Gesprächen. Ich konnte den Spieleraum nutzen, nahm an Kunstkursen teil, lernte Entspannungsübungen und fing ganz langsam wieder an, mich für die Welt zu öffnen.

DIE INTEGRATION

»Kannst du mir erklären, was in diesem Brief steht«, fragt der Pädagoge mich im Videochat.

Ich übersetze ihm das Schreiben.

»Unglaublich, dass ich dir jetzt helfen kann«, sage ich. »Du hast mir damals das Leben gerettet.«

Er ist immer noch genauso freundlich wie damals im Beratungszentrum. Ein belesener, weltoffener Mensch mit viel Humor und Wärme. Er ist seit wenigen Wochen in Deutschland und wohnt mit seiner Frau in einer Flüchtlingsunterkunft. Er ist engagiert und hilft, so viel er kann.

Er hat schon damals im Irak eine Fluchtgeschichte gehabt, als politisch Verfolgter aus dem Iran. Erzählt hat er mir das aber erst jetzt, viele Jahre später. Auch dass er nicht sonderlich gläubig ist, erfahre ich erst jetzt.

»Sonst hätte ich sicher nicht als Pädagoge arbeiten dürfen«, erklärt er mir. »Ich habe das für mich behalten. Mir war wichtiger, dass ich helfen kann. Ich erzähle es auch hier im Camp nicht, sonst werde ich fachlich nicht ernst genommen.

Und es spielt für mich keine Rolle. Die Menschen sollen sich bei mir geborgen fühlen.«

Wir verabschieden uns herzlich. »Tschüss, bis zum nächsten Mal«, bringe ich ihm bei. »Grüß deine Frau von mir.«

Ich lege auf und setze mich zu meiner Freundin auf den Balkon. »Das war mein alter Pädagoge aus dem Beratungszentrum. Es ist komisch für mich, dass ich ihm jetzt helfen kann. Er wird mich sicher schnell überholen, aber im Moment bin ich plötzlich besser integriert als er.«

»Ja, mangelnde Integration kann man dir nicht vorwerfen«, nickt meine Freundin und zeigt auf das Bier vor mir.

»Mit der Flucht verlierst du deinen Status, deine Identität und Individualität. Egal, ob du früher Bürgermeister, Politikerin oder Tagelöhner warst, egal ob du Ex-Muslim oder Islamist bist, in Deutschland bist du erst mal nur Flüchtling. Und dann lässt sich alles, was du tust, offensichtlich anhand einer Integrationsskala bewerten. Wie ich das Wort Integration hasse.« Ich nehme einen Schluck aus der Flasche. »Du bist nicht einfach erfolgreich oder sympathisch, sondern gut integriert. Sprachtalent, Fleiß, Erfolg und Nettigkeit werden als kulturelle Integration betrachtet. So als wenn man alles Gute nur in Deutschland gelernt hat. Schwierigkeiten haben auf keinen Fall etwas mit der Flucht zu tun, sondern gelten als von ›Zuhause‹ mitgebracht.«

»Ja, Geflüchtete haben keine sozialen Probleme, sondern Integrationsprobleme«, sagt sie.

»Als ob der Spieler, der kleine Gangster und ihre Kumpels so leben wie im Mittleren Osten! Es ist weder in Syrien, Afghanistan noch Irak geachtet, Drogenverkäufer, Taschendieb, Glücksspieler oder Stricher zu sein. Wenn ihre Eltern davon wüssten, wären sie entsetzt. Aber wenn du so jung allein in ein fremdes Land geschickt wirst, weil du deine Familie retten sollst und die geplante Familienzusammenführung nie klappt, dann ist deine Ausgangslage hoffnungslos. Wenn du die Sprache nicht gut genug lernst für Erfolg in der Schule, du aber auch keine Berufsausbildung mitbringst, dann integrierst du dich eben nicht in die Mittelschicht, sondern in ganz andere Zusammenhänge.«

»Wie geht es dem Spieler eigentlich?«

»Der ist jetzt tatsächlich zurück zu seinen Eltern ins Zeltlager gegangen«, sage ich.

»Und hat alle Probleme mitgenommen, die er hier bekommen hat«, stellt sie fest.

»Als Flüchtling bist du irgendwie immer eine öffentliche Person, denn dein Handeln hat politische Bedeutung. Wenn ich mein Leben voll im Griff habe, gut in der Schule und liebenswürdig bin oder beruflichen Erfolg habe, löse ich Jubel aus. Wenn ich ein Scheißtyp bin oder einfach nur mein Leben verbockt habe, bestätige ich die Vorurteile der anderen. Die meisten Geflüchteten sind aber weder sensationell toll noch total schrecklich. Und vor allen Dingen sind sie überhaupt nicht alle gleich.«

»So wie du ist jedenfalls vermutlich kaum jemand.«

DER COUSIN

Mein Cousin war ein richtiger Mann. Er war stark und männlich und ständig in Prügeleien verwickelt. Ich war schwach und kindlich und hatte Angst vor Gewalt. Er machte sich deswegen oft über mich lustig, mochte mich aber. Ich war nicht so langweilig wie meine braven Geschwister, deshalb gab er sich gerne mit mir ab und besuchte mich oft. Er spielte mir Popmusik aus Korea und den USA vor, zeigte mir Fernsehserien, erklärte mir Facebook und gab an mit den coolen Klamotten, die er von seinen Verwandten aus Europa bekommen hatte. Er hatte das neueste Mobiltelefon und einen Laptop, der so leicht war, dass er ihn meistens im Rucksack dabeihatte.

»Und denkst du manchmal an Mädchen?«, grinste er mich an, drehte seinen Computer zu mir um und zeigte mir eine Pornoseite. Ich machte große Augen und hatte unglaubliche Angst, dass meine Eltern uns entdecken könnten.

»Ficken ist geil«, sagte er. »Aber lass dich bloß nicht ficken. Das ist krank. Wer gefickt wird, ist kein richtiger Mann.«

Ich nickte, obwohl ich nicht wirklich wusste, was er meinte.

»Findest du das gut, was du siehst?«, fragte er mich.

»Ja«, nickte ich wieder.

»Komm, ich zeig dir was«, sagte er, öffnete sich die Hose und steckte seine Hand rein. »Mach das auch mal«, forderte er mich auf und zeigte mir, wie ich die Hand bewegen sollte.

»Ist das nicht harām?«.

»Ach Quatsch, das machen alle Männer.« Er zog sich die Hose wieder hoch.

»Kurdistan ist so langweilig. Ich werde bald zu unserem Onkel nach Deutschland gehen.«

»Was willst du da denn machen?«, fragte ich. »Kannst du Deutsch?«

»Das lerne ich schnell. Der Onkel hat Arbeit für mich. Du weißt doch, wie reich er ist.«

Ich konnte mir überhaupt nicht vorstellen, irgendwo anders zu leben. Aber ich genoss die virtuellen Ausflüge in die westliche Welt.

Als ich endlich meinen eigenen Computer bekam, sicherte ich ihn mit einem Passwort und eröffnete sofort eine Facebookgruppe. Ich entdeckte, dass ich ein Talent dafür hatte, Leute mit lustigen Bildern und Sprüchen zu unterhalten. Die Gruppe wuchs täglich und wurde mein liebster Zeitvertreib.

Es störte mich, dass ich das Zimmer mit meinem Bruder teilen musste, ich nahm stattdessen eine kleine Ecke in einem Zimmer im zweiten Stockwerk in Anspruch. Ich machte mir ein Bett auf dem Sofa, richtete mir einen Computerplatz ein und stellte den Goldfisch daneben. So konnte ich ungestört im Netz sein.

Wenn ich nicht auf Facebook las, schaute ich Hollywood-Filme. Auf *MBC Max* liefen jetzt rund um die Uhr westliche Filme. Die Menschen in den Filmen wirkten auf mich frei und schön. Ich fand meine dunkle Haut furchtbar, überall sprossen mir dunkle Haare. Ich musste mich schon jeden Tag rasieren. Und meine Augenbrauen schienen immer weiter zusammenzuwachsen wie bei Baby Gerald bei den Simpsons, die auch über unseren Bildschirm flimmerten.

Genau wie meine Brüder liebte ich amerikanische und japanische Animationsfilme, noch lieber mochte ich amerikanische Teenagerkomödien, insbesondere Tanzfilme. In der Hauptrolle war immer eine Person mit Problemen, die über das Tanzen plötzlich Erfolg, Freunde und die große Liebe fand. Es erinnerte mich an meine Jugendromane, nur dass es hier nicht der Glaube war, sondern der Tanz, der ins Paradies führte.

Wenn ich sicher war, dass keiner zufällig reinkommen würde, versuchte ich heimlich die Tanzschritte nachzuahmen, scheiterte aber kläglich. Nicht nur waren meine Füße mir im Weg, es fiel mir auch schwer, den Rhythmus zu spüren. Trotzdem lag ich manchmal abends auf dem Sofa und stellte mir vor, wie ich eines Tages tanzen und darüber die große Liebe finden würde.

DIE JUNGFRÄULICHKEIT

»Hast du eine Freundin oder bist du verliebt?«, frage ich meinen alten Schulfreund im Videochat.

»Ist das dein Ernst? Du hast Hewlêr vor wenigen Jahren verlassen und schon völlig vergessen, wie es hier ist? Meine Eltern würden mir nie erlauben, mich mit einem Mädchen zu treffen oder ihr auch nur zu schreiben«, antwortet mein alter Freund. Er spricht ganz leise, flüstert fast. So groß ist seine Angst davor, dass jemand ihn belauschen könnte. Das Thema ist für ihn mit Scham belegt, und er hat furchtbare Angst davor, was passieren könnte, wenn jemand seine Gedanken erfahren würde.

Ja, ich habe es tatsächlich fast vergessen. Nach der Grundschule werden Mädchen und Jungs getrennt unterrichtet. Für ihn gibt es keine Möglichkeit, sich ohne Zustimmung der Familien mit einem Mädchen zu treffen, weil das Mädchen dafür vermutlich getötet würde. Es ist eigentlich unmöglich, ein Mädchen auch nur kennenzulernen. Eltern müssen die Braut in der Regel für dich suchen und die Ehe mit den Eltern der Frau vereinbaren. Und körperlichen Kontakt hat man erst nach der Hochzeit.

»Ich kann mir überhaupt nicht vorstellen, eine Frau zu heiraten, die ich nicht kenne. Ich möchte mich verlieben, und ich möchte Liebe machen«, sagt er und fängt an, mir ganz viele Fragen zu stellen. Ob es stimmt, dass Frauen bluten, wenn sie das erste Mal Sex haben.

»Ja, das stimmt wohl, ich weiß es nicht, ich war noch nie der Erste«, antworte ich.

Er erklärt, dass er auch lieber eine Frau kennenlernen will, die sich auskennt.

»Aber du weißt schon, dass kurdische Männer sonst nur Frauen heiraten, die vorher kein Mann angefasst hat? Meine Schwester musste sich eine ärztliche Bescheinigung über ihre Jungfräulichkeit besorgen, bevor sie heiraten konnte.«

»Klar, das weiß ich. Aber so will ich es überhaupt nicht.«

Ich erinnere mich wieder an unsere gemeinsame Schulzeit und unsere Lehrerin mit einem Master in Biologie. Als jemand sie gefragt hat, wie Babys in die Welt kommen, hat sie »Subhanallah, Gott ist über allem erhaben!« geantwortet.

Ich weiß nicht viel über Biologie, aber ihm kann ich viel erklären. Unter anderem, dass Frauen nicht einfach davon schwanger werden, wenn sie mit einem Mann in einem Bett schlafen. Er erzählt mir, wie schwer es ist, an sachliche Informationen auf Kurdisch heranzukommen, weil das Thema tabu ist. Jungs in seinem Alter reden zwar vom »Ficken«, haben dabei aber gar keine Ahnung, wovon sie sprechen.

»Ist es ernsthaft noch immer so?« Ich bin entsetzt.

»Naja, vielleicht nicht überall. Aber du kennst meine Familie und unsere Nachbarschaft«, sagt er. »Ich darf mich nicht mal alleine mit meiner Cousine treffen. Und wenn ich zu langsam an Mädchen vorbeigehe, gucken mich die Eltern schon böse an.«

»Hier bin ich ständig mit Frauen zusammen, in der Schule und beim Sportunterricht. Ich kann hier sogar mit Frauen zusammen ins Schwimmbad gehen«, erzähle ich ihm.

Er ist fassungslos. »Und dann passiert nichts? Sind die Frauen dann sicher?«

»Naja, leider erleben Frauen hier auch oft Gewalt. Aber ich glaube, sie sind sicherer als in Irakisch-Kurdistan.«

»Ja, die Schlagzeilen sind hier jeden Tag voll von Vergewaltigungen und Frauenmorden. Das passiert aber meistens in den Familien.«

»Hier passiert die meiste Gewalt an Frauen auch in Familien. Man kann Frauen nicht vor Gewalt schützen, indem man sie einsperrt. Man muss sich als Mann selbst verändern.«

»Ich kenne ein paar Mädchen online«, sagt er und lächelt. »Die wohnen in Russland und der Türkei. Wir reden über Computerspiele. Ich finde sie toll und interessant. Ich bin nicht verliebt, aber ich habe trotzdem immer Angst, dass jemand das mitkriegt.« Er macht eine Pause.

»Ach, es ist die Hölle und ich fühle mich hier so falsch.«

»Das tut mir leid, Habibi«, sage ich etwas ratlos.

»Danke. Ich habe noch nie mit jemandem über Liebe oder Sex gesprochen, aber verrate mich nicht.«

»Nein, natürlich nicht. Pass auf dich auf!« Ich lege auf, ohnmächtig und von unfassbarer Traurigkeit erfüllt.

DIE ERKENNTNIS

»Melde diese Seite bitte bei Facebook, sie ist gotteslästerlich!« Eine Facebookfreundin hatte einen Link zu einer Seite geteilt.

»Ja, natürlich, das werde ich tun«, schrieb ich drunter. Aber vorher wollte ich mir die Seite genauer anschauen. Und dann konnte ich gar nicht mehr weggucken.

»Der Koran ist nicht Gottes Wort, sondern eine Sammlung von Mythen!«

Ich war fassungslos und musste weiterlesen. Ungeheure Gotteslästerung fand sich auf der Seite. Ich las in einer Art Horrorfaszination und konnte nicht mehr aufhören.

Während meine Mutter im Erdgeschoss freudig ein neues Gerät einweihte, einen Stift, der ihr den Koran laut vorlesen konnte, saß ich im zweiten Stock am Rechner und las Korankritik. Ich wusste, dass dies viel verbotener war als die Pornos meines Cousins und hatte furchtbare Angst aufzufliegen. Ich löschte nach jeder Sitzung im Internet gewissenhaft alle Verläufe und Speicher und legte mir eine falsche Identität zu, mit der ich im Internet anonym bleiben konnte: Hana Silêmanî.

Und was mir erst als Wahnsinn vorkam, erschien mir von Tag zu Tag einleuchtender. In den Beiträgen wurden Suren und Hadithen Zeile für Zeile analysiert, und ich verstand zum ersten Mal, was ich seit Jahren gelesen hatte, ohne mir darüber Gedanken zu machen. Ich entdeckte Hass gegen Andersgläubige und Anderslebende. Und ich sah, dass der Koran große Unterschiede zwischen den Geschlechtern machte.

Ich hatte das Gefühl, dass ich getäuscht worden war. Das, was meine Familie, die Schule und die Moschee mir als Religion der Liebe verkauft hatten, war eine Ideologie der Diskriminierung und des Hasses. Der große Prophet war ein Kriegstreiber und Kinderschänder. Die vielen Regeln und Rituale hielten uns alle ständig in Angst und Gehorsam. Wir würden nie ins Paradies kommen, sondern machten uns das Leben mit dem Islam zur Hölle.

Ich knüpfte ganz neue Onlinefreundschaften und lernte einen von ihnen auch persönlich kennen. Er hieß Paiman und lieh mir seine arabische Übersetzung des atheistischen Klassikers *Der Gotteswahn* von Richard Dawkins. Er hatte das Buch von seinem Vater bekommen, einem überzeugten Sozialisten und Atheisten, der seinen Sohn damit vor dem religiösen Wahn bewahren wollte. Auf dem Buch stand der Hinweis, dass es in islamischen Ländern verboten sei. Ich schmuggelte es in meiner Schultasche in mein Refugium, stieg auf den Computertisch, schob eine der Deckenplatten hoch, versteckte das Buch da und holte es nur raus, wenn ich mich ganz sicher fühlte.

Paiman war der erste Mensch, dem ich mich auch im wirklichen Leben anvertraute, und er besuchte mich jetzt oft zu Haus. Meinen Eltern gegenüber sagten wir wahrheitsgemäß, wir hätten uns auf Facebook angefreundet. Wir diskutierten über Dawkins und schickten uns Texte des marokkanischen Schriftstellers Kacem El Ghazzali zu. Als junger Mann aus einem muslimischen Land, der offen und furchtlos den Islam kritisierte, war er für mich ein unerreichbarer Heiliger.

Wir fingen an, uns Politikblogs anzuschauen und erklärten auch den kurdischen Studenten Sardasht Osman zu unserem Helden. Er hatte sich mit regierungskritischen Beiträgen als Blogger einen Namen gemacht. Nach der Veröffentlichung einer Satire über den Präsidenten der kurdischen Autonomieregierung war er mit Morddrohungen überhäuft worden. Er hatte die Polizei um Hilfe gebeten und war abgewiesen worden. Kurz danach wurde er am helllichten Tag entführt und grausam ermordet. Die Regierung stritt jede Verantwortung ab, aber das Signal war deutlich: Mit dem Präsidenten ist nicht zu spaßen!

Wir waren fasziniert von dem kurdischen Schriftsteller Mariwan Halabjayi, der in seinem Werk *Sex, Scharia und Frauen in der Geschichte des Islams* fehlende Frauenrechte im Islam kritisiert hatte, dafür mit einer Fatwā belegt worden war und flüchten musste. Wir lasen im Internet über die schlimmen Folgen weiblicher Genitalverstümmelung in Irakisch-Kurdistan und erfuhren zu unserem Entsetzen, dass viele Frauen in unserer Region sich aus Angst vor Ehrenmord selbst töteten.

Ich beobachtete meine Umwelt mit anderen Augen und erkannte immer mehr Böses um mich herum. Wenn es Gott gab und er allmächtig war, dann war er ganz sicher nicht gütig.

DER HUMOR

»Warum in aller Welt bist du über Norwegen nach Deutschland geflüchtet?«, frage ich meinen Bekannten, den Bauern aus dem Iran, der mit seinem zackigen Haarschnitt und sauber getrimmten Bart aussieht wie ein Fotomodell.

»Ich hatte gehört, dass ich da bessere Chancen haben könnte. Aber es war ganz furchtbar. Ich musste aus Finnland mit einem Fahrrad durch den Schnee über die Grenze nach Norwegen fahren. Und da bin ich dann in den Bergen in einer großen Unterkunft untergekommen.«

»Hast du da Norwegisch gelernt? Das würde dir hier bei der Jobsuche helfen.«

»Quatsch, ich habe da niemanden aus Norwegen kennengelernt. Außer unserer Unterkunft war nichts in dem Dorf. Selbst das Asylinterview habe ich per Videochat gemacht. Als ich die Ablehnung hatte, bin ich über Nacht abgehauen und nach Deutschland geflüchtet.«

»Und warum bist du überhaupt aus dem Iran geflüchtet?«

»Darüber möchte ich nicht reden«, sagt er. »Aber ich bin froh, dass ich jetzt hier bin, obwohl mein Mitbewohner verrückt ist.«

Im Nebenzimmer läuft sehr laut ein Hörbuch des Korans.

»Ist er sehr strenggläubig?« Ich nicke Richtung des Krachs.

»Nein, gar nicht. Er hört den Koran und trinkt dazu Whiskey. Dabei hat er gar keinen Grund, hier ist es so viel besser als in Norwegen. Dort gab es einfach nur Schnee, sonst nichts. Neben mir wohnten zwei Männer aus Eritrea. Als abgelehnte Asylbewerber saßen sie schon seit zwei Jahren in der Unterkunft fest. Die haben wirklich den ganzen Tag nur gebetet, von morgens bis abends. Wenn es ihren Gott gibt, dann hat er einen bösen Humor.«

DIE BESTIMMUNG

Ich lebte monatelang ein Doppelleben. Jede freie Minute verbrachte ich in sozialen Netzwerken, in religionskritischen und säkularen Onlinegruppen. Nach außen war ich wie immer, befolgte alle religiösen Regeln und ging in die Moschee.

Ich fühlte mich wie in einem engen Gefängnis aus starren, veralteten Regeln und sah durch den Bildschirm meines Laptops auf die große Welt da draußen, wie mein kleiner Goldfisch im Glas.

Und ich hatte weiterhin Angst. Nicht nur davor, dass ich auffliegen konnte, sondern auch vor Gottes Zorn. Ich hatte mein Leben lang an einen Gott geglaubt, der sich mir in Büchern offenbaren und mich belohnen oder strafen konnte.

Mein Glaube war so stark, dass ich ihn zunächst nicht verlor, sondern gegen ihn rebellierte wie gegen einen ungerechten Vater.

»Allah, du kannst mich mal und in deinem Buch steht Quatsch«, dachte ich mir und fürchtete dabei die Strafe für meinen Ungehorsam.

Nach etwa einem Jahr hielt ich es nicht mehr aus. Ich musste mich der Angst stellen.

Ich war 14 Jahre alt, als ich am Lailat al-Qadr, der Nacht der Macht und Bestimmung, zu Hause blieb, während meine Familie nach dem Fastenbrechen in die Moschee fuhr. Es war die Nacht auf den 27. Tag des Ramadans, an dem Gott dem Propheten Mohammad laut Überlieferung zum ersten Mal den Koran offenbarte.

Meine Familie wunderte sich kurz, akzeptierte aber meine Erklärung, dass es mir nicht gutginge und ich zu müde sei.

Sobald ich ganz allein zu Hause war, nahm ich meinen ganzen Mut zusammen. Ich holte ein Feuerzeug, nahm mein eigenes Exemplar des Korans aus meinem Regal und ging damit aufs Dach.

Das Herz hämmerte in meiner Brust. Ich schluckte unentwegt und hatte Angst zu ersticken. Ich fühlte mich so, als zöge ich in einen Krieg um Leben oder Tod.

Auf dem Dach war der Boden noch warm. Wir hatten den achten Monat des Jahres und es war tagsüber brennend heiß.

Ich stellte mich in eine Ecke nahe der Dachumrandung und spähte um mich, um ganz sicherzugehen, dass die Stelle von niemandem einzusehen war.

»Allah, zeig dich, wenn es dich gibt«, sagte ich leise und schmiss den Koran auf den Boden. Ich setzte vorsichtig einen Fuß darauf und trat mehrfach heftig zu, nichts passierte.

Ich hockte mich hin, öffnete den Koran, zündete das Feuerzeug und setzte die Flamme mit zittrigen Fingern nacheinander an die Blätter, bis sie anfingen wegzuschmoren. Ich wartete.

Nichts geschah. Mich traf kein Blitz. Ich wurde nicht in

eine Ratte verwandelt. Mein Körper war unversehrt. Mein Herzschlag normalisierte sich. Das Schlucken hörte auf. Und mein Kopf wurde immer klarer.

Ich hätte weinen können vor Erleichterung, aber ich lachte auf. »Allah gibt es nicht und der Koran ist nur ein Stapel Papier, der nicht besonders gut brennt.«

DER KORAN

»Ist der Koran schuld? Was steht dazu im Koran? Du deutest den Koran ganz falsch!«

Ich scrolle durch die Kommentare unter einem Post von mir.

»Ehrlich gesagt geht mir der Koran so ziemlich am Arsch vorbei«, sage ich zu meiner Freundin. »Die ersten islamkritischen Texte, die ich gelesen habe, haben sich immer auf den Koran bezogen. Es ging immer darum, wie die Vorschriften im Islam zum Beispiel zu Gewalt gegen Ungläubige und der Unterdrückung von Frauen führen. Deshalb ist es mir anfangs auch sehr wichtig gewesen, anhand des Korans zu beweisen, was am Islam falsch ist. Aber jetzt ist der Koran für mich nur noch ein Buch, das sich irgendwann mal einige Leute zusammengereimt haben. Man wird darin weder einen Beweis dafür finden, dass der reale Islam gut ist, noch dafür, dass er böse ist. Ich habe zwar viel im Koran gelesen, aber ihn nie durchdrungen oder hinterfragt. Mir wurde zu Hause und im Unterricht immer vorgegeben, wie ich die Texte zu verstehen habe. Aber aus den meisten Texten hätte man auch was ganz anderes lesen können. Das Problem ist der Glaube daran, dass der Koran das Wort Gottes und damit die ultimative Wahrheit enthält. Islamkritiker, die sich ständig mit dem Koran beschäftigen, nehmen den Koran fast genauso ernst wie fundamentalistische Muslime.«

»Da ist wohl was dran«, sagt meine Freundin.

»Ein Stapel Papier macht mir keine Angst mehr«, erkläre ich. »Der real praktizierte Glaube oftmals aber schon. Was nützt es mir, dass der Koran gar keine Strafe für den Abfall vom Islam vorschreibt, solange Muslime rumlaufen und behaupten, dass der Prophet dafür die Todesstrafe gefordert hat? Die öffentliche Verkündung der Abkehr vom Islam wird nach der Scharia mit dem Tode bestraft, und darum leben Ex-Muslime gefährlich, völlig unabhängig davon, was im Koran steht«, sage ich und tippe das genau so unter die Kommentare.

DAS GESPRÄCH

»Hast du Zeit für ein Gespräch, Baba?«, fragte ich meinen Vater, als er von der Arbeit nach Hause kam. Ich war vor einer Woche fünfzehn geworden und seit der Nacht auf dem Dach waren mehr als zweieinhalb Monate vergangen. Es gab keinen strafenden Gott und den Strafen der Welt würde ich mich stellen. Ich konnte und wollte meine Überzeugung nicht mehr für mich behalten.

»Ja, was ist, Kůřim?« So feierlich hatte ich ihn noch nie um ein Gespräch gebeten.

»Ich respektiere, dass du und Daya gläubig seid.« Ich hatte mir überlegt, wie ich es am besten anfing. »Aber ich glaube nicht an Gott. Ich kann mit dem Islam nichts anfangen. Ich bin Atheist.«

Dann brach ein Gewitter über mich los. Ich erinnere mich nicht mehr an seine Worte, aber an sein wutverzerrtes Gesicht. Er brüllte mich an und schlug auf mich ein.

»Du wirst mich nicht brechen, Baba«, dachte ich bei mir und ertrug die Schläge, ohne einen Laut von mir zu geben, bis meine Mutter dazwischenging und mein Vater von mir abließ. Es fühlte sich an wie ein Waffenstillstand. Wir hatten viele Kämpfe miteinander gehabt, ich würde auch diesen überleben.

Ich ging nach oben und setzte mich an den Computer. Hana Silêmanî war Vergangenheit. Ich löschte das Profil, loggte mich mit meinem Klarnamen auf Facebook ein und teilte dort meinen ersten islamkritischen Beitrag. Ich war ein freier Mensch, ich würde offen zu dem stehen, was ich dachte.

Am nächsten Tag sprachen wir nicht über den Vorfall. Ich ging zur Schule und kam wieder nach Hause. Abends zog ich meinen Pyjama an und setzte mich in meiner Ecke an den Computer. Es war elf Uhr abends und ruhig im Haus. Plötzlich hörte ich Motorengeräusche. Ich schaute aus dem Fenster und sah meine Eltern im Auto wegfahren. Das war ungewöhnlich. Aber sie würden ihre Gründe haben. Mir war es egal.

Kurz danach kamen sie zurück und waren offensichtlich nicht allein. Ich hörte fremde Stimmen und Schritte im Treppenhaus. Die Tür zum Zimmer ging auf. Mein Vater kam rein, mit ihm drei uniformierte Polizisten und zuletzt meine Mutter. Ich starrte sie verdattert an. »Was ist passiert?«

»Das ist er?«, fragte einer der Polizisten. Mein Vater nickte. Der Polizist trat auf mich zu und schlug mir ohne Vorwarnung hart ins Gesicht und riss mich hoch. Er packte mich an den Schultern und schob mich vor sich zur Tür und die Treppe runter.

»Was ist los, was machen Sie mit mir?« Ich versuchte mich loszureißen.

»Du hast den Propheten beleidigt, ist das nicht Grund genug?«, bellte der Polizist und schob mich weiter runter.

»Zieh deine Schuhe an«, befahl er mir an der Haustür.

»Im Pyjama?«, fragte ich verwirrt. »Kann ich mir noch etwas anziehen?«

»Nein, du kommst so mit«, blaffte er und zerrte mich in Richtung eines Polizeiwagens.

Ich wehrte mich mit aller Kraft. Dann kamen die beiden

anderen Polizisten dazu. Einer hielt mich fest, der andere trat mir die Beine weg und noch ein paar Mal nach. Sie zerrten mich hinten auf den Rücksitz und hielten mich dort zwischen sich fest, während der dritte das Auto startete.

Aus dem Fenster sah ich, wie mein Vater hastig in seinen Wagen stieg und uns hinterherfuhr. Es war immer noch viel Verkehr auf den Straßen. Ampeln und Leuchtreklamen zogen an mir vorbei. Alles schien ganz normal da draußen. Aber nichts war normal. Ich hatte panische Angst und konnte mein hektisches Schlucken überhaupt nicht mehr stoppen.

Als wir ankamen, zogen die Polizisten mich aus dem Auto zum Eingang. Mein Vater sprang aus seinem Wagen und folgte uns.

»Es tut mir leid, Baba«, flehte ich ihn an. »Bitte!«

Mein Vater schien etwas verunsichert, doch einer der Polizisten mischte sich schnell ein.

»Wir kümmern uns um ihn!« Er wies meinen Vater schroff an, sich wieder in sein Auto zu setzen.

»Die werden dir helfen«, sagte mein Vater, drehte sich um und ließ mich allein.

»Bitte, Baba!«, rief ich ihm hinterher. Er drehte sich nicht um. In mir zerbrach etwas. Endgültig.

DAS DRAMA

Meine Freundin und ich sitzen zusammen mit meinem Bekannten, dem Ex-Christen, auf einer Decke im Park und ich erzähle von meinem Coming-out. »War es das erste Mal, dass dein Vater dich geschlagen hat?«, fragt meine Freundin.

»Was denkst du? Mein Vater ist ein muslimischer, kurdischer Mann. Natürlich hat er uns oft gezüchtigt. Er hat auch meine Mutter geschlagen.«

»Er wirkt so freundlich«, murmelt sie verstört.

»Das ist er auch, er ist vermutlich viel freundlicher und friedlicher als viele seiner Freunde. Er ist einfach so, wie man sein muss als richtiger Mann in Irakisch-Kurdistan. Er muss seine Familie im Griff haben, damit sie ihm keine Schande macht und ihn nicht entehrt. Ich glaube, jedes Kind in meiner Nachbarschaft hat gelegentlich den Gürtel seines Vaters gespürt. «

»So viel anders ist es bei uns auch nicht«, wirft der Ex-Christ ein. Er stammt aus Uganda und ist erst seit kurzem in Deutschland. »Das hat nichts mit dem Islam zu tun. Meine Familie ist sehr streng katholisch. In der Bibel steht, dass man seinen Sohn zu den Ältesten der Stadt führen soll, wenn er ungehorsam ist. Und dann sollen alle Leute seiner Stadt ihn zu Tode steinigen.«

»Ja, wir haben Glück, dass wir in einer Zeit leben, in der die Bibel nicht mehr buchstäblich gelesen wird«, sagt meine Freundin.

»Das kommt darauf an, wo man wohnt«, sagt der Ex-Christ. »Hier ist das so. Aber meine Eltern wissen nicht, dass ich nicht mehr glaube. Ich werde ihnen das vermutlich nie erzählen können. Warum hast du deinen Vater eigentlich konfrontiert, hattest du keine Angst?«

»Ich wusste natürlich, dass er wütend werden würde, ich hätte aber nie gedacht, dass er mich anzeigt«, sage ich. »Ich war naiv. Ich habe nicht bedacht, dass er dem Druck von außen nie standhalten würde. Ein Freund meines Vaters hat einen Facebookpost von mir gesehen, das war ein großes Drama. Er hat meinen Vater sofort darüber informiert und verlangt, dass etwas passiert. Und daraufhin hat mein Vater mich kurzerhand angezeigt. Wir hatten ja schon eine Vorgeschichte, ich galt als ungehorsam und widerspenstig. Also dachte er, dass die Polizei mir den rechten Weg weisen kann.«

»Ganz schön heftig.«

»Ich habe erst viel später erfahren, dass an dem Abend noch etwas viel Krasseres passiert ist«, erzähle ich. »Mein

Vater war überzeugt, dass mein neuer Freund Paiman mich einer Gehirnwäsche unterzogen hatte. Er hat ihn in derselben Nacht aufgesucht und gedroht, ihn zu erschießen. Paiman hatte Todesangst. Ich habe meinen Vater später darauf angesprochen, er hat das tatsächlich bestätigt.«

»Wollte er ihn wirklich umbringen?«, fragt der Ex-Christ.

»Ja, er war so neben der Spur vor Wut. Inzwischen ist er natürlich heilfroh, dass er sich in letzter Sekunde besonnen hat. Und ich erst mal.«

DER TANZ

Ich fiel in mich zusammen und ließ mich widerstandslos in den ersten Stock schleifen. Die Polizisten grüßten einen Beamten vorne am Schalter und schubsten mich in einen Hinterraum.

»Sei froh, dass die Wache heute nicht voll besetzt ist«, grinste der eine und schloss die Tür hinter sich zu. »Aber wir werden auch zu dritt mit dir fertig. Du beleidigst also den Propheten? Du glaubst nicht an Gott?«

Sie umringten mich, beleidigten mich und schlugen dabei auf mich ein.

»Es tut mir leid, bitte lasst mich wieder gehen!« Ich hatte furchtbare Angst. Aber sie ignorierten mein Flehen.

Sie zwangen mich auf den Boden. Zwei Polizisten drehten mich auf den Rücken, der dritte riss mir die Schuhe von den Füßen und zog mir die Socken aus. Er griff meine Füße, legte sie auf etwas Hartes und band meine Fußgelenke daran fest. Das Band schnitt mir in die Haut und drückte schmerzhaft gegen die Ferse. Dann riss er meine Beine plötzlich und ruckartig hoch und ich sah, dass sie quer an eine Kalaschnikow gebunden waren.

Ein weiterer Polizist übernahm das andere Ende des Gewehrs. Der dritte stellte sich hinzu und schlug zunächst leicht und dann immer härter mit Kabeln auf meine Fußsohlen ein.

»Glaubst du an Darwin? Sind wir Affen?« Sie bespuckten mich.

Immer wenn ich vor Schmerz aufschrie, lachten sie. »Bitte, hört auf. Es tut mir leid.«

»Wir werden dich Respekt vor dem Propheten lehren«, sagte der mit den Kabeln. Er hielt kurz inne und ging an ein Regal, kam zurück und hielt etwas gegen meinen Fuß. Mein ganzer Körper zitterte. Elektroschocks. Immer wieder. Der Schmerz zog wie Blitze durch meinen Körper und vernebelte meine Gedanken.

Nach einer Ewigkeit war es vorbei. Ich lag ganz still und wartete. Einer band das Gewehr los.

»Steh auf!«, befahl er mir. Ich gehorchte. Mit steifen Beinen, wackeligen Knien und schmerzenden Füßen stand ich im Pyjama vor den drei großen Männern und machte laute Schluckgeräusche, während sie mit kalten Blicken auf mich herabschauten.

»Du meinst, dass wir von den Affen abstammen?«, sagten sie hämisch. »Komm, tanz für uns, kleines Äffchen. Tanz!«

»Bitte, ich kann nicht mehr!« Die Tränen liefen mir über die Wangen. Aber sie hatten kein Erbarmen und ich setzte mich ungelenk in Bewegung.

»Nein, nein, du musst richtig tanzen wie ein Affe«, brüllten sie und gestikulierten, dass ich Kniebeugen machen und hochhopsen sollte. Wenn ich müde wurde, schlugen sie, bis ich mich wieder bewegte. Irgendwann wurde mir schwarz vor Augen.

Ich wachte auf, als mir jemand Wasser ins Gesicht spritzte.

»Wir bringen dich dahin, wo du schlafen kannst«, sagte einer der Polizisten.

»Er hat seine Lektion gelernt«, sagte einer der anderen. Es war drei Uhr nachts.

Sie befahlen mir, Socken und Schuhe anzuziehen, schleiften mich runter und setzten mich hinten auf einen Pick-up.

»Damit du uns nicht runterspringst, kleines Äffchen«, sagte einer, fesselte mich mit Handschellen an das Gitter des Pick-ups und setzte sich neben mich, eine Kalaschnikow über seiner Schulter. Die anderen sprangen in die Fahrerkabine. Der Fahrer lenkte den Pick-up durch die Nacht. Es war ruhig auf den Straßen, aber wir fuhren so schnell, dass wir bei jedem Schlagloch hochgeschleudert wurden. Nach einer Weile kamen wir in ein schönes neues Viertel und hielten auf einem Vorplatz einer Villa. Die zwei Polizisten aus der Fahrerkabine stiegen aus. In der Tür erschien ein Mann im Pyjama. Drei in Uniform und zwei in Pyjama, schoss es durch meinen Kopf.

Der Mann hielt einige Papiere an die Wand, unterschrieb sie, reichte sie den Polizisten und verabschiedete sich. Die Polizisten stiegen wieder ein und fuhren weiter.

Der nächste Halt war vor einem großen drahtumzäunten Gebäude. Das kannte ich. Das Jugendgefängnis.

DER FRIEDHOF

»Die Villa war das private Haus des Richters«, erzähle ich weiter. »Die haben ihn nachts aus dem Bett geholt.«

»Ist das üblich?«, fragt meine Freundin. Wir sind auf dem Rückweg vom Park.

»Nein, gar nicht. Es gibt eigentlich im Gericht eine Nachtschicht für so etwas. Das hat mir mein Anwalt später erklärt. Er hat vermutet, dass sie es bei mir so gemacht haben, weil sie erst einen Haftgrund konstruieren mussten«, erkläre ich. »Es war alles überhaupt gar nicht normal. Erstaunlich, dass sie für einen kleinen Jungen im Pyjama so viel Aufwand gemacht haben.«

Wir biegen von der Straße ab auf den alten Friedhof der

Grenzstadt. Die Wiesen um die Gräber sind ein hellrosa Blütenmeer.

»Ich liebe es, wenn hier im Frühjahr die Krokusse blühen«, sagt meine Freundin. »Das gibt mir das Gefühl, dass die Natur siegt. Außerdem erinnert es mich an mein liebstes dänisches Lied. Der Autor erzählt von Helden und davon, dass er selber lieber Pflanzen zieht als in die Schlacht.«

»Das gefällt mir«, sage ich.

»Guck mal, hier liegen junge Männer mit dänischen und deutschen Namen Seite an Seite«, zeigt meine Freundin mir die alten Grabsteine. Ich schaue mir die Jahreszahlen an. Sie sind nicht alt geworden.

»Ich kann mir gar nicht vorstellen, dass hier mal Krieg geherrscht hat«, sage ich.

»Doch, es gab hier in der Grenzregion immer wieder Kriege, die Grenze hat sich dadurch ein paar Mal verschoben. Diese Region ist schon ewig von mehreren Kulturen und Sprachen geprägt. Vor dem Aufkommen des Nationalstaatsgedankens fühlten sich die Leute vermutlich weder deutsch noch dänisch. Mein Ururururgroßvater, Jap Peter Hansen, lebte vor über 200 Jahren hier. Er schrieb Gedichte auf Friesisch, Dänisch und Deutsch und manchmal mischte er alle Sprachen. Aber durch die Kriege ist die Region wie ein Scheidungskind geworden. Die Bevölkerung musste Stellung beziehen: ›Wen hast du lieber, den skandinavischen oder den deutschsprachigen Raum?‹«

Sie zeigt auf die Skulptur eines großen Löwen, der über den Friedhof blickt. »Der ist als dänisches Siegessymbol errichtet worden, nach der Niederlage Dänemarks gegen Preußen und Österreich wurde die Skulptur als Kriegsbeute nach Berlin gebracht. Nach dem Ende des Zweiten Weltkriegs holte Dänemark sie zurück und stellte sie in Kopenhagen auf. Aber nun ist der Löwe als dänisch-deutsches Friedenssymbol zurückgekehrt. Zu diesem Frieden hat auch das Minderheitenmodell hier beigetragen. Hier können alle Menschen frei entscheiden, ob sie sich als deutsch oder dänisch verstehen wollen. Oder als Teil beider Kulturen, so wie ich.«

»Darf ich mich dann auch einfach dafür entscheiden, Däne zu sein?«

»Formal gilt das Abkommen zwischen Dänemark und Deutschland nur für die jeweiligen Staatsbürgerinnen und Staatsbürger«, erklärt sie. »Aber rein praktisch kannst du dich natürlich auch in die dänische Minderheit integrieren, wenn du willst. Es ist quasi ein historisches Recht, das an den Wohnort gebunden ist, nicht an die Herkunft. Mein Vorfahr hat übrigens auch ein Gedicht mit dem Titel *Mein Glaubensbekenntnis* geschrieben. Ich muss dir unbedingt mal die letzte Strophe vorlesen.« Sie holt ihr Mobiltelefon raus, sucht ein wenig und rezitiert:

»Und tret' ich einst dann aus des Grabes Tiefen hin vor des Weltenrichters Angesicht, so wird er meine Taten strenge prüfen, doch meinen Glauben? Nein, das glaub' ich nicht.«

DIE PISTOLE

»Hier kannst du deine gerechte Strafe abwarten«, sagte der Polizist, löste die Handschellen und schob mich zum Eingang, wo seine Kollegen schon zwei Gefängniswärtern die Papiere aushändigten.

»Salām«, begrüßte er die beiden. Ich war erleichtert. Das hier war ein offizielles Gefängnis, hier konnte es nur besser werden. Doch die beiden Wärter nahmen mich mit Mienen in Empfang, als sei ich ein berüchtigter Terrorist. Sie führten mich rein, durch einige Gänge, bis ich in einem Raum landete, der wie ein Aufenthaltsraum für die Wärter aussah. Ein Tisch mit Fernseher, einige Betten und Sessel, auf einem saß ein großer, muskulöser Mann.

»Ach, was haben wir denn da?«, fragte er, stand auf und kam mir entgegen.

»Einen Ungläubigen, einen Kāfir«, sagte der Wärter an meiner linken Seite.

»Er hat den Propheten beleidigt, er glaubt nicht an Gott«, sagte der an meiner rechten und schubste mich in Richtung des großen Mannes.

Der Mann zog seinen Gürtel aus und versetzte mir einen Schlag an meine ohnehin schon wunde Seite. Die anderen schlossen sich ihm an. Schläge mit dem Gürtel, Fäuste in den Magen und an den Kopf. Und dazu Beleidigungen und wütendes Gebrüll.

Ich sagte nichts mehr, ließ es geschehen. Der große Mann wurde aber trotzdem immer wütender, zog plötzlich seine Pistole, setzte sie an meinen Kopf und zischte mir zu. »Ich erschieße dich und garantiere mir damit einen Platz im Paradies.«

»Mach doch, ich kann nicht mehr«, hätte ich ihm beinahe geantwortet. Doch die anderen hielten ihn zurück.

Sie schleiften mich aus dem Raum raus in einen Innenhof, wo sie weiter auf mich eindroschen. Ich versuchte meinen Kopf zu schützen, krümmte mich zusammen und landete zusammengerollt auf dem Boden. Wie damals im Schulhof. Doch meine Schwester war weit weg und konnte mich nicht retten. Und diesmal waren es keine Kinderfüße in Turnschuhen, sondern Männerfüße mit Polizeistiefeln.

Irgendwann spürte ich meinen Körper gar nicht mehr. Ich schrie nicht mehr. Lag einfach nur da und wartete auf den nächsten Tritt. Erst am frühen Morgen riss mich einer der drei hoch, stieß mich in eine kleine Zelle und schloss die Tür.

Der Raum war so klein, dass ich nicht ausgestreckt liegen konnte. In der einen Ecke stand ein Eimer. Ich rollte mich vorsichtig auf dem Boden zusammen, mit dem Rücken zum Eimer und schlief völlig erschöpft ein.

Als ich aufwachte, setzte ich mich mit dem Rücken gegen

eine der Wände und starrte vor mich hin. Würde ich hier sterben?

Irgendwann ging die Tür auf und ich musste mitkommen. Wieder eine Autofahrt, dann stand ich plötzlich im Gericht. Mit blauem Auge, wundem Rücken und Füßen, auf denen ich kaum stehen konnte, noch immer im Pyjama und umringt von bewaffneten Männern.

Der Richter würde es sehen. Es war ja völlig verrückt. Er würde mich freilassen.

Doch der Richter verzog keine Miene. Widerstand gegen die Staatsgewalt lautete die Anklage, von Gotteslästerung war nicht die Rede. Ich traute meinen Ohren nicht. Widerstand gegen die Staatsgewalt bedeute, dass man sich einer Verhaftung widersetzte. Und keiner fragte, warum ich überhaupt hätte verhaftet werden sollen. Auch ich fragte nichts und ließ mich widerstandslos zurück zum Gefängnis transportieren.

DIE PARTY

»Was machen wir heute?«, frage ich meine Freundin, als sie von einer Tagung nach Hause kommt. »Heute ist schwullesbische Party, wir müssen feiern!«

»Die Dreierbeziehung mit dir und deinem Djinn ist echt anstrengend«, sagt sie. »Warum gehst du nicht alleine? Ich bin müde!«

»Ach was, wenn du erst losgegangen bist, hast du doch auch Spaß«, sage ich. »Komm mit, bitte, bitte!«

»Okay. Aber ich muss erst noch ein paar Mails beantworten.«

»Alles klar«, sage ich und rufe den Computerfachmann an. »Hey, Habibi, was machst du? Kommst du mit zur Party?«

»Ich muss die Kinder erst noch bekochen und ins Bett

bringen, aber ich frage mal meinen Mann. Wenn er bei den Kindern bleibt, komme ich mit«, sagt er. Ich jubele, verabschiede mich und scrolle durch meine Newsfeeds.

»Unglaublich«, sage ich, springe auf und renne zu meiner Freundin. »Stell dir vor, hier beschimpfen Kurden Nadia Murat, weil sie in einem Interview anlässlich ihrer Auszeichnung mit dem Nobelpreis Irak gesagt hat statt Kurdistan. Und dann unterstellen sie ihr auch noch, dass es ihr nur um ihren eigenen Ruhm geht. Das ist einfach ekelhaft. Es ist so stark und mutig von ihr, über die Gräuel zu sprechen, die ihr und den anderen jesidischen Frauen widerfahren sind. Die Peschmerga, die Streitkräfte Irakisch-Kurdistans, haben die jesidische Bevölkerung im Stich gelassen und kampflos dem Daesh ausgeliefert. Und es hat fast niemanden sonst in Irakisch-Kurdistan gestört. Und nun regen sie sich über Formulierungen auf. Sie sollten sich schämen.«

»Ich muss die Mails jetzt aber trotzdem fertig bearbeiten, wenn wir später los wollen, okay?«

Ich lasse sie in Ruhe, setze Kopfhörer auf und lenke mich mit Filmen ab, bis wir loskönnen.

Auf dem Weg in die Stadt gehen wir an einer Gruppe Jungs vorbei, die breitbeinig die Straße runterlaufen. Ich nicke ihnen zu und grinse ein bisschen über ihre Attitüde.

»Ich kenne zwei von denen. Ich glaube, die haben es nicht leicht. Sie müssen zu Hause immer kuschen, um ihre strengen muslimischen Eltern zufriedenzustellen, da müssen sie auf der Straße die Macker spielen«, sage ich.

»Musst du Muslime immer so schlecht darstellen?«, fragt meine Freundin. »Solche Verhaltensmuster gibt es ja nun wirklich in allen patriarchalen Gesellschaften.«

»Natürlich. Aber ich erlebe nirgends sonst, dass die Ungerechtigkeit so breit mitgetragen wird. Ich kenne muslimische Väter, die ihren Töchtern den Schwimmunterricht verbieten. Ich habe muslimische Freunde, die ihre Schwestern überwachen. Ich erlebe muslimische Eltern, die ihre homosexuellen Kinder verstoßen. Und ich lese in der Zeitung von Muslimen, die sich und andere in die Luft sprengen. Weil Gott es angeblich so will. Und wo bleiben der Protest und der Aufschrei der aufrechten Muslime? Ich muss Muslime nicht negativ darstellen, das schaffen sie schon ganz alleine, durch ihr Schweigen.«

Vor der Partylocation wartet der Computerfachmann zusammen mit dem Ex-Christen und der Studentin.

»Moin, Habibis«, sage ich. Wir umarmen uns alle.

»Was steht da auf deinem Pullover?«, fragt der Ex-Christ.

»Quotenkanake«, sage ich.

»Darf ich eigentlich Kanake zu dir sagen?«, fragt der Computerfachmann.

»Nein«, belehrt ihn meine Freundin. »Amed kann sich selber Kanake nennen und ich darf mich Schlampe nennen, aber du nicht.«

»Aber ich darf mich Fettsack nennen«, sagt der Computerfachmann. »Kommt, lasst uns tanzen.«

Er stürmt mit der Studentin und meiner Freundin auf die Tanzfläche. Der Ex-Christ und ich holen uns was zu trinken und stellen uns an einen der Stehtische.

»Prost!«, sage ich. »Darauf, dass wir an einem Ort leben, wo du als Mann deinen Geliebten gefahrlos auf offener Straße küssen kannst, Frauen ohne Angst Sex vor der Ehe haben können und ich als Atheist offen sagen kann, dass ich nicht an imaginäre Freunde glaube.«

Spätnachts gehen wir alle gemeinsam zurück durch die Fußgängerzone.

»Dass es auch immer so ausarten muss«, lacht der Computerfachmann begeistert und tänzelt über die Straße.

DER MURTADD

Ich kam in eine große Zelle mit mehreren Jugendlichen. Sie hatten keine Ähnlichkeit mit den Kindern aus meiner Nachbarschaft und wirkten auf mich verwahrlost. An den Wänden standen Metallschränke und Etagenbetten, auf dem Boden lagen einige Matratzen. Mir wurden ein Spind und eine Matratze zugeteilt. Ich legte mich hin und versuchte zu schlafen, doch es kam gleich ein Junge zu mir.

»Weswegen bist du hier? Was ist mit deinem Gesicht passiert?«, fragte er.

»Darüber will ich nicht reden.« Ich hatte Angst und mein ganzer Körper tat weh.

»Tamam, in Ordnung«, sagte er freundlich. »Ich heiße Mohammed. Und du?«

»Ich heiße Ahmed«, antwortete ich und entspannte mich ein wenig. Mohammed stellte mir die anderen sechzehn Jugendlichen vor.

»Meistens sind hier mehr«, erzählte er. »Im Moment ist viel Platz.«

Viele der Jungs waren schon lange im Gefängnis. Einige hatten Menschen getötet. Einer hatte seine Schwester vergewaltigt. Ein Junge hatte versucht, eine Bank zu überfallen. Auf seiner Stirn sah man noch die genähte Wunde – ein Polizist hatte ihn mit einem Gewehr auf den Kopf geschlagen.

»Ich bin schon über ein Jahr hier. Ich bin wegen Mordes angeklagt«, sagte Mohammed. »Ich bin unschuldig, aber mir glaubt keiner.«

Es gab drei Mahlzeiten am Tag, die in einem Essraum eingenommen wurden. Nachmittags hatten wir zwei Stunden Ausgang. Die anderen spielten Fußball. Ich schaute im Sitzen zu, ich konnte kaum stehen. Das Sitzen schmerzte auch.

Glücklicherweise sah mein Pyjama fast wie ein Jogginganzug aus. So lachte zumindest keiner.

Zu den Gebetszeiten fanden die Jungs sich zusammen und beteten. Ich lag auf meiner Matratze und konnte mich kaum bewegen. Es wunderte deshalb keinen, dass ich nur zuguckte.

Ich versuchte zu schlafen, wachte aber nachts von den Schmerzen auf und stöhnte.

»Tut es sehr weh?«, Mohammed setzte sich noch mal zu mir. Das tat gut. Ich mochte ihn, und so rutschte es mir raus. »Mein Vater hat mich angezeigt. Und deswegen haben die Polizisten und Wachen mich verprügelt. Nur weil ich meinem Vater gesagt habe, dass ich nicht mehr an Gott glaube.«

»Du glaubst nicht an Gott?« Mohammed war plötzlich wie verwandelt. »Beschimpfst du den Propheten?«

»Nein, ich beschimpfe niemanden, ich glaube das einfach nicht«, versuchte ich zu erklären, aber es war zu spät.

Mohammed war aufgesprungen und brüllte es durch die Zelle. »Er ist ein Murtadd!«

Wie ein Mob fielen sie über mich her und traten auf meinen wunden Körper ein. Ich riss mich los, rannte an die Tür und schrie so laut, dass einer der Wärter es hörte, mich hastig rausholte und nochmal in die kleine Zelle brachte.

Am nächsten Morgen wurde ich wieder in die Gemeinschaftszelle gebracht. Einer der Wärter ermahnte die Jungs. Wer mich auch nur anrühren würde, dürfe keine Besuche mehr empfangen und auch nicht mehr am Ausgang teilnehmen.

Er war einer der Männer, die mich bei der Ankunft selbst verprügelt hatten. Aber seine Ansprache zeigte erstaunliche Wirkung. Sie beschimpften und bespuckten mich, rempelten mich manchmal an, ließen mich aber sonst in Ruhe. Sie sprachen aber auch nicht mit mir. Mich hingegen ermahnten die Wärter, ich solle meine Reue zeigen und an den Gebeten teilnehmen. Sonst würde ich keine Besuche bekommen.

DIE TRENNUNG

»Gehört das ins Altpapier?« Ich zeige meiner Freundin eine leere Sojamilchtüte.

»Nein, das kommt in die gelbe Tonne.«

»Aber das ist doch kein Plastik, warum muss das in den Plastikmüll?«

»Weil die gelbe Tonne nicht für Plastikmüll ist, sondern für Verpackungsmüll.«

»Warum kommen Verpackungskartons dann ins Altpapier?« Ich deute auf einen Kekskarton im Papiermüll.

»Weil das Papier ist!«.

»Hä, aber es ist doch auch eine Verpackung! Und du sagst gerade, dass die gelbe Tonne für Verpackungsmüll ist!« Jetzt bin ich genervt.

»Karton- und Papierverpackungen kommen ins Altpapier, andere Verpackungen in den Plastikmüll.«

»Ich dachte, das ist kein Plastikmüll.« Ich grinse.

»Ist es auch nicht, das sagt man nur so«, stöhnt sie.

»Okay, und was ist mit dem Marmeladenglas, kann das in den Plastikmüll?«, frage ich und lege vorsichtig ein Glas in die Tüte.

»Auf keinen Fall!« Sie brüllt mich an, als hätte ich gerade eine Handgranate in die Tüte gelegt. »Stell das zu den Pfandflaschen.«

»Gibt es darauf Pfand?«

»Nein, es gehört in den Container. Ich nehme es mit, wenn ich die Pfandflaschen wegbringe«, erklärt sie.

»Aber es ist ja auch eine Verpackung und definitiv nicht aus Papier«, sage ich und nehme das Glas wieder aus der Tüte.

»Pfandflaschen werden abgegeben, Altglas gehört in den Container, Karton- und Papierverpackungen kommen ins

Altpapier, andere Verpackungen in den Verpackungsmüll.« Sie spricht so, als sei ich leicht taub und sehr schwer von Begriff.

»Danke für den Integrationskurs!« Ich nehme die verschiedenen Tüten, gehe raus und knalle die Tür hinter mir zu.

Unten überlege ich kurz, ob ich die Tüten aus Protest genau falschrum einwerfen soll. Ich entscheide mich dagegen, sortiere sie fein säuberlich ein und gehe wieder hoch.

Meine Freundin steht an der Tür, sie umarmt mich. »Danke fürs Wegbringen und entschuldige meinen Ton.«

Ich gebe ihr einen Kuss. »Ach, Habibti, wenn wir uns mal trennen, dann wegen der Mülltrennung!«

DIE BESUCHE

Ich riskierte nichts und bekam schon am nächsten Tag Besuch. Mein Vater war da. Mein Herz tat einen Sprung. Er würde mich sicher sofort rausholen, wenn ich ihm meine Wunden zeigte. Erwartungsfroh ging ich in den Besuchsraum, wo mein Vater wartete.

»Ich bin geschlagen worden, Baba«, sagte ich.

»Ja, das sehe ich. Ich habe Kleidung für dich abgegeben.«

»Die haben mich geschlagen und gefoltert, mit Elektroschocks, Baba. Mein ganzer Körper ist voller blauer Flecken. Kannst du Bilder davon machen? Du musst das anzeigen. Das dürfen die doch nicht. Und ich bin angeblich wegen Widerstands gegen die Staatsgewalt angezeigt. Das stimmt doch alles nicht.«

»Du willst, dass ich die Polizei anzeige?« Mein Vater war wütend. »Verstehst du nicht, dass du etwas falsch gemacht hast? Ich werde niemanden anzeigen. Das macht es für dich nur schlimmer.«

Ich starrte ihn an, stand wortlos auf und ging zum Wärter. »Ich möchte in die Zelle.«

In mir brannten Wut und Verzweiflung. Ich stand jeden Tag in der Reihe neben Gewaltverbrechern und musste Gebete sprechen. Bei jedem Gebet wurde es unerträglicher. Ich gehörte nicht dazu. Mein Körper reagierte, ich musste ständig schlucken. Und ich fing an, die Wörter in meinem Kopf auszutauschen. Während die anderen »Allahu akbar« sprachen, dachte ich in meinem Kopf: »Scheiß auf Allah.«

Nach einigen Tagen hatte ich wieder Besuch. Diesmal war es ein Psychologe aus dem Beratungszentrum für Folteropfer.

»Sie haben mich gefoltert. Guck es dir an, man sieht es noch.« Ich zog mein T-Shirt hoch.

»Es tut mir sehr leid, dass dir das passiert ist. Ich hoffe, dass du bald rauskommst.« Er lächelte mich freundlich an. »Ich bete für dich.«

Ich mochte ihn. Aber ein freundliches Ohr und Gebete würden mir diesmal nicht helfen. Wenn ich nichts unternahm, würde ich Monate in der Zelle verbleiben wie die anderen Jungs. Meine Kindheit war vorbei, ich musste mein Leben in die eigene Hand nehmen.

Etwas später kam ein neuer Junge in unsere Zelle. Er setzte sich schon am ersten Abend zu mir. »Chonî, wie geht's?«

»Bashi, gut«, antwortete ich, obwohl es nicht unwahrer sein konnte. »Warum bist du hier?«

»Ich bin ohne Führerschein Auto gefahren«, grinste er. »Ich komme bald wieder raus.«

Er hieß Hakim und war anders als die harten Jungs in der Zelle. Wir redeten leise über Musik, Filme und Bücher. Und bei den Gebeten blieb er meistens in seiner Ecke sitzen. Deshalb nahm ich meinen Mut zusammen und bat ihn um einen Gefallen.

»Kannst du dich auf meinem Facebook-Account einloggen und einigen Leuten eine Nachricht schicken?«, fragte ich ihn.

Er willigte ein, und wir verbrachten die nächsten Stunden damit, ihm meine Logindaten und einige Namen einzuprägen sowie eine kurze Nachricht an einige Schlüsselpersonen in den atheistischen Netzwerken. Ich setzte all meine Hoffnung auf meinen Kurier, der am Tag darauf entlassen wurde.

Schon zwei Tage danach, dreizehn Tage nach meiner Inhaftierung, holte ein Wärter mich aus der Zelle. »Du kannst dich verabschieden, du bist vorzeitig auf Kaution entlassen«, teilte er mir mit. »Das ging ja schnell«, dachte ich. Doch es waren nicht meine Freundinnen und Freunde aus den Netzwerken, sondern meine Familie, die Erbarmen zeigte. Mein Onkel hatte die Kaution bezahlt.

DIE WÖRTER

»Oh nee, musstest du das hinschmeißen?«, ruft meine Freundin, als mir beim Abtrocknen ein Teeglas aus der Hand fällt und auf dem Boden zersplittert.

»Ich habe es nicht hingeschmissen, es ist mir aus der Hand gefallen.« Sauer hole ich einen Handbesen und Kehrblech.

»Das sagt man so«, antwortet sie genervt.

»Aber es verletzt mich, wenn du so redest. Ich mache das ja nicht mit Absicht.«

»Ach, das ist jetzt echt Quatsch«, macht sie es noch schlimmer. »Das ist echt blöd, wenn du mir vorschreiben willst, wie ich reden soll.«

»Quatsch und blöd sind auch keine schönen Wörter. Wenn man auf Kurdisch etwas sagt, dann meint man es auch genau so.«

Sie lässt das Spülwasser ablaufen. »Du bist manchmal so ein zartes Häschen«, sagt sie.

»Ich bin schon oft beschimpft worden«, sage ich und setze Teewasser auf. »Aber ich gewöhne mich nie daran.«

»Warum hat deine Familie dich eigentlich auf Kaution rausgeholt, wenn sie dich selber angezeigt hat?«

»Ich glaube nicht, dass mein Vater überhaupt damit gerechnet hat, dass ich gleich ins Gefängnis komme. Aber er hat gehofft, dass mir wenigstens eine Lektion erteilt wird. Als er mich besucht hat, war er wütend. Aber zu Hause hat es ihn dann doch beschäftigt, dass ich so zerschlagen aussah. Er wollte mir ja nicht schaden. Ich denke, er hat es dann doch bereut und sich mit der Familie beraten. Sein Bruder hat mich rausgeholt.«

»Meinen Eltern war nur wichtig, wie ich handle, nicht, woran ich glaube.«

»Für gläubige Muslime ist es wirklich schlimm, wenn ihr Kind sich vom Islam abwendet«, erkläre ich, während ich den Tee aufgieße. »Für meine Eltern ist es noch immer schlimm. Stell dir vor, dein Sohn wäre plötzlich bekennender Neonazi. Da hättest du das Gefühl, als Mutter versagt zu haben. Und so empfinden meine Eltern das. Sie sind verzweifelt. Ich bin nicht nur eine Schande für sie, sie sorgen sich auch, dass ich nie ins Paradies kommen werde.«

AMED

»Wir werden die Gerichtsverhandlung abwarten und dann geht alles seinen Gang«, entschied mein Vater. Er wollte keinen Ärger und war sicher, dass man die ganze Situation schnell schlichten und befrieden könnte. Meine Eltern erwarteten, dass ich etwas gelernt hätte und mich nun wieder einfügen würde. Sie belehrten mich nicht weiter, erteilten mir nicht mal ein Computerverbot. Auch über das Gefängnis sprachen sie nicht, und meine Geschwister taten so, als sei nichts passiert. Das Jugendgefängnis hatte mir ein schriftliches Entschuldigungsschreiben für meine Abwesenheit mitgegeben, wie ein Krankheitsattest. Ich lieferte das Papier kommentarlos in der Schule ab. Auch dort taten alle so, als sei ich nur einige Tage krank gewesen.

Nur in den sozialen Netzwerken löste der Vorfall Empörung aus. Hakim hatte sein Versprechen gehalten. Meine Freundinnen und Freunde waren in Alarmbereitschaft und voller Verständnis, das ich sonst so sehr vermisst hatte. Während alle anderen mir Vorwürfe machten, bestätigten sie mich darin, dass ich nichts Böses oder Falsches gemacht hatte. Mir war Unrecht geschehen. Ich änderte meinen Profilnamen von Ahmed zu Amed, dem kurdischen Namen der Stadt Diyarbakır in der Türkei. Ich wollte nichts mehr mit dem Islam zu tun haben, auch nicht mit meinem muslimischen Namen.

Ein Facebook-Freund vermittelte mir den Kontakt zu einer internationalen Menschenrechtsorganisation, ein anderer schickte mir die Telefonnummer eines renommierten jungen Anwalts in Hewlêr. Da mein Vater sich weigerte, ihn als Anwalt zu akzeptieren, konnte er mich nicht offiziell vertreten, engagierte sich aber trotzdem für meine Sache. Er setzte sich mit den Justizbehörden in Verbindung und überprüfte meine Angaben. Es erwies sich, dass sich in dem Raum, wo die Sicherheitskräfte mich gefoltert hatten, eine Kamera befand. Es gelang ihm zwar nicht, an die Aufzeichnungen zu kommen, die Gewalt wurde aber sowohl ihm als auch einer Mitarbeiterin der Menschenrechtsorganisation gegenüber telefonisch bestätigt.

Ende April bekam ich einen Brief vom Gericht. Meine Verhandlung wegen Widerstands gegen die Staatsgewalt war für den ersten Juni angesetzt. Ich veröffentlichte den Brief mit einem kurzen Text dazu auf Facebook. Viele meiner Freundinnen und Freunde teilten den Post. Und plötzlich ging er viral. Eine regierungskritische Onlinezeitung wurde auf meinen Fall aufmerksam und machte ein Interview mit mir und meinem inoffiziellen Anwalt. Das Interview löste bei den regierungskritischen Kräften in Irakisch-Kurdistan eine Welle der Empörung aus.

Regierungsnahe Medien versuchten daraufhin, mich als unglaubwürdig abzustempeln. Es sei bei meiner Inhaftierung nicht um Gotteslästerung gegangen, sondern um Alkoholkonsum. Der Fall war daraufhin in aller Munde. Wenige Monate zuvor war ein ebenfalls fünfzehnjähriges Mädchen von ihrem fünfundvierzig Jahre alten Ehemann ermordet worden, ohne dass der Mann dafür nennenswert belangt worden war. Plötzlich wurde mein Name zusammen mit dem des ermordeten Mädchens genannt und als Beispiel für den Zustand der Kinderrechte in Irakisch-Kurdistan diskutiert. Mein Anwalt und ich wurden von unglaublich vielen Journalisten angerufen und interviewt. Und mit einem Mal war mein Gesicht in Videos und Zeitungen in Kurdistan und sogar international zu sehen.

DER RÜCKBLICK

»Du bist doch der, der als Kind im Irak im Gefängnis war? Ich habe mich immer gefragt, was aus dir geworden ist. Ich bin froh, dass du lebst!«

Ich stehe auf der Buchmesse in Frankfurt und warte auf den Beginn einer Podiumsdiskussion der säkularen Flüchtlingshilfe, an der ich teilnehmen soll, als mich plötzlich jemand auf Kurdisch anspricht. Es ist ein Kurde aus dem Iran, der zum Zeitpunkt meiner Inhaftierung in Irakisch-Kurdistan gelebt hat. Inzwischen lebt er in Deutschland und engagiert sich im Zentralrat der Ex-Muslime. Während ich auf dem Podium bin, ergreift er noch mal das Wort und erzählt, wie er meinen Fall zu der Zeit in den Medien miterlebt hat. Er kennt mehr Details als ich. Mit mir auf dem Podium sitzt die Vorsitzende des Zentralrats, Mina Ahadi, zu der ich schon vor meiner Flucht aus Irakisch-Kurdistan Kontakt gehabt habe.

Auch mein alter Freund Paiman kann mehr über die Zeit erzählen als ich.

»Du warst nach dem Gefängnisaufenthalt völlig verändert. Ganz eigenartig und verstört. Du sahst auch ganz anders aus.«

»Ich kann mich daran überhaupt nicht mehr erinnern«, antworte ich. »Die Nacht der Verhaftung und der Folter hingegen habe ich dafür glasklar vor Augen.«

»Das war auch einfach unfassbar, was da passiert ist. Plötzlich warst du das Thema der Stadt.«

DER KAMPF

Ich hatte meine Ohnmacht überwunden. Ich erfuhr viel Unterstützung in kurdischen Netzwerken, es wurde eine Facebookseite unter der Überschrift *We are all Amed* erstellt und zu einer Demo am ersten Juni vor dem Gerichtsgebäude aufgerufen. Der erste Juni, der internationale Kindertag, gab meinem Fall einen besonderen Symbolcharakter. Er wurde ein Medienereignis und auch in der Schule konnte, spätestens nachdem ich mehrmals von bewaffneten Polizisten für Gerichtstermine abgeholt worden war, niemand mehr übersehen, dass mit mir etwas passiert war.

Aber meine bisherigen Schulfreunde distanzierten sich, die Lehrer fragten kritisch bei meinen Eltern nach. Ich wurde auf der Straße angestarrt und angepöbelt und traute mich nicht mehr raus. Mein inoffizieller Anwalt wurde von der regierenden Partei angerufen und aufgefordert, sich vom Fall zu distanzieren. Ich bekam Drohnachrichten und meine Familie wurde angefeindet und dazu gedrängt, mich endlich zum Schweigen zu bringen.

»Du zerstörst die Familie und meine Zukunft.« Mein großer Bruder war wütend auf mich und machte keinen Hehl daraus, dass er mich lieber im Gefängnis gelassen hätte.

Meine Schwester traute sich nicht an die Universität aus Angst vor Beschimpfungen meinetwegen. Meine Eltern waren überfordert. Meine Gotteslästerung hatte sie wütend gemacht, die regierungskritische Wirkung meines Falls versetzte sie in Schrecken. Auch ich hatte Angst vor der Welle, die ich losgetreten hatte. Und mitten in diesem Gefühlschaos starb mein kleiner Goldfisch.

Die Schule und die Straße waren für mich Angsträume geworden, und zu Hause gab es immer Streit. Daher verbrachte ich viel Zeit im Beratungszentrum. Die Mitarbeiterinnen und Mitarbeiter waren freundlich und verständnisvoll, wussten aber auch nicht, was sie mir raten sollten. Dahingegen gelang es der Menschenrechtsorganisation, mir und meinen Eltern ein Gespräch mit einem kurdischen Menschenrechtler zu vermitteln.

»Ich kann dir eigentlich nur raten, das Land zu verlassen«, sagte er. »Es geht gar nicht mehr darum, was du konkret gesagt oder getan hast. Du bist zu einem Kampfsymbol geworden und das kann dich dein Leben kosten.«

»Wir warten die Verhandlung ab«, sagte mein Vater. »Ich mache mich nicht strafbar, außerdem bin ich es deinem Onkel schuldig, der die Kaution bezahlt hat.«

»Mach dir keine Sorgen wegen des Gerichtsurteils«, beruhigte mich der Menschenrechtler. »Sie werden dich nicht wieder einsperren, dein Fall hat viel zu viel Aufmerksamkeit erregt. Sei froh, dass du in Irakisch-Kurdistan lebst und nicht in der Türkei oder dem Iran, da wäre das kein Schutz vor weiterer Inhaftierung. Du musst keine Angst vor dem Gericht haben, für deine Sicherheit werden sie aber nicht sorgen.«

Selbst dem bekannten Schriftsteller Halabjayi hatte die kurdische Autonomieregierung nach der Fatwā ihren Schutz verweigert. Für mich würde niemand einen Konflikt mit den konservativen Kräften riskieren.

Kurz vor der angekündigten Verhandlung wurden mein

Vater und ich überraschend zu einem neuen Termin beim Gericht geladen und der Fall mit einer kleinen Geldstrafe abgeschlossen. Doch die Gefahr war nicht gebannt.

DAS LIED

»Moment mal, was hörst du da gerade?«, frage ich die Touristin aus Großbritannien, die für ein paar Tage bei mir unterkommt.

»Das ist Navid Zardi, kennst du ihn?«

»Natürlich kenne ich den, aber das Stück habe ich noch nie gehört.«

»Das heißt *Zhn Kuzhm*, es handelt von Frauen- und Kinderrechten in Kurdistan.«

»Das höre ich, magst du mir das Ende noch mal vorspielen?«

»Klar.«

»Ach, Kurdistan, eine Hölle für Kinder. Ahmed Sherwan sitzt im Gefängnis statt draußen zu spielen«.

»Da geht es um mich«, sage ich langsam.

»Das bist du?« Sie spielt es noch mal. »Das ist ja verrückt.«

»Es war mein Glück, dass mein Fall exemplarisch für alles stand, was damals in Kurdistan falsch lief. Dadurch habe ich viel Aufmerksamkeit bekommen und große Unterstützung erfahren. Aber es war auch ein Fluch, weil ich zu einer öffentlichen Person geworden bin und nicht mehr sicher leben konnte.«

»Hättest du anders gehandelt, wenn du die Konsequenzen erahnt hättest?«

»Ich weiß es nicht«, antworte ich. »Wie ist es bei dir? Hättest du lieber dein altes Leben weitergeführt?«

»Nein, ich musste ausbrechen. Ich habe das Doppelleben nicht mehr ausgehalten. In der Schule war ich ein normales englisches Mädchen, zu Hause ein braves kurdisches Mädchen. Ich hatte immer Angst, dass meine Mitschülerinnen entdecken, wie mein Familienleben aussieht, und genauso viel Panik, dass meine Eltern merken, wie ich in der Schule bin.«

Die Touristin ist in Großbritannien geboren und aufgewachsen, hat aber ein Elternhaus wie eine Karikatur einer Familie in Irakisch-Kurdistan. Ihr Vater schlägt seine Kinder und seine Frau so heftig, dass die Nachbarn in Hewlêr schon lange interveniert hätten. Sie streicht sich eine Strähne aus ihrem perfekt geschminkten Gesicht. Sie sieht aus wie Amy Winehouse. Ihr Sorani ist lückenhaft, ihr perfektes Englisch klingt für mich dafür wie aus einem englischen Adelsfilm.

»Mein Vater hat mich zwangsverheiratet. Der Mann war ein Tyrann. Er hat mich schwer misshandelt. Ich bin zur Polizei gegangen und in einem Frauenhaus untergekommen. Meine Mutter weiß, dass es mir gutgeht. Aber meine Eltern kennen meinen Aufenthaltsort nicht. Ich habe nicht mal ein Profil auf Facebook«, erzählt sie.

Die Touristin lebt im selben Land wie ihre Eltern und Geschwister und wird sie vielleicht trotzdem nie wieder sehen.

»Freiheit hat einen hohen Preis«, sage ich.

»Ich hoffe, dass ich mich irgendwann wirklich frei fühlen werde«, seufzt sie. »Aber hier in Deutschland könnte ich nicht leben.«

»Warum nicht?«

»Ich fühle mich hier als Schwarzkopf, so exotisch. In London bin ich eine von vielen. Hier ist es anders, so wie gestern in der Bar«, sagt sie.

Ich weiß, was sie meint. Wir sind zu viert in einer Kneipe gewesen. Weil sie wenig Erfahrung mit Alkohol hat, ist sie schon nach dem ersten Glas so wackelig auf den Beinen gewesen, dass sie einen ebenfalls kurdischen Freund gefragt hat, ob er sie in Richtung Toilette begleitet. Unterwegs sind sie von anderen Gästen angesprochen worden, die dachten, sie würde gerade entführt.

»Aber da warst du ja nicht gemeint. Eher er. Die dachten,

dass ein Flüchtling eine Frau auf dem Klo vergewaltigen will.«

»Ja, aber das war trotzdem unangenehm, dass sie ihn so wahrgenommen haben, nur weil er ein Schwarzkopf ist. Ich werde auch komisch angeguckt, wenn ich irgendwo an der Kasse stehe. Und das liegt nicht an meinem Styling«, betont sie.

»Vielleicht musst du in den Irak flüchten. Da würden die Leute dich vielleicht wegen deines Stylings angucken, wegen deines Flüchtlingsgesichts aber nicht. Und mit deinem Englisch kriegst du da jeden Topjob.«

»Ja, das wäre was. Flucht nach Kurdistan«, sagt sie und dreht ihre kurdische Sehnsuchtsmusik wieder laut.

DER ABSCHIED

Vermutlich fühlten sich meine Eltern doch schuldig an meiner Situation und halfen mir deshalb mit der Flucht. Gleichzeitig war ich für meine Familie eine Schande, von der sie sich nur befreien konnten, indem sie mich verstießen. Sie wollten mich zwar nicht tot, aber auch nicht mehr als Teil der Familie sehen. Und so war es für sie letztendlich sicher eine Erleichterung, mich außer Landes zu bringen.

Den ersten Fluchtversuch unternahm ich direkt nach dem Gerichtstermin. Meine Eltern hatten entschieden, dass ich nach Deutschland flüchten sollte. Dort lebte ja mein Onkel, der Bruder meiner Mutter mit seiner Familie und könne sich um mich kümmern. Mein Vater vereinbarte ein Treffen mit einem Schleuser, der zusammen mit mir in die Türkei flog. Der Schleuser war freundlich und lustig und brachte mich zusammen mit einigen anderen Jugendlichen in einem Hotelzimmer unter. In wenigen Tagen würde es losgehen. Doch es vergingen vier Wochen, ohne dass etwas passierte. Immer wieder teilte er uns mit, dass der Fluchtweg zu unsicher sei und wir noch warten mussten. Zuletzt brach ich ab und kehrte zurück, um das Ganze planvoller anzugehen.

In Hewlêr war ich in Lebensgefahr, daher kam ich bei Freunden aus meinem Netzwerk in anderen Städten unter, bis mein Vater alles geklärt hatte. Ich kam nur für die letzten Tage vor der Abreise nach Hause. Mein Vater hatte sein neues Auto verkauft, gegen ein günstiges gebrauchtes getauscht und sich Geld von seinem Bruder geliehen, um mir diesmal eine sichere Flucht zu ermöglichen.

Es war Ramadan, aber die Stimmung war angespannt. Mein großer Bruder sprach nicht mit mir, mein kleiner Bruder war traurig und meine Schwester so freundlich, wie ich sie seit ihrer Teenagerzeit nicht mehr erlebt hatte. Meine Mutter hatte traurige Augen und servierte mir beim Fastenbrechen all meine Leibgerichte, tat aber sonst so, als sei nichts passiert, während mein Vater wortkarg und ernst vor sich hinstarrte.

Dann war es so weit. Ich bat meine Familie um ein letztes gemeinsames Familienfoto. Mein großer Bruder kam nur unwillig mit, der Rest stellte sich freiwillig für mich auf. Ich verabschiedete mich von meinen Geschwistern und meiner Mutter. Meine Mutter weinte, als sie mich umarmte. Ich aber fühlte in dem Moment keinen Schmerz. Ich wollte einfach nur weg aus dem Leben, das für mich zu einer Hölle geworden war. Ich wollte hier nicht verrecken wie mein Goldfisch im Glas.

»Pass auf dich auf, Kúřim«, sagte sie und drückte mich fest. Ich verkniff mir den zynischen Kommentar, dass ich doch gar nicht mehr ihr Sohn sei. Ich sagte auch nicht, dass es mir leid täte, dass ich dem Propheten Ayyūb nicht nachgeeifert hätte, so wie sie es gerne gesehen hätte. Ich antwortete einfach nur: »Das werde ich.«

Mein Vater und ich flogen erneut nach Istanbul. Die Stadt faszinierte mich. Ich verliebte mich in das Meer. Ich hatte noch nie einen so bunten Ort erlebt. Beim ersten Versuch hatte ich im Hotelzimmer bleiben müssen, aber jetzt ging ich durch die Straßen und überlegte mir, ob Deutschland wohl noch schöner wäre.

Wir verbrachten ein paar Tage in der Stadt, während mein Vater alle Details mit den Schleusern klärte. Es sei gerade gefährlich an den Grenzen, sie könnten keine Garantie geben. Mein Vater zögerte, aber ich drängte zum Aufbruch. Ich konnte nicht wieder zurück. Ich kaufte mir dunkle Kleidung, um mich auf dem Weg nach Europa besser tarnen zu können, und ließ meinen Ausweis bei meinem Vater. Das hatten die Schleuser uns so erklärt. Es war viel zu riskant, einen Ausweis mitzunehmen, er könne auf der Flucht verloren gehen. Mein Vater sollte ihn mir schicken, sobald ich ihn benötigen würde.

Aus meinem alten Leben blieben mir vorerst nur mein Mobiltelefon und ein Ladekabel, als mein Vater mich nachmittags an einer Bushaltestelle den Schleusern übergab. Er drückte mich fest. Er weinte nicht. Aber seine Stimme war brüchig, als er sich verabschiedete.

DER PHILOSOPH

»Ich verstehe nicht, warum Leute Selbstmordattentate begehen, um ins Paradies zu kommen. Hier ist das Paradies auf Erden«, sage ich zu dem Philosophen.

»Und nach ein paar Gläsern Wein fällt einem auch nicht mehr auf, dass die zweiundsiebzig Jungfrauen fehlen«, grinst er. »Oder hättest du vielleicht lieber Männer?«

»Oh, die gibt es da auch«, sage ich und zitiere aus dem Koran: »Bedient werden sie von Jünglingen, die nicht altern, mit Bechern und Krügen aus einer fließenden Quelle.«

Wir sitzen auf einer Bank vor unserer Unterkunft in den Bergen und trinken Rotwein. Die Aussicht ist atemberaubend.

»Ich bin als Kind nie in den Urlaub gefahren. Ausflüge mit meiner Familie dauerten höchstens einen Nachmittag. Vielleicht haben die Menschen so viel Hass in sich, weil ihnen das Reisen im Leben fehlt.«

Der Philosoph guckt mich von der Seite an. »Wie viele Kilometer hast du auf deinem Weg nach Deutschland zurückgelegt?«

»Das waren insgesamt fast fünftausend Kilometer. Aber ich war auf der Flucht. Flucht ist das genaue Gegenteil von einer Reise. Beim Flüchten suchst du dir kein Ziel aus, du hangelst dich von einem zum nächsten Platz und nimmst dankbar den Ort an, an dem du bleiben darfst.«

»Naja, es kommen doch einige sehr gezielt nach Deutschland«, sagt er, »die landen doch nicht zufällig hier.«

»Man überlegt natürlich, wo man die besten Chancen haben könnte, denn vielleicht bleibst du den Rest deines Lebens da. Aber du weißt nie, wo du am Ende landest.«

»Deutschland ist für die meisten Flüchtlinge doch in jedem Fall besser als ihre Heimat«, sagt der Philosoph. »Hier lebt es sich doch mit Hartz IV und Kindergeld besser als mit Job im Irak.«

»Wenn du vorher gehungert hast, ist es hier natürlich besser. Aber die wirklich Armen, die Ärmsten können die Schleuser ja gar nicht bezahlen. Und für die Leute, die mal ein normales Leben hatten, ist es schon krass, hier bei null anzufangen. Mein Bruder ist Ingenieur, meine Schwester hat Biologie studiert. Ich werde vermutlich nie studieren, sondern mich mit Aushilfsjobs über Wasser halten. Ich kenne ehemalige Grafikdesign-Studenten, Anwälte, Künstlerinnen, Journalistinnen und Fotografen, die nun in der Dönerbude oder im Café arbeiten, putzen gehen oder Pflegehelferausbildungen machen«, sage ich. »Sie geben sich damit zufrieden, aber ihre Traumjobs sind es sicher nicht.«

»Ich dachte, gerade du denkst da anders.«

»Ich finde bestimmt nicht alle Menschen, die nach Deutschland flüchten, sympathisch. Vor einigen habe ich sogar Angst. Aber sie sind doch nicht zum Spaß gekommen. Und Reichtum erwartet sie hier in der Regel auch nicht. Im Gegenteil, die meisten haben sehr viel Geld für ihre Flucht ausgegeben. Oft haben sie dafür alles verkauft, was sie besitzen.«

»Naja, das liegt ja an den kriminellen Schleuserbanden«, stellt er profimäßig fest.

»Menschen tun, was sie tun müssen. Wenn ihnen keine sicheren, legalen Wege offenstehen, wird ihre Not zum Geschäft!« Jetzt werde ich wütend. »Wer ist schuld? Der Dealer oder die Drogenpolitik? Der Schleuser oder die Abschottungspolitik? Ich weiß ja nicht, aber meine Schleuser haben mir das Leben gerettet. Ich wäre auch lieber mit dem Flugzeug gereist. Und dabei hatte ich noch Glück, dass ich den Landweg über die Balkanroute nehmen konnte. Ich kann nämlich nicht schwimmen.«

»Echt nicht?«, fragt der Philosoph.

»Es gibt kein Meer im Irak«, sage ich trotzig und nehme einen kräftigen Schluck Wein.

»Aber du willst mir doch nicht erzählen, dass niemand in Irakisch-Kurdistan davon träumt, nach Europa zu kommen«, beharrt er.

»Klar, aber doch nicht um jeden Preis. Es riskiert doch keiner einfach so sein Leben! Ich wollte immer gerne mal nach Europa reisen. Aber ich wäre garantiert nicht für immer hierhergezogen, wenn ich nicht gemusst hätte.«

Ich gehe rein.

DIE FLUCHT

Neben mir waren da noch vier weitere Jungs. Wir stiegen in den Bus. Er führte uns über mehrere Stunden durch die türkische Landschaft: Felder und Tankstellen, kleine Städte.

In Edirne stiegen wir aus. Es wurde gerade dunkel. Die

beiden Männer bedeuteten uns, ihnen unauffällig aus der Stadt raus zu folgen. Erst gingen wir Straßen entlang, dann bogen wir auf kleine Pfade ab und zuletzt mussten wir uns durch Gebüsch schlagen. Ich hatte Glück. Ich trug lange Hosen und eine langärmlige Jacke. Einige der anderen zogen sich blutige Kratzer zu. Nach einem Fußmarsch von über neun Stunden kamen wir wieder an eine Straße. Die Schleuser wiesen uns an, uns hinter einer Baumgruppe zu verstecken, bis wir abgeholt würden. Dann ließen sie uns allein.

Wir waren müde, erschöpft und nervös. Doch die Planung war perfekt, innerhalb kurzer Zeit tauchte ein Kleinwagen auf und sammelte uns ein. Wir quetschten uns hinein, ich saß zusammen mit einem anderen im Kofferraum und guckte raus. Der Fahrer war freundlich und redete beruhigend mit dem Jungen auf dem Beifahrersitz.

Die Fenster auf der einen Seite des Wagens waren staubig und dreckig, die auf der anderen ganz klar und sauber.

Ich lasse den Dreck hinter mir und fahre in eine strahlende Zukunft, dachte ich mir beim Fahren und dämmerte vor mich hin, bis ich nach ein paar Stunden davon aufwachte, dass das Auto mitten in einer Stadt hielt. Wir waren in Sofia.

Der Schleuser brachte uns in ein großes Gebäude, einen Raum mit Matratzen, in dem bereits vierzehn weitere Männer warteten. In einer Ecke war etwas Essen bereitgestellt. Es gab auch einen Nebenraum mit einer Toilette und Steckdosen zum Aufladen unserer Telefone. Wir versorgten uns und legten uns dann schlafen. Ich war aufgeregt, doch sobald ich mich hinlegte, überkam mich die Müdigkeit. Ich wachte erst wieder auf, als wir abgeholt wurden, sprang hoch und stolperte den anderen hinterher. Draußen warteten einige Autos auf uns, die uns zu einem Platz außerhalb der Stadt brachten.

Dort hielt ein großer Lastwagen. Den Fahrer bekamen wir nicht zu Gesicht. Die Schleuser wiesen uns an, schnell in den Laster einzusteigen und uns möglichst weit hinein hinter die

Ware zu hocken. Reden war verboten. Jeder von uns bekam eine gefüllte Wasserflasche und eine leere Flasche für den Fall, dass wir unterwegs pinkeln mussten. Ich dachte plötzlich an die Flasche, die meine Mutter mir früher ans Bett gestellt hatte, als ich Angst vor den Kakerlaken hatte – ein kleiner Anflug von Heimweh. Aber es war zu spät. Mein altes Leben lag hinter mir, für immer.

Wir fuhren endlos lang. Manchmal hielt der Laster kurz an und uns allen stockte der Atem. In der Panik musste ich wieder heftig schlucken und ich versuchte krampfhaft, es zu unterdrücken.

Ich verlor das Zeitgefühl, aber es war dunkel, als die Tür geöffnet wurde.

»Yallah, yallah! Zack, zack!« Ein Mann brüllte rein, wir sollten den Wagen unverzüglich verlassen.

Wir taumelten mit steifen Beinen aus dem Laster. Es war dunkel, kalt und windig. Der Fahrer war nirgends zu sehen. Wir standen desorientiert auf einem großen Parkplatz. An einer Ecke strahlte eine Leuchtreklame: McDonald's.

DAS REISEN

»Wie war deine Reise mit dem Philosophen?«, fragte meine Freundin.

»Er ist nett und lustig, aber seine Vorstellungen von Flucht regen mich auf. Er kann sich gar nicht vorstellen, dass man nach anderen Dingen streben kann als Geld.«

»Ich verstehe auch nicht, wie du ihn aushältst oder warum er mit dir befreundet ist.«

»Er sieht in mir einen richtigen Flüchtling. Er versteht auch, warum der Trainer geflüchtet ist oder der Künstler. Aber wenn der Krieg vorbei ist, wird er fordern, dass sie sofort nach Hause müssen. Und er versteht nicht, wie hoch der Leidensdruck sein kann, auch wenn man nicht vor Krieg oder Verfolgung flüchtet, sondern einfach nur vor der Chancenlosigkeit«, ergänze ich. »Er kann sich gar nicht vorstellen, wie es ist, in einem Land aufzuwachsen, in dem du nur als Mitglied der mächtigen Familienclans eine Perspektive hast. Oder wie es sich anfühlt, die freie Welt nur auf dem Bildschirm sehen zu können.«

»Oder wenn du weißt, dass du deine ganze Familie ernähren kannst, wenn du in Europa eine Frau und damit einen Aufenthaltstitel bekommst, einen Job findest und ihnen jeden Monat Geld schicken kannst«, meint meine Freundin. »Dafür gehen Menschen das Risiko ein, in Libyen versklavt zu werden oder im Mittelmeer zu ertrinken.«

»Aber irgendwie können ja auch nicht alle nach Europa kommen«, sage ich ratlos.

»Es ist doch eine völlig naive Vorstellung, dass man die Probleme der Welt einfach aussperren kann. Die Zeiten sind vorbei!« Meine Freundin redet sich in Rage. »Ich bin als Kind mit der Vorstellung aufgewachsen, dass wir in Europa reich sind und die Menschen in Afrika arm. Das stand schon so in den Kinderbüchern, dass man Mitleid haben müsse mit den hungernden Kindern dort. So als sei das ein gottgegebener Zustand, den man nur lindern, aber nie ändern könnte. Migration ist ein Teil der menschlichen Natur. Die Machthabenden versuchen ihre Territorien durch Grenzen und Gruppenkonstruktionen zu definieren, aber das sind schon immer nur vorübergehende Gebilde gewesen. Und wir müssen jetzt etwas ändern.«

»Findest du wirklich, dass alle Leute einfach reinkommen dürfen sollen?«, frage ich.

»Wir sollten uns zumindest an die Konventionen halten, die wir mal mitgezeichnet haben. Wärst du in der jetzigen politischen Lage nach Europa geflüchtet, wärst du unterwegs wahrscheinlich erschossen worden, ertrunken oder in einem Lager gelandet, eingesperrt mit genau den Menschen, vor denen du geflüchtet bist.«

»Das ist echt ein Widerspruch der antimuslimischen Propaganda«, gebe ich ihr Recht. »Ich habe gerade gelesen, dass Dänemark eine Familie abschieben will, die vor Ehrenmord geflüchtet ist. Die Frau wird mit großer Wahrscheinlichkeit in Afghanistan gesteinigt. Und ich höre aus ganz Europa, dass Atheistinnen und Atheisten nur selten als Flüchtlinge anerkannt werden. Wie kann man die Gefährlichkeit des Islams hervorheben, aber denen, die davor flüchten, Asyl verwehren?«

»Na, weil es gar nicht Islamkritik ist, sondern Egoismus und Angst vor Veränderung. Dabei würde alles vermutlich viel besser funktionieren, wenn die Leute sich freier bewegen könnten.«

»Mein Bruder will gerne Europa sehen, aber er darf hier nicht mal Urlaub machen.«

»Und andere würden vielleicht gerne einen Neuanfang in ihrem Herkunftsland wagen, haben aber Angst, dass sie scheitern und dann nicht wieder nach Europa können«, ergänzt sie. »Ohne Grenzen wäre die Welt ein besserer Ort.«

»Ja, das wäre schon schön«, sage ich und umarme sie. »Denn ohne Grenzen gibt es keine Flucht mehr, sondern nur Reisen.«

DIE ANKUNFT

»Wo sind wir?«, fragte einer der Jungs. »Österreich«, antwortete ein anderer. Für die meisten war damit das Ziel erreicht. Sie setzten sich in kleinen Gruppen ab, um auf eigene Faust weiterzukommen.

Ich wusste, dass ich hier abgeholt werden sollte. So ging es auch drei Jesiden aus Syrien. Wir standen etwas verloren rum. Der Lastwagen war schon lange außer Sicht.

»Hat noch jemand Akku?«, fragte einer.

»Wir stellten fest, dass mein Telefon unsere einzige Verbindung zur Außenwelt war. Aber es war kein offenes Wifi zugänglich. Und kurz danach schaltete sich auch mein Mobiltelefon aus.

Es war kalt und dunkel. Wir warteten und erschraken, als ein Polizeiauto vorbeifuhr.

»Wenn nicht gleich jemand kommt, gehe ich in die Stadt«, sagte ich. Ich war völlig erschöpft, durstig und hungrig. Mir war kalt und ich konnte mich kaum noch aufrecht halten.

»Nein, mach das nicht«, beruhigte mich einer der anderen. »Es wird schon jemand kommen.«

Und tatsächlich hielt jetzt endlich ein Auto mit quietschenden Reifen vor uns. Raus sprang ein lächelnder Kurde und bat uns einzusteigen. Er fuhr in die Stadt.

»Das ist Wien«, sagte er. »Wir fahren kurz zu mir, damit ihr euch erholen könnt.«

Er parkte den Wagen und nahm uns mit in seine Wohnung, in der er offensichtlich ganz alleine wohnte. Sie war warm und hatte ein sauberes Badezimmer. Ich wusch mir das Gesicht. Der Schleuser bereitete uns noch eine kleine Mahlzeit und danach ging die Reise schon weiter, nach Deutschland.

Während der Fahrt klingelte plötzlich das Telefon des Schleusers, er ging ran und reichte es mir.

»Alhamdulillah, du lebst«, sagte meine Mutter mit tränenerstickter Stimme am Telefon. Meine Eltern hatten stundenlang herumtelefoniert um rauszufinden, wo ich mich gerade befand. Ich war so müde und erschöpft, dass ich beinahe mitgeweint hätte. Aber ich beruhigte sie und versprach sie anzurufen, sobald ich sicher bei meinem Onkel angekommen sei.

Nach vielen Stunden Fahrt, nur unterbrochen von kleinen Pausen, kamen wir gegen Mittag in einer Großstadt an, wo die drei anderen ausstiegen. Nach einer weiteren Stunde Fahrt setzte der Schleuser mich an einem Internetcafé ab, in dem mein Onkel bereits auf mich wartete. Er nahm mich freundlich in Empfang. Wir riefen meine Eltern an und gingen danach zu einem Imbiss, wo ich etwas zu essen bekam. Es schmeckte himmlisch.

Danach fuhren wir zu seiner Wohnung. Seine Frau begrüßte mich herzlich. Mein Onkel reichte mir frische Shorts und ein T-Shirt. Dann zeigte er mir das Badezimmer, wo bereits kuschelig weiche Handtücher auf mich warteten. Er zeigte mir die Dusche, ich zog die dreckige Kleidung aus und stellte mich in die blitzblanke Kabine. Das Wasser war so sauber und frisch, wie ich es noch nie erlebt hatte. Es kam in vielen, warmen Strahlen aus dem Duschkopf. Ich hatte noch nie so ein wunderbares Körpergefühl gespürt und konnte gar nicht mehr aufhören zu duschen.

Als ich ins Wohnzimmer kam, begrüßten meine Cousinen mich schüchtern. Wir hatten uns lange nicht gesehen. Aber nun würden wir uns ja gut kennenlernen. Ich freute mich drauf. Wir machten ein Selfie für meine Eltern. Kurz danach gab es schon wieder Essen, das mich an Zuhause erinnerte, die Einrichtung der Wohnung auch. Sie war viel kleiner als unser Haus in Hewlêr. Aber mein Onkel hatte tatsächlich einen großen schwarzen BMW. Mit dem fuhren wir in die Stadt. Er schenkte mir Kopfhörer und neue Kleidung.

Ich war glücklich und aufgeregt, während wir durch die Straßen spazierten. Es gab genauso viele Autos wie in Hewlêr, aber dazu Ampeln für Menschen, die zu Fuß unterwegs waren. Die Autos hielten an und man konnte ruhig und sicher über die Fahrbahn gehen. Menschen überquerten die Straße, während sie ihre Mobiltelefone checkten, und kleine Kinder waren offensichtlich ganz allein im Straßenverkehr unterwegs. Mein Onkel lachte, als ich das ansprach. »Ja, das ist schon verrückt in Kurdistan. Als wir auf Besuch waren, haben meine Kinder mich gefragt, wie sie über die Straße kommen sollen.«

»Wir sagen immer ›lauf, lauf, lauf‹.«

»Ja, daran erinnere ich mich.«

Trotz der entspannten Verkehrslage gingen die Frauen und Männer hektisch und mit ernsten Gesichtern an uns vorbei. Aber in den Cafés saßen gemischte Grüppchen und plauderten entspannt. Und nirgends sah ich bewaffnete Menschen. Selbst vor den öffentlichen Gebäuden standen keine Soldaten mit Maschinengewehren. Das kam mir ein bisschen unsicher vor.

Auf dem Rückweg kamen wir an einer wunderschönen, riesengroßen Kirche vorbei. Ich machte begeistert Bilder, fragte meinen Onkel dazu aus und sprach offen über meinen Fluchtgrund. Er sagte dazu wenig. Natürlich, er war ja ein Europäer. Seine Frau bereitete mir ein Bett auf dem Sofa und ich legte mich müde hin. Kurz vorm Einschlafen hörte ich noch, wie mein Onkel meine Großeltern anrief und mit ihnen diskutierte: »Wen haben sie mir da bloß geschickt?«

DIE KOPFHÖRER

»Ich wünschte, ich wäre tot«, sagt mein Bekannter, der Schlosser, zu mir. Wir haben uns zufällig im Bus getroffen, er kommt direkt von der Arbeit.

»Aber warum denn? Bei dir läuft doch alles super!«

Er hat bereits in Syrien viele Jahre als Schlosser gearbeitet und ist in seinem Fach versiert. Er arbeitet nun wieder in seinem Spezialgebiet.

»Ja, aber die Stelle ist noch immer befristet und ich kriege auch nicht denselben Stundenlohn wie meine Kollegen.«

»Warum denn nicht?«

»Ich gelte hier als ungelernt.« Er erzählt von seinem Arbeitsalltag, er setzt schwierige Projekte oft allein um und hat sehr lange Schichten außer Haus. Abends ist er oft zu müde, um überhaupt etwas zu unternehmen, geschweige denn Hobbys zu pflegen.

»Gehst du denn am Wochenende mal weg?«

»Du weißt doch, wie das ist. Ich komme ohne deutsche Begleitung nicht in die Diskotheken rein, und die Kneipen, in die ich gehen kann, gefallen mir nicht. Ich trinke nicht gern.«

Der Schlosser sieht gut aus und ist gut gekleidet, aber die schicken Locations sind für ihn praktisch verschlossen. Deutsche lernt er nicht kennen. Er hat Integrationskurse belegt und spricht recht gut Deutsch, aber in den Kursen hat er natürlich nur Araber und Afghanen kennengelernt. Oder Kurden, so wie mich.

»Hast du keine Freunde von der Arbeit?«, frage ich.

»Die sind alle viel älter als ich. Die laden mich nicht ein, und ich traue mich das auch nicht.«

»Und sonst hast du gar keine Begegnungen mit Deutschen?«

»Nein, zumindest keine guten. Gerade hat der Busfahrer mich beim Einsteigen angeschnauzt, dass ich meine Kopfhörer aus den Ohren nehmen soll. Die Musik war aus, ich habe ihn gut verstanden. Und vor und hinter mir in der Schlange standen lauter Deutsche mit Kopfhörern, zu denen hat er nichts gesagt.«

»Das kenne ich auch«, sage ich.

»Letztens bin ich mit dem Fahrrad zur Arbeit gefahren und bin sofort von jemandem angeschrien worden, weil ich da vorne an der Ecke kurz auf den Fußgängerweg gewechselt bin. Ich hasse es hier«, sagt er entschieden. Er fühlt sich ständig beobachtet und hat Angst, jemanden anzusprechen. Und vermutlich ist er inzwischen so verängstigt, dass er selbst freundliche Ansprachen als Kritik interpretieren wird. Für ihn steht fest, dass die Deutschen ihn am liebsten verrecken sehen würden.

»Aber ich muss hier bleiben, meine Stadt gibt es nicht mehr«, sagt er. »Oh, ich muss hier raus«, er umarmt mich und springt aus dem Bus.

Er ist einer von den richtig Guten. Er nimmt keine Drogen, arbeitet brav, schickt Geld nach Hause. Und vermutlich wird seine Familie ihm dafür irgendwann eine Frau aus Syrien schicken, die ihm das Heimweh ein wenig lindern kann.

Dann werden sie hier wohnen in einer Welt, in der sie sich nicht willkommen fühlen. Was wird das für ihre Kinder bedeuten?

DIE WOHNGRUPPE

Am nächsten Morgen wachte ich früh auf und war furchtbar aufgeregt. Ich war tatsächlich in Deutschland. Wie würde mein neues Leben aussehen? Mein Onkel war schon wach und forderte mich auf, mit in die Moschee zu kommen. Es war Ende des Ramadans. In der Moschee wurde Eid begangen. Ich war etwas irritiert, dass mein neues Leben gleich mit einem Moscheebesuch beginnen sollte, aber ich wollte mich als Gast nicht sofort unbeliebt machen und sagte nichts. Schließlich war Zuckerfest.

Nach der Moschee fuhren wir zurück und er bat mich, meine Sachen einzupacken. »Ich bringe dich zu den Behörden, da musst du dich registrieren lassen«, erklärte er mir. »Ich mache mich strafbar, wenn du einfach so bei mir wohnst.« Er rief meine Eltern an und erklärte ihnen dasselbe. Danach fuhren wir mit dem Auto in eine andere Stadt.

»Das ist die Erstaufnahmestelle, hier musst du dich anmelden«, erklärte er, zeigte auf eine Tür und verabschiedete sich.

»Kommst du nicht mit?«, fragte ich verwirrt.

»Nein, das musst du allein machen. Ich bin damals alleine nach Deutschland gekommen und kannte hier niemanden. Das wirst du auch schaffen.«

Ich sah ihn, seine Frau und meine Cousinen nie wieder. Ich war allein.

Ich meldete mich unsicher beim Empfang an und wurde aufgenommen. Ich verstand wenig, das Personal schien aber freundlich. Trotz meiner Begeisterung für amerikanische Filme hatte ich nur einen begrenzten englischen Wortschatz. Aber meine Arabischkenntnisse aus der Schule erleichterten mir den Kontakt zu den anderen Jugendlichen zumindest ein wenig. Diesmal behielt ich meinen Fluchtgrund für mich und wurde zu einem von vielen Flüchtlingen.

Viele der Jugendlichen sprachen davon, dass sie viel lieber in Schweden als in Deutschland gelandet wären. In Schweden sei es viel besser. Ich hatte nichts zu verlieren und machte mich deshalb einige Wochen später auf eigene Faust auf den Weg. Ich hatte mich über die Reisemöglichkeiten schlau gemacht, hangelte mich mit einem Wochenendticket über viele Regionalbahnstrecken in den Norden und kam glücklich an der Grenze zu Dänemark an, nur um direkt am Bahnhof von der Bundespolizei abgegriffen und in eine weitere Erstaufnahmestelle für Jugendliche gesteckt zu werden.

Ich bekam einen Schulplatz in einer Klasse für Geflüchtete. In der Wohngruppe, der ich zugeteilt wurde, hatte eine kleine Gang junger Männer das Sagen. Sie hatten alle keine Aussicht darauf, jemals als Flüchtlinge anerkannt zu werden. Deshalb hatten sie nichts zu verlieren und nutzten die Zeit, die ihnen bis zur nächsten Flucht blieb. Wenn wir nicht aufpassten, beklauten sie uns andere. Immer wieder verschwanden Geld und Wertsachen. Aber dafür konnten sie uns immer Handys oder Turnschuhe für wenig Geld verkaufen. Auch Drogen konnten sie organisieren.

Ich arrangierte mich genau wie die anderen. Wir trugen unsere Wertsachen am Körper und gingen vormittags in die Schule. Nachmittags hingen wir in Gruppen auf der Straße rum, rauchten Zigaretten und Joints. Ich verstand noch immer sehr wenig Deutsch. Dafür wurden mein Englisch und Arabisch immer besser und ich lernte von den Afghanen auch ein paar Brocken Persisch. Eines Tages kam ein Mann in die Wohngruppe und stellte sich mir als mein Vormund vor. Er würde mir bei allen rechtlichen Sachen helfen, auch bei dem Asylantrag. Ich erklärte ihm meinen Fluchtgrund, so gut ich konnte, er schrieb alles auf. Jetzt würde alles seinen Gang gehen.

Im Mittleren Osten wurde die Situation währenddessen immer angespannter. Ich klebte vor meinem Handy und starrte entsetzt auf die Bilder der Gräueltaten des Daesh. Ich nahm wieder Kontakt zu meinen alten Netzwerken auf. Wir redeten über den Zusammenhang zwischen der Gewalt im Koran und den Taten des Daesh. Ich druckte mir ein Bild einer Daesh-Fahne aus, machte ein Foto davon, wie ich sie mit einem Feuerzeug anzündete, und postete es auf Facebook. Ich war in Deutschland, da konnte man das machen.

Doch in meiner Wohngruppe ergab sich daraus ein Riesenkonflikt, weil ich damit auch den Namen Gottes verbrannt hätte. Ich erhielt Drohungen von meinen Mitbewohnern und kriegte es so mit der Angst, dass ich mein altes Netzwerk aktivierte und darüber Kontakt zu einer kurdischen Aktivistin in Süddeutschland bekam. Ich bat um eine Verlegung. Als dem nicht stattgegeben wurde, machte ich mich wieder alleine auf den Weg. Die kurdische Frau in Süddeutschland war freundlich und hilfsbereit. Ich fühlte mich wohl. Die Behörden stimmten meinem eigenmächtigen Wechsel aber nicht zu, daher bekam ich keinerlei finanzielle Unterstützung und die Anweisung, mich schleunigst wieder im Norden einzufinden.

Ich fuhr stattdessen zu meiner allerersten Anlaufstelle in Deutschland, doch die war nicht mehr zuständig. Ich musste also doch wieder zurück in die Grenzstadt. Eine Frau aus dem Jugendamt begleitete mich auf der Fahrt und lieferte mich sicher bei den Behörden ab. Diesmal landete ich statt in einer Wohngruppe in einem Kinderheim außerhalb der Stadt.

DER KÖDER

»Stell dir vor, ich habe gerade eine Doku gesehen. Da wurde die Moschee gezeigt, in die mein Onkel mich am ersten Tag in Deutschland mitgenommen hat!« Meine Freundin kommt gerade zur Tür rein. »Die Moschee gilt als besonders radikal und wird vom Verfassungsschutz überwacht.«

»Das ist ja ein Ding!« Sie hängt ihre Jacke an meine Garderobe.

»Als junger Mann in Irakisch-Kurdistan soll mein Onkel noch sehr locker und modern gewesen sein, warum geht er ausgerechnet in so eine Moschee?«

»Vielleicht gibt es da keine andere. Oder die sind besonders nett. Wer weiß? Vielleicht hat er gar keine Ahnung davon, dass die so drauf sind.«

»Kann schon sein. Aber das ist ja das Gefährliche!« Wir setzen uns aufs Sofa.

»Zwei Freunde von mir haben endlich eine Wohnung gefunden«, erzähle ich weiter. »Wir mussten jemanden finden, der ihre Sachen dorthin transportiert. Es gibt ja diesen einen deutschen Typen, der gerne hilft und als Gegenleistung Körperkontakt sucht.«

»Gruselig!«

»Also haben sie stattdessen einen arabischen Typen gefragt, der ihnen mal Hilfe angeboten hat. Er kam etwas zu spät und strahlte uns an. Leute mit langem Bart und rasierter Oberlippe kommen bei mir nicht gut an, aber er war echt superfreundlich, locker und unkompliziert und fuhr uns den ganzen Tag durch die Gegend.«

»Das klingt doch gut?«

»Ja, aber schon nach wenigen Minuten im Auto fragte er uns auf Arabisch: ›Warum sehe ich euch nie in der Moschee?‹ Danach fing er an, uns zu erzählen, dass wir das tun sollten, was der Prophet Mohammed gesagt habe. Wir sollten unsere Bärte auch richtig tragen. Es sei wunderschön, Muslim zu sein. Mein Freund sagte, dass er gehört habe, dass Deutsche aus der Moschee rausgeworfen würden. Er entgegnete, die Deutschen würden den Islam respektieren und in der Moschee seien alle willkommen, außer Murtadds, Abtrünnige, natürlich.«

»Ernsthaft, genau die Formulierung?«

»Ja, ich dachte erst, dass er mich erkannt hatte. Meine Freunde guckten schon nervös. Sie hatten Angst, dass ich mich gleich outen würde. Und ich hätte meine Vorsicht in der Situation auch wirklich schnell vergessen können. Er war so hilfsbereit und charismatisch, dass man ihn eigentlich sofort mögen musste.«

»Naja, ist das denn so schlimm?«

»Das ist gerade gefährlich. Meine Freunde sind geflüchtet, als sie fast noch Kinder waren, um ihre Familien nachzuholen. Aber ihre Mission ist gescheitert. Sie haben keine beruflichen Perspektiven. Sie fühlen sich nutzlos, sind depressiv, hängen den ganzen Tag nur mit gleichaltrigen Geflüchteten rum, lernen keine Deutschen kennen«, erkläre ich aufgebracht. »Wenn so eine nette, erwachsene Vaterfigur in ihr Leben tritt, ihre Sprache spricht und ihnen von Sachen erzählt, die sie an ihr Zuhause erinnern, kann man ihnen jeden Scheiß einreden. Mit seiner freundlichen Art hat er mir viel mehr Angst gemacht als irgendwelche Hassprediger.«

»Aber deswegen werden sie ja nun nicht gleich zu Djihādisten.«

»Naja, wenn du hier im Diesseits scheiterst, dann wird das Paradies plötzlich eine echte Alternative. Das ist ja das Gefährliche an so einem Glauben.«

»Es gibt doch viele Angebote für Geflüchtete, warum nutzen deine Freunde die nicht?«

»Weil sie ihnen kein Selbstwertgefühl geben. Die Islamisten ködern dich mit dem Paradies. Auch die coolen

Gangsterrapper erzählen dir was von Männlichkeit, Ehre und Stärke. Damit können verständnisvolle deutsche Betreuer oder nette Patenomas leider nicht wirklich konkurrieren. Es fehlt an coolen Vorbildern. Aufklärung muss sexy werden!«

DAS KINDERHEIM

Das Kinderheim war ein schöner Ort. Und trotzdem wünschte ich mir jede Sekunde, endlich erwachsen zu sein, um hier rauszukommen. In der Wohngruppe hatte ich viele junge Männer getroffen, die sich jünger gemacht hatten, als sie waren. Nur Minderjährige hatten eine Chance, ihre Familie nachzuholen. Aber meine Eltern wollten gar nicht bei mir sein. Ich hätte mich daher lieber volljährig gemacht.

Ich war neidisch auf die beiden großen Jungs, die ihre eigene Wohnung im Heim hatten und sich ihr Essen selber machen konnten. Ich wollte mir nicht erzählen lassen, wann ich im Bett oder bei Tisch sein sollte. Ich musste jeden Tag mit den Kleinen essen, und ich hasste die Esskultur. Man musste steif am Tisch mit Messer und Gabel essen und es gab viele komische Gerichte: Pfannkuchen, Milchreis, Tütensaft, Mischbrot mit Wurst. Ich vermisste Biryani, Falafel, frischen Granatapfelsaft und das frischgebackene Brot meiner Mutter.

Eine der Betreuerinnen aß keine Wurst. »Warum isst du nie Fleisch?«, fragte ich sie.

»Ich esse keine Tiere. Ich finde es falsch, Tiere einzusperren und nur für den Zweck zu züchten, dass wir sie essen können. Außerdem ist es gesünder.« Das leuchtete mir ein und ich beschloss, es ihr nachzutun.

»Bist du verheiratet, hast du Kinder?«, fragte ich weiter.

»Nein, ich habe keine Kinder. Aber ich habe eine Frau.«

»Du bist mit einer Frau verheiratet?«

»Wir sind noch nicht verheiratet. Aber ja, sie ist meine Partnerin.«

Dass zwei Männer sich liebten, war harām. Dass zwei Frauen sich lieben konnten, wusste ich nicht mal.

Ich hätte mich auch gerne verliebt. Und als eines der Mädchen im Kinderheim mich eines Abends fragte, ob ich gerne mal Sex haben wollte, sagte ich nicht nein. Wir gingen in ihr Zimmer und zogen uns aus. Sie reichte mir ein Kondom, das ich mir unbeholfen aufsetzte. Ich legte mich vorsichtig zu ihr und schaute ihr in die Augen.

»Lass das«, sagte sie und drehte den Kopf weg, als ich versuchte, sie so zu küssen, wie ich es in den romantischen Tanzfilmen gesehen hatte. Sie half meinem Penis ohne Umschweife in ihre Vagina. Kurz danach kam ich zum Orgasmus und sie schickte mich wieder aus dem Bett. Ich hatte mir mein erstes Mal anders vorgestellt.

Am Wochenende klaute ich zusammen mit den großen Jungs die Pfandflaschen aus der Küche. Damit gingen wir zum Supermarkt und kauften uns Alkohol und Zigaretten. Ich sah mit meinen Bartstoppeln alt genug aus, obwohl ich der Jüngste war. Keiner fragte nach meinem Ausweis. Wir betranken uns auf dem Rückweg am Wegesrand. Das war der Höhepunkt der Woche. Auch das Nachtleben in Deutschland hatte ich mir anders vorgestellt.

Ich bekam keine Reaktion auf meinen Asylantrag und meinem Vormund schien es egal. Ich hatte keinen Schulplatz, weil ich mitten im Schuljahr zurückgekehrt war, und hockte den ganzen Tag nur rum. Und nachts plagten mich immer noch Albträume. Ich hatte mir meine Zukunft anders vorgestellt.

DER BETREUER

»Wenn ich so jung nach Deutschland gekommen wäre wie du, wäre ich jetzt an der Uni«, sagt der Künstler. Der Trainer pflichtet ihm bei, und ich fühle mich wie ein totaler Versager. Ich bin der Trottel des Freundeskreises, die Schande der Familie und der Problemfall der Schule.

›Pädagogisch kaum noch erreichbar‹, steht in einem Bericht des Jugendamts, den ich mal zufällig zu Gesicht bekommen habe.

Und als würde es nicht reichen, sich mit den Vorurteilen, den Erwartungen und der Verzweiflung meines sonstigen Umfelds beschäftigen zu müssen, muss ich mir nun auch noch von meinen Freunden anhören, dass ich es einfach nicht draufhabe.

»Qozelqort, haltet die Klappe! Ihr macht ja selber auch nicht gerade Karriere«, gebe ich zurück. Ich gehe zu meiner Freundin.

Hätte ich reich werden wollen, hätte ich wohl versuchen müssen, in einen der einflussreichen Clans in Irakisch-Kurdistan einzuheiraten, statt schon mit vierzehn Jahren gegen Religion, Familie und Regierung zu rebellieren und hier zu stranden.

Inzwischen verstehe ich sehr gut Deutsch und spreche es auch fließend. Mein mündliches Arabisch ist auch richtig gut geworden. Meine Muttersprache nutze ich aber so selten, dass ich mir darin manchmal unbeholfen vorkomme. Und schreiben kann ich in keiner meiner Sprachen vernünftig.

Meine Freundin sitzt mit dem Rechner auf dem Sofa und versucht, meine Notizen zu entziffern. Sie bestehen aus einer Mischung von Sprachnachrichten, Autokorrektur, Lautmalerei und Englisch. Erst in ihrer Niederschrift werden daraus zusammenhängende Texte.

»Was bitte soll das Wort hier bedeuten?«, fragt sie und buchstabiert laut: »P-T-R-O-Y-A?«

»›Betreuer‹. Wie schreibt man das denn? Meine Autokorrektur hat keinen Vorschlag angegeben.«

»Kein Wunder, wenn du ›Ptr‹ getippt hast!« Sie kriegt sich gar nicht mehr ein vor Lachen. »Du hast auch mal wieder ›Seher‹ aus der Autokorrektur gewählt statt ›sehr‹.«

»Sehr witzig«, sage ich und gehe auf den Balkon. Ich bin kein Vorzeigeflüchtling. Ich bin kein intellektueller Überflieger aus einem akademischen Zuhause. Ich bin wohl eher das, was einige Leute bildungsfern nennen. Ich habe große Konzentrationsprobleme und war nie gut in der Schule. Durch meine Inhaftierung und die Flucht habe ich viele Schuljahre verloren. Und hier in Deutschland fällt mir die Schule noch schwerer als in Irakisch-Kurdistan. Ich eigne mir mein Wissen über das Weltgeschehen schrittweise an und mir fehlt oft der Überblick.

Die Tür geht auf und meine Freundin guckt raus. »Sorry. Tut mir leid. Aber es ist manchmal so hammerwitzig.«

»Ist schon okay«, sage ich. »Ich bin ja dankbar, dass du mir so viel hilfst. Ist doch gut, wenn ich im Gegenzug wenigstens unterhaltsam bin.«

DIE EINSAMKEIT

Im Kinderheim waren alle freundlich und ich in Sicherheit. Aber ich war einsam und suchte deshalb Trost bei meinen Eltern. Meine Mutter redete mir am Telefon Mut zu und bat mich, Geduld zu haben. Auch mein Vater war aufmunternd. Und meine Geschwister schickten mir Fotos und herzliche Nachrichten. Ich vermisste sie schmerzhaft. Ich hatte furchtbares Heimweh.

Eines Tages bat ich meine Eltern, mich zurückzunehmen. »Es tut mir so leid. Ich werde nicht mehr auffallen. Ich kann es schaffen«, sagte ich. »Bitte, ich halte es hier nicht mehr aus. Ich will nach Hause.«

Ich hatte gehofft, dass sie sich freuen würden. Wir würden uns wieder versöhnen. Ich würde wieder ein normales Leben haben.

Doch meine Eltern lehnten ab. »Du bist in Kurdistan nicht sicher!«

Vermutlich hatten sie wirklich Angst um meine Sicherheit, aber vielleicht ging es ihnen auch nur um ihren Ruf. Es traf mich wie ein Schlag ins Gesicht. Es gab keinen Weg zurück.

Es war Anfang des Monats. Ich nahm mein ganzes Taschengeld und fuhr mit dem Bus in die Stadt. In jeder Apotheke kaufte ich eine Packung Schlaftabletten und kehrte ins Kinderheim zurück. Da nahm ich neunzig Tabletten auf einmal und legte mich zum Sterben ins Bett. Doch ich starb nicht. Ich schlief nicht mal ein. Stattdessen fing mein Herz in meiner Brust an zu hämmern und mein Körper zitterte. Meine Arme und Beine zuckten, Lichter blitzten vor meinen Augen. Ich wurde von panischer Angst ergriffen und wankte zum Betreuer. Der rief den Krankenwagen.

Mein Vormund besuchte mich im Krankenhaus und entschied, dass ich ein Fall für die Psychiatrie sei. Der Leiter des Kinderheimes fuhr mich in die geschlossene Abteilung und nach zwei Stunden wieder zurück – der zuständige Psychiater hatte sich meine Geschichte angehört und glücklicherweise entschieden, dass eine geschlossene Unterbringung mir nicht helfen würde.

Ich brach den Kontakt zu meinen Eltern ab.

DER FOTOGRAF

»Ich bin so neidisch«, gestehe ich dem Fotografen, als er mir Bilder von seiner letzten Reise zeigt. Er war schon in so vielen Ländern der Welt, auf allen Kontinenten. »Du lebst meinen Traum. Aber jetzt kann ich ja auch endlich reisen, zumindest im Schengenraum.«

Wir sitzen zusammen am Hafen, trinken ein Bier und blicken über die Förde.

»Und ich liebe es. Sobald ich reise, bin ich kein Flüchtling mehr, sondern ein Tourist.«

»Und wie macht sich das bemerkbar?«, fragt der Fotograf.

»Die Gespräche sind anders. Ich habe mich in Barcelona mit den anderen im Hostel über Zukunftspläne unterhalten. Sie waren schockiert darüber, dass ich mich nicht einfach überall in Europa niederlassen darf. Sie wollten mir gar nicht glauben, dass ich sogar eine Erlaubnis brauche, wenn ich in einem anderen Bundesland wohnen will. Sie haben mich als einen von ihnen gesehen und waren deshalb so empört. Hier in Deutschland bin ich ein Flüchtling, da muss ich dankbar sein, dass ich hier bleiben darf, und kann nicht auch noch erwarten, genauso frei zu sein wie andere Leute. Also das Auswandern nach Barcelona oder auch nur Berlin geht bei mir zumindest nicht einfach so.«

»Würdest du denn gerne umziehen?«, fragt er.

»Manchmal träume ich davon, für immer nach Barcelona zu gehen. Da falle ich mit meinem Flüchtlingsgesicht kaum auf. Letztens hat mich in Barcelona sogar jemand nach dem Weg gefragt.«

»Ich falle eher auf, wenn ich auf Reisen bin«, sagt er. Das will ich gerne glauben, er hat blonde Haare und ist zwei Meter groß, da muss er schon nach Skandinavien reisen, wenn er in der Menge untergehen will.

»Aber du fällst nicht unangenehm auf«, sage ich. »Denn du bist ja kein Kanake. Da, wo du auffällst, wirst du als Tourist oder Expat eingestuft. Wenn ich auffalle, sehen die Leute in mir einen Flüchtling oder Migranten.«

DIE STRASSE

Ich hatte nichts mehr zu verlieren. Meine Eltern wollten mich nicht. Asyl würde ich bestimmt auch nicht bekommen. Ich war allen egal. Also waren mir jetzt auch alle egal. Die Betreuerinnen und Betreuer erschienen mir völlig weltfremd. Ich konnte nichts mehr mit ihren netten Worten anfangen. An manchen Tagen blieb ich den ganzen Tag im Bett. An anderen ging ich aus dem Haus und kam nachts betrunken wieder oder blieb in der Stadt. Ich mied den Kontakt zu muslimischen Jugendlichen, lernte aber schnell andere Leute kennen.

Ein Mädchen ließ mich in ihrer Wohnung übernachten, wenn ich dafür ihr Kleinkind hütete. Sie ließ mir zum Dank Weed da. Dafür war kein Strom im Haus. Also saß ich bei Kerzenschein und kiffte und horchte gelegentlich, ob das Kind noch ruhig atmete. Einmal kam sie so betrunken nach Hause, dass sie das ganze Badezimmer vollkotzte. Also stand ich am nächsten Morgen mit ihrer kleinen Tochter auf, fütterte sie aus einem Gläschen, zog sie frisch an und brachte sie in die Kindertagesstätte.

Auf der Straße lernte ich einen gleichaltrigen deutschen Jungen kennen. Er wohnte auch in einem Kinderheim, aber manchmal besuchten wir seine Mutter. Sie hatte immer etwas zu Kiffen und manchmal gab sie uns Koks aus. Ich beschloss, dass Drogen mein Ding waren, und konsumierte alles, was ich kriegen konnte. Wir fühlten uns gut, wenn wir kichernd durch die Straßen rannten. Ich stand Schmiere, während er in Läden Sachen klaute, die wir verkaufen oder essen konnten.

Im Kinderheim war ich so wenig wie möglich. Es gab da nur noch Probleme. Nur manchmal schlug ich da auf, um mal in meinem Bett zu schlafen oder mein Taschengeld abzuholen. Im Kinderheim waren inzwischen auch andere Jugendliche mit Fluchterfahrung. Einer von ihnen fragte mich, ob ich ihm einen Gefallen tun und seinen Cousin vom Bahnhof abholen könnte, während er in der Schule sei. Klar, das war kein Ding. Den Bahnhof kannte ich.

Doch als ich ankam, erwartete mich ein völlig neues Bild. In der sonst verwaisten Bahnhofshalle waren Hunderte von Menschen. Unglaublich viele Familien und Alleinreisende aus dem Mittleren Osten und Ostafrika. Dazwischen zahlreiche Helferinnen und Helfer in bunten Warnwesten. Und die Helferinnen und Helfer sprachen nicht nur Deutsch und Englisch, mehr als die Hälfte sprach Arabisch, Kurdisch, Persisch. Und ohne diese Menschen schien nichts auf dem Bahnhof mehr zu funktionieren. In einem Nebenraum war eine riesengroße Kleiderkammer eingerichtet, in der Eingangshalle befanden sich eine Kantine und eine Ausgabestelle für Hygieneartikel. Es gab eine Spielecke für Kinder und einen Infostand, wo die Flüchtenden sich über Fahrkarten und Routen informieren oder medizinische Hilfe anfragen konnten.

Ich holte den Cousin ab, brachte ihn ins Kinderheim, fuhr gleich wieder zum Bahnhof und bot meine Hilfe an. Anfangs kehrte ich abends wieder ins Kinderheim zurück. Dann blieb ich ganz weg.

»Ich gehe nach Kanada«, teilte ich den Betreuerinnen und Betreuern mit und ging. Keiner hielt mich auf. Über mehrere Wochen arbeitete ich als Übersetzer, versorgte mich in der Kantine mit Essen, legte mich gelegentlich auf einem Notbett schlafen und hing ansonsten mit meinen neuen Kumpels ab und nahm weiter, was wir an Drogen bekommen konnten.

Ich baute körperlich immer mehr ab. Aber ich wollte nicht mehr sterben. Mir war es nicht mehr egal. Denn ich hatte zum allerersten Mal in meinem Leben das Gefühl, wirklich nützlich zu sein.

DIE ZIELE

»Wie läuft es denn gerade bei dir?«, fragt der Fotograf. Neben uns auf den Holzplanken am Hafen stehen unsere zwei leeren Flaschen vor einem alten Segelschiff. Es sieht aus wie auf einem Werbeplakat.

»Ich bin mal wieder in einer Maßnahme«, sage ich. »Wir sollen demnächst Praktikum machen.«

»Und, was schwebt dir vor?«

»Ich würde gerne ein Praktikum in einer Kita machen. Das erlauben die mir in der Maßnahme aber nicht, weil mir dafür der richtige Schulabschluss fehlt. Ich darf nur Berufe ausprobieren, die meinem Schulabschluss entsprechen. Und ich hab nun mal nur Hauptschulabschluss. Sie haben mir wörtlich gesagt, dass sie einem Praktikum als sozialpädagogische Assistenz genauso wenig zustimmen werden wie einem als Hirnchirurg.«

»Aber könntest du den höheren Schulabschluss nicht nachholen?«

»Ich war in den letzten Monaten viel krankgeschrieben. Ich kriege weder mein Aufmerksamkeitsdefizitsyndrom noch meine posttraumatische Belastungsstörung in den Griff. Ich habe so ziemlich alle Medikamente durchgetestet, die es gibt. Medikinet, Ritalin, Strattera, Elvanse. Leider kriege ich immer so gut wie alle Nebenwirkungen, die man davon überhaupt bekommen kann. Mir geht es mit den meisten Medikamenten immer total beschissen.«

Ich seufze.

»Ich soll mir einen Beruf aussuchen, den ich so, ohne höheren Schulabschluss, machen kann. Aufgrund meiner psychischen Probleme bin ich in ihren Augen nicht in der Lage, mit Kindern zu arbeiten.«

»Und wie siehst du das?«

»Ich liebe es, mit Kindern zusammen zu sein, und ich habe das Gefühl, dass es den Kindern auch mit mir Spaß macht. Mit Kindern kann ich genau so sein, wie ich bin, und muss mir nicht irgendwelche beschissene Chemie reinpfeifen. Und es wäre einfach mal schön auszuprobieren, ob es auch auf Dauer was für mich ist. Aber ich kann wohl froh sein, wenn ich überhaupt eine Ausbildung machen kann.«

Ich öffne ein neues Bier mit einem lauten Plopp und stoße mit ihm an.

»In der Maßnahme sind wir gestern gefragt worden, welches Bruttogehalt wir uns in Zukunft wünschen«, erzähle ich weiter. »Ein junger Mann aus Somalia hat dreitausend Euro gesagt. Daraufhin haben die Maßnahmeleiterinnen ihn laut ausgelacht, das sei ja völlig unrealistisch. Die Gruppe hat dann brav mitgelacht. Ein anderer Teilnehmer hat dann tausendfünfhundert vorgeschlagen und ist dafür gelobt worden. Ich weiß auch, dass ich froh sein kann, wenn ich jemals mehr als das Existenzminimum verdienen werde. Aber das gilt doch nicht für alle. Der Typ aus Somalia ist echt fit.«

»Sie hätten sagen sollen, dass es nicht leicht, aber mit viel Fleiß und Talent zu schaffen ist«, sagt der Fotograf. »Das wäre sicher motivierender.«

»Große Ziele sollen sich arbeitslose Jugendliche wohl abschminken. Und Flüchtlingsgesichter noch mal mehr.«

Wir gucken zusammen auf das Wasser. Ein Dampfer fährt an uns vorbei und stößt mit lautem Tröten einen Schwall Rauch in die Luft.

ACHIM

»Malmö, Malmö!« Der Ruf hallte durch die Bahnhofshalle. Alle wollten nach Schweden. Da sei es angeblich leichter, die Familie nachzuholen, meinten einige. Andere hatten da schon Familie. Andere irrten einfach ziellos umher.

Ich stand zusammen mit den anderen Dolmetscherinnen und Dolmetschern in der Halle, half beim Kauf der Fahrkarten und erklärte, wo die Flüchtenden sich welche Sachen und Hilfen holen konnten.

Ich traf Menschen, die alles verloren hatten. Sie zeigten mir Bilder ihrer Häuser vor und nach dem Bombenregen. Ich traf viele Menschen, die ihre Familie auf der Flucht verloren hatten. Ihre Berichte verfolgten mich und mischten sich nachts in meine Albträume.

Ich traf einen Jungen, der wochenlang zusammen mit vielen anderen Menschen in Ungarn in einem Käfig eingesperrt gewesen war, bis er weiterreisen durfte. Er hatte die Zeit mit Selfies festgehalten. Ein Foto pro Tag. Der Film zeigte, wie er langsam verwahrloste. Sie hatten wenig zu essen bekommen, ihre Notdurft in der Zelle machen müssen und sich nicht waschen können. Dagegen erschien mir meine Gefängniszeit wie ein Kuraufenthalt.

Ein junger Mann kam aus einer reichen Familie und hatte früher in Europa Urlaub gemacht. »Aber jetzt bin ich kein Tourist, sondern ein ›Flüchtling‹. Und die Menschen gucken mich nun entweder mit Mitleid oder Furcht an.«

Mein Selbstbild veränderte sich. Es gab Menschen, denen es viel schlechter ging als mir. Und ich konnte ihnen helfen. Ich war nützlich. Viele lobten meine Übersetzungen. Ich improvisierte nicht, sondern fragte immer gewissenhaft nach, wenn ich etwas nicht verstand. Ich war gut und ich wurde gesehen.

»Sag mal, hast du gar kein Zuhause?« Meine Kolleginnen und Kollegen hörten mir zu und boten mir ihre Hilfe an. Nicht weil sie dafür bezahlt wurden, nicht als Betreuerinnen oder Betreuer, einfach so. Ich meldete mich wieder beim Jugendamt. Ich wurde diesmal in einer kleinen eigenen Wohnung untergebracht und bekam einen Schulplatz.

Nur meinen Drogenkonsum bekam ich nicht sofort in den Griff. Einmal landete ich nach einer wilden Mischung chemischer Drogen mit Herzrasen und Todesangst im Krankenhaus. Ein anderes Mal beschimpfte ich eine der mir zugewiesenen Betreuerinnen im Vollrausch so wüst, dass ich mich wochenlang dafür schämte.

Aber ich war mit den Erlebnissen nicht allein. Ich hatte Menschen, die mich mochten, obwohl ich Probleme hatte und machte. Ich gehörte dazu, wie ich noch nie irgendwo dazugehört hatte. Ich bekam einen Freundeskreis und einen neuen Namen.

»Achmed, kannst du mir das hier kurz übersetzen?«, fragte einer meiner Freunde.

»Klar«, antwortete ich. »Aber ich heiße Amed.«

»Oh, sorry«, antwortete er mit ironischem Grinsen. »Ich dachte, ihr heißt alle gleich.«

»Du sprichst Ahmed übrigens falsch aus. Das ist ein arabisches ›ḥ‹, kein deutsches ›ch‹.« Erfolglos versuchte er, den Laut umzusetzen. »Ach, sag doch einfach Achim zu mir.«

DER ALIEN

»Achim! Du bist echt wie ein Alien, der auf der Erde gelandet ist und nun im Schnelldurchlauf die Welt kennenlernen muss.« Meine Freundin kommt wie immer zu spät von der Arbeit und findet mich auf dem Sofa vor, wo ich gerade Dokumentationen über die RAF auf YouTube angucke. Ich bin mit meinen Recherchen bei der Nachkriegszeit angekommen.

»Ich habe viel nachzuholen. Du sagst doch ständig ›Aber das weiß man doch‹. Außerdem muss ich ein Referat für die Schule machen. Ich schreibe über die Baader-Meinhof-Gruppe. Ich hatte keine Ahnung, dass es sowas mal hier in Deutschland gegeben hat.«

Ich erzähle ihr von dem Dokumentarfilm und stelle fest, dass ich nun mehr Details über den deutschen Herbst kenne als sie.

In den Wochen davor habe ich alles über den Holocaust verschlungen und deswegen nachts nicht mehr schlafen können. Ich will unbedingt nach Auschwitz. Ich muss das selbst erleben und das Grauen verstehen. Aber sie erträgt das nicht, will das nicht erleben. »Ich weiß, wie schlimm es war«, sagt sie und meint, ich müsse da alleine oder mit einem Freund hinfahren. Aber allein kann ich das nicht.

Das Deutschland, das ich seit meiner Ankunft erlebt habe, passt nicht zu den Dokumentationen, die ich seit Wochen sehe. Ich kann mich noch gut erinnern, wie viel Angst es mir anfangs gemacht hat, dass hier nichts bewacht wird. Keine bewaffneten Soldaten an den öffentlichen Gebäuden, keine Kameraüberwachung. Alles total unsicher. Ich habe die Polizei belächelt, die mich freundlich behandelt hat, statt Härte zu zeigen. Und nun weiß ich genau das zu schätzen.

Ich bin völlig fasziniert davon, wie entspannt das Leben hier ist. Ein Freund aus Irakisch-Kurdistan sagt es so: »Du gehst durch die Straßen und spürst Freiheit und Demokratie. Du merkst es an der Art, wie die Leute sich durch die Stadt bewegen.«

Ich höre allerdings auch andere Geschichten. Ein guter Freund von mir hat nach seiner Ankunft in Deutschland acht Monate in Dresden gelebt und ist dort so heftigen rassistischen Angriffen ausgesetzt gewesen, dass er jetzt noch, ein Jahr später, psychologische Hilfe braucht. Seine Erlebnisse dort haben ihn schwerer belastet als alle Erfahrungen mit den Taliban in Afghanistan.

Meine Freundin findet meine Angst vor Islamismus übertrieben. Und ich habe ihre Furcht vor Rechtspopulismus anfangs nicht verstanden. Der Computerfachmann hat es kürzlich auf den Punkt gebracht: »Ihr macht im Mittleren Osten schlechte Erfahrungen mit Islamisten. Wir haben hier in Deutschland schlechte Erfahrungen mit Nazis.«

DIE ANNÄHERUNG

Die Liebe kam plötzlich, unerwartet und ungewollt.

Ich kam mir furchtbar albern vor. Wir hatten oft ein wenig gegrinst, wenn eine der älteren Kolleginnen am Bahnhof plötzlich mit einem jungen geflüchteten Mann auftauchte. »Was denkt die denn, ist die naiv? Der will doch nur einen Aufenthaltstitel.«

Und nun hatte ich mich selbst in eine viel ältere Frau verliebt. Und ich wollte keinen Aufenthalt, ich wollte sie.

Ich fand sie klug und schön. Und sie war der erste Mensch, bei dem ich mich so angenommen fühlte, wie ich war. Aber ich hatte furchtbare Angst, dass sie es merken und den Kontakt sofort abbrechen würde.

Also hielt ich mich zurück und näherte mich nur vorsichtig. Ich fand es schön, einfach nur in ihrer Nähe zu sein. Wir gingen spazieren und redeten. Ich erzählte ihr meine ganze Geschichte. Sie hörte zu und stellte Fragen. Sie diskutierte mit mir und verstand mich. Ich war nicht schuld an meinen Problemen, aber meine Eltern waren es auch nicht. Ich fing ganz langsam an zu verstehen und zu verzeihen. Ich chattete wieder mit meiner Familie.

Eines Tages brachte sie mir das Kinderbuch *Wo bitte geht's zu Gott? fragte das kleine Ferkel* von Michael Schmidt-Salomon mit. Erst las sie es mir vor, dann übte ich damit.

»Wir sind wie das Ferkel und der Igel auf ihrer Suche nach Gott«, sagte ich.

»Ich muss bei uns eher an *Harold and Maude* denken«, antwortete sie und zeigte mir an einem Abend den Film.

Wir umarmten uns bei jedem Abschied. Und manchmal hielt ich sie dabei ein wenig länger fest als notwendig und sie wehrte sich nicht. Ich schaute ihr lange in die Augen und sie schaute nicht weg. Ich küsste sie zum Abschied auf die

Wange, sie küsste mich zurück. Und als sich dabei eines Tages wie durch Zufall unsere Lippen trafen, drehte sie ihren Kopf nicht weg.

»Ich mag dich ein bisschen mehr, als ursprünglich geplant«, gestand sie mir, traute sich aber lange nicht, ihrem Umfeld zu erzählen, dass sie sich in einen so jungen Menschen verliebt hatte.

Ich erzählte es meiner Familie sofort.

»Bist du wahnsinnig? Wie kannst du das jetzt schon öffentlich machen? Was haben deine Eltern gesagt?«

»Die sind doch weit weg. Und außerdem haben sie sich gefreut. Ich glaube sie denken, dass du mir guttust«, beruhigte ich sie. »Aber vielleicht sind sie auch einfach nur dankbar, dass ich nicht zu allem Übel auch noch schwul bin.«

DER REICHTUM

»Du bist auf Deutsch viel netter«, sagt der Künstler zu mir, als wir zusammen mit meiner Freundin zum Hafen gehen. »Du bist auf Arabisch und Kurdisch viel mackermäßiger. Auf Deutsch bist du ganz niedlich und freundlich.«

»Vielleicht liegt es einfach an den komischen H-Lauten, das Mackermäßige«, wirft meine Freundin ein. Ich entgegne, dass Deutsch doch genauso viele harte Laute hat.

»Stimmt auch wieder«, sagt sie. »In Dänemark macht man sich darüber ja immer lustig: ›Achtung! Stillgestanden!‹.«

»Ich glaube, ich habe auf Deutsch einfach die angenehmeren Erlebnisse gehabt. Ich bin dann selber auch netter.«

»Aber warum sprichst du so viel Englisch? Dein Deutsch ist so viel besser und verständlicher!«

»Kann sein«, überlege ich. »Aber ich fühle mich auf Englisch wohler. Auf Englisch sprechen wir alle in einer Fremdsprache. Auf Deutsch bin ich immer im Nachteil.« Meine

Freundin nickt. Wir biegen in eine Seitenstraße ab. Es hat schon wieder ein neuer Friseur aufgemacht.

»Sag mal, gibt es in dieser Stadt eigentlich nur noch arabische Friseure und Shisha-Bars?«

»Ja, es ist schon lustig. Womit könnten Deutsche in der Migration Geld machen?«

»Schwarzbrotbäckereien und Bierkneipen«, sagt der Künstler.

Wir setzen uns an den Hafen. In der Mitte des Hafenbeckens schwimmt eine leere weiße Fläche.

»Darf man jetzt im Hafen schwimmen?«, fragt der Künstler.

»Nein, das ist Kunst«, antworte ich.

»Es ist ein Mahnmal«, erklärt meine Freundin, »es soll zeigen, dass wir uns in dieser Stadt noch nicht wirklich mit unserer kolonialen Geschichte beschäftigt haben. Das ist eine Aufforderung an die Stadt, diesem düsteren Kapitel der Stadtgeschichte mehr Raum zu geben. Letztes Jahr lag genau da die Skulptur eines Papierschiffs als Zeichen der Solidarität mit der Seenotrettung im Mittelmeer.«

»Da gibt es ja auch eine gewisse Kontinuität«, sagt der Künstler.

»Als ich damals am Bahnhof den Flüchtenden geholfen habe, habe ich wirklich daran geglaubt, dass wir am Anfang einer neuen Zeit stehen. Ich habe in der großen Flucht ein echtes gesellschaftliches Veränderungspotenzial gesehen. Ich war mir nie ganz sicher, ob wir den Flüchtenden viel mehr als ein paar Stunden Nettigkeit geben konnten. Aber ich habe gemerkt, dass das solidarische Handeln uns selber guttut. Wir sind als Stadt zusammengerückt und haben entdeckt, dass es viel Wichtigeres im Leben gibt, als Reichtum anzuhäufen. Ich habe den Eindruck, dass es unsere Stadt nachhaltig zum Guten verändert hat.«

»Ja«, sage ich. »Vielleicht habe ich hier deswegen so gute Erlebnisse.«

DIE GRENZE

Eines Abends am Bahnhof fragte mich ein syrisches Ehepaar aus Schweden, wie die Situation am Bahnhof in Dänemark sei. Ihre Verwandten seien gerade auf dem Weg durch Deutschland.

»Es ist ja verboten, Flüchtende mit Privatautos über die Grenze zu transportieren«, erzählten sie. Sie wohnten schon lange in Schweden und hatten reguläre Reisepapiere, sie wollten nichts riskieren. »Aber wie sicher ist die Situation? Werden sie in Dänemark vielleicht gleich aus dem Zug rausgeholt?«

Zu dem Zeitpunkt gab es keine regulären Grenzkontrollen, ich war schon ein paar Mal zu Fuß nach Dänemark spaziert und kannte den Bahnhof da.

Dabei war ich selbst noch gar nicht als Flüchtling anerkannt und hatte nur eine Aufenthaltsgestattung, mit der ich keine europäischen Grenzen überqueren durfte. Aber was konnte schon passieren. Es war einfach aufregend und besonders, dass ich mal derjenige war, der Leuten etwas zeigen konnte. Also bot ich an, mit ihnen hinzufahren.

Aber kaum in Dänemark am Bahnhof angekommen, wurden wir von der Polizei festgehalten. Dem armen Ehepaar wurde sofort unterstellt, sie hätten mich schleusen wollen. Ich versicherte den Beamten, dass das völliger Unsinn sei, weil ich in Flensburg wohne, zur Schule gehe, viele Freunde habe. Sie könnten das ganz schnell untersuchen. Das war den Polizisten aber völlig egal. Das schwedische Paar wurde abgeführt und ich zusammen mit einigen anderen Jugendlichen, Männern, Frauen und Kindern, die mit dem Zug gekommen waren, zur Wache gebracht.

Im Untersuchungsgefängnis wurden die Familien nach Geschlechtern getrennt, die Menschen weinten. Die flüchtenden Menschen wurden nicht wie Notleidende behandelt, die seit Wochen unterwegs gewesen waren, sondern wie Kriminelle. Sie waren so weit durch Europa gereist und ihr Traum, nach Schweden zu kommen, war gerade zerplatzt. Sie taten mir furchtbar leid und ich konnte ihnen nicht helfen. Im Gegenteil, ich hatte dem armen Ehepaar nun vermutlich richtig Ärger eingehandelt und wusste auch nicht genau, was das Ganze für mich bedeuten würde.

Ich wurde zunächst in einer kleinen Zelle untergebracht. Das Essen war gut, das Bett bequem. Aber ich hatte keine Ahnung, was mit mir passieren würde. Nach zwei Tagen wurde ich abgeholt und zu verschiedenen Verhören stundenlang quer durch Dänemark hin- und hergefahren. Man drohte mir immer wieder, dass man mich länger festhalten wolle, wenn ich nicht endlich die Wahrheit sagen und zugeben würde, dass man mich geschleust habe. Dabei hatte ich nichts zu verschweigen. Ich war einfach nur blöd gewesen und hatte keinen Grund gehabt, mich nach Dänemark bringen zu lassen. Den Weg hätte ich auch alleine und zu Fuß bewältigen können.

Es wurde viel Aufwand betrieben und ich überlegte abends in der Zelle, wie das passieren konnte, dass ich schon wieder so viele Menschen in Aufruhr versetzte.

Der Ton der dänischen Beamten stand dem Ton der irakischen Polizei in nichts nach. Diesmal war ich aber kein Kāfir, sondern ein Eindringling, jemand, der sich zu Unrecht in das Land geschlichen hatte. Es blieb beim groben Ton, niemand tat mir physisch weh. Und ich hatte glücklicherweise keinen Pyjama an.

Aber mich erschütterten diese Erlebnisse. Und sie verwirrten mich. Am Bahnhof waren viele Däninnen und Dänen aktiv, ich erlebte sie oft als besonders freundlich und offen. Und meine Freundin gehörte zur dänischen Minderheit in der Grenzregion. Was war nur los in diesem Land?

Schließlich bekam ich ein zweijähriges Einreiseverbot. Das sollte mir recht sein.

Dann wurde ich den deutschen Beamten an der Grenze übergeben. Sie sprachen mit mir wie mit einem ganz normalen Menschen, boten mir einen Kaffee an und schickten mich zurück in meine Stadt. Ich hatte Lust, den Boden zu küssen.

DER FLUCHTGRUND

Den Grafiker habe ich kennengelernt, als er nach seiner Ablehnung in Dänemark nach Deutschland geflüchtet ist. Nun wohnt er in Hamburg in einer Massenunterkunft, Container an Container.

Es kümmert den Grafiker nicht, dass ich ein Abtrünniger bin. Er ist ein angenehmer, weltoffener Mensch, technisch versiert und sprachlich begabt, ein Vorzeigeflüchtling. Er könnte sich innerhalb kurzer Zeit perfekt einleben und selbst finanzieren. Er hat den Irak aus guten Gründen verlassen, die aber keine anerkannten Asylgründe sind.

Im Mehrbettzimmer des Grafikers hängt an der Wand nur ein gelber Umschlag mit einem Bescheid des Bundesamts für Migration und Flüchtlinge. Der Inhalt eines solchen Umschlags entscheidet über den Körper eines Menschen, darüber, wo der Körper sein darf, vielleicht über Leben und Tod.

Der Umschlag gehört dem Mitbewohner des Grafikers. Er ist sehr traditionell und gläubig, weshalb der Grafiker mir empfohlen hat, ihm gegenüber meinen Fluchtgrund zu verschweigen.

Der Mitbewohner kommt auch aus dem Irak und ist gerade als Flüchtling anerkannt worden. Seinen Fluchtgrund dokumentiert ein deutscher Arztbericht, die Folter ist seinem Körper aber auch so anzusehen. Ihm ist der Bauch mit einer

Kreissäge aufgeschnitten, ein Bein mit einer Bohrmaschine aufgebohrt, mehrere Finger abgeschnitten und Zähne gezogen worden. Jemand hat ihn fälschlicherweise bezichtigt, ein Scherge Saddams zu sein. Dafür hat eine Gruppe Männer ihre jahrelange Verzweiflung an ihm ausgelebt. Ich weiß nicht, wie er jemals wieder heilen kann, sowohl außen als auch innen.

Mir wird bei seinen Schilderungen so schlecht, dass ich den Raum verlassen muss. Der Grafiker kommt hinterher.

»Willst du mit mir in die Kantine, du kannst dir einen Ausweis ausleihen, für die Aufpasser sehen wir eh alle gleich aus.«

In der Unterkunft gibt es kein Geld für Verpflegung. Essen wird nur gegen Ausweis in der Kantine ausgegeben.

»Aber einmal im Monat schmeißen wir alle unser Taschengeld zusammen, dann kaufen wir frische Lebensmittel und kochen uns auf Spirituskochern eine richtige Mahlzeit.«

»Es ist doch viel teurer, eine Kantine zu betreiben, als euch Geld und eine Kochgelegenheit zu geben.«

»Es werden keine Kosten und Mühen gescheut, uns den Aufenthalt ungemütlich zu gestalten. Aber mit den Grausamkeiten, die die meisten von uns zu Hause erwarten, können sie doch nicht mithalten.«

DIE FAHNDUNG

Ein halbes Jahr später rief mich meine Freundin an. »Was hast du angestellt? Ich bin auf der Straße darauf angesprochen worden, dass die Polizei dich sucht.«

»Wallah, bei Gott! Ich habe nichts gemacht!«

»Der Mann aus der Dönerbude oben am Platz kam rausgerannt, als ich vorbeiging«, sagte sie aufgebracht. »Er meinte, die Polizei suche dich. Sie sei mit einem Foto von dir unterwegs.«

Am selben Tag sprach mich mein Stammfriseur an. »Habibi, was ist los mit dir? Die Polizei sucht dich überall.«

Ich meldete mich gleich am nächsten Tag bei der Polizei und erfuhr dort, dass ich vor einigen Wochen eine Vorladung zu einer Zeugenaussage in Dänemark bekommen hatte. Da ich damals noch im Kinderheim gemeldet und dort nicht mehr anzutreffen war, hatten sie stattdessen alle Friseure und Dönerbuden abgeklappert. Geradezu irakische Methoden.

»Ich bin ganz regulär hier in der Stadt unter der neuen Adresse angemeldet«, erklärte ich der Beamtin. »Warum haben Sie nicht im Einwohnermeldeamt nachgefragt?«

Darauf konnte sie mir auch keine Antwort geben. Es dauerte mehrere Wochen, alle erforderlichen Ein- und Ausreisepapiere bei den zuständigen Ministerien in Dänemark und Deutschland zu besorgen, damit ich pflichtbewusst meine Zeugenaussage vor dem dänischen Gericht machen konnte.

Meine Freundin fuhr mich hin. Vor dem Gerichtssaal erwartete mich ein Mann wie ein Baum. »Are you Ahmed Sherwan? I am here to secure that you leave the country again.«

Und tatsächlich setzte er sich während meiner Aussage vor den Saal und eskortierte unser Auto, bis wir die Grenze passiert hatten.

Wie gerne hätte ich ihm ins Gesicht geschrien: »Do you really think I want to stay in your fucking country?« Aber ich verkniff es mir. Er konnte ja nichts für seinen Job. Und vielleicht dachten Menschen in Dänemark wirklich, dass alle Leute auf der Welt unbedingt bei ihnen leben wollten. Dabei war ich in meiner Grenzstadt doch gerade so glücklich wie noch nie in meinem Leben. Ich war verliebt.

DER DAESH

Einer der Mitbewohner des Grafikers in Hamburg erzählt mir, dass er am nächsten Tag ins Krankenhaus müsse, um sich einer Rückenoperation zu unterziehen.

»Was ist passiert?«, frage ich ihn besorgt. Er fragt, ob ich die ganze Geschichte hören will. Ich bejahe und höre ihm zu.

»Ich bin in Palästina geboren und war erst drei Jahre alt, als meine Eltern sich trennten und mein Vater mich mit nach Marokko nahm. Ich bekam da nie offizielle Aufenthaltspapiere und konnte nicht zur Schule gehen. Ich habe stattdessen seit meiner Kindheit gearbeitet. Mit neunzehn Jahren habe ich Marokko verlassen und bin nach Libyen gegangen. Da habe ich wieder Arbeit gefunden, mich verliebt, geheiratet und eine Tochter bekommen. Aber als ich eines Tages nach Hause kam, war mein Zuhause vom Daesh zerstört worden. Ich fand den toten Körper meiner Frau und begrub sie zusammen mit weiteren Opfern aus der Nachbarschaft. Den Körper meiner einjährigen Tochter habe ich nicht gefunden.«

Mir fehlen die Worte.

»Ich habe stundenlang gesucht und bin zuletzt aus der Stadt rausgerannt und ziellos umhergeirrt, bis ich von Daesh-Truppen angehalten und aufgefordert wurde, mich dem Djihād anzuschließen. Ich antwortete: ›Welcher Djihād? Ich habe gerade meine Familie beerdigt!‹ Daraufhin nahmen sie mich mit und schlossen mich zusammen mit einigen anderen Männern in ein zerstörtes Gebäude ein. Wir waren die meiste Zeit gefesselt. Manchmal kamen einige der Daesh-Leute, schlugen und pissten auf uns.«

Plötzlich hält er inne und blickt zu Boden.

»Ich bin erst nach fast zwei Jahren in Gefangenschaft freigekommen«, sagt er dann. »Seitdem ist mein Rücken kaputt.«

Er lächelt mich an und ich sehe erst jetzt, dass ihm auch mehrere Zähne fehlen.

Er ist nun seit einem halben Jahr hier, lernt fleißig Deutsch und versucht, zumindest seinen körperlichen Schmerzen Linderung zu verschaffen.

»Und bist du schon als Flüchtling anerkannt?«

»Nein, ich hatte noch nie einen Pass. Aber ich gehe zum ersten Mal in meinem Leben zur Schule.«

DAS INTERVIEW

Drei Jahre nach meiner Ankunft und meinem Antrag auf Asyl bekam ich die Einladung zum Interview. Zum ersten Mal wollte jemand ganz offiziell wissen, warum ich nach Deutschland geflüchtet war. Meine Eltern schickten mir meinen Ausweis aus dem Irak und meine Freundin begleitete mich zum Termin. Glücklicherweise, denn ich war so nervös, dass ich alleine kaum den Weg gefunden hätte.

Wir waren mehr als eine Stunde vor der Zeit vor Ort. Ich wurde zunächst erkennungsdienstlich behandelt: Fotos, Fingerabdrücke, irakischen Ausweis abgeben. Danach setzten wir uns in den Warteraum.

Neben uns hatten sich einige Kinder zum Spiel zusammengefunden. Kinder aus dem Iran, Irak, Syrien und Afghanistan spielten neben uns. Sie sprachen so gut Deutsch, dass ich nur vor Neid erblassen konnte. Ein Mädchen übernahm die Spielführung. »Komm, wir spielen Sport!« Die anderen Kinder mussten sich aufreihen und sie erteilte in pädagogischem Ton Anweisungen: Hampelmann, Kniebeugen, Liegestütze. Danach wurden verschiedene Spiele gespielt, die ich alle nicht kannte. Zuletzt sangen die Kinder zusammen deutsche Kinderlieder.

»Krass, die Kinder sprechen akzentfreies Deutsch«, sagte meine Freundin. »Und ihre Eltern müssen erst heute zum Interview. Was ist, wenn sie abgewiesen werden?«

»Die sind bestimmt auch schon drei Jahre hier«, sagte ich. »Für eine Fünfjährige ist das mehr als das halbe Leben.«

Endlich wurde ich aufgerufen. Die Interviewerin war eine freundliche junge Frau, der Übersetzer ein etwas älterer Mann.

»Kann ich nicht auf Deutsch sprechen?«, fragte ich.

»Nein, wir sind dazu verpflichtet, Sie in Ihrer Muttersprache zu befragen«, hielt die Interviewerin fest und fing an. Ich erzählte und hörte dabei zu, wie der Übersetzer meine Geschichte in ein Deutsch verwandelte, das mir völlig fremd war.

»Das heißt ›Gefängnis‹, nicht ›Knast‹«, korrigierte ich ihn schroff. Wen in aller Welt hatten sie hier zum Übersetzen angeheuert? Ich erzählte von meinen Eltern, von der Polizeiwache und vom Gefängnis.

»Da wurde ich im Gemeinschaftsraum von den anderen Gefangenen verprügelt«, sagte der Übersetzer.

»Nein, nein, nein! Das war der Aufenthaltsraum der Wärter. Und die Wärter haben mich verprügelt«, brüllte ich. Wir sprangen beide auf und schrien uns an.

»Ich mache diesen Job seit vielen Jahren!«, brüllte der Übersetzer. »Ich habe noch nie einen Fehler gemacht.«

»Du hast totalen Unfug übersetzt«, brüllte ich zurück. Meine Freundin guckte hilflos. Die Interviewerin schritt beherzt ein und sprach in dem gleichen Ton zu uns wie das Mädchen im Warteraum. »Nun setzen wir uns alle mal wieder hin.«

Wir saßen, und ich erklärte dem Übersetzer noch mal die Situation. »Ach so, das tut mir leid. Ich habe das falsch verstanden«, entschuldigte er sich und übersetzte den Rest ganz einwandfrei.

Die Interviewerin schien einigermaßen beeindruckt über meine Geschichte und über die Mappe mit Zeitungsartikeln und die Videoaufzeichnungen, die ich vorlegen konnte. Sogar eine Kopie des Entschuldigungsschreibens der Gefängnisleitung für die Schule hatte ich dabei.

Zum Abschied verabschiedeten der Dolmetscher und ich uns mit einer Umarmung und Entschuldigung. Wir fuhren nach Hause, und einige Zeit später wurde ich als Flüchtling anerkannt.

DIE ANERKENNUNG

»Möchten Sie eine Bonuskarte?«, fragt der Verkäufer in der Bäckerei und lächelt mich herzlich an.

Eben bin ich noch trübsinnig durch die Stadt geschlurft. Dabei habe ich gerade meinen neuen blauen Ausweis abgeholt und bin jetzt ganz offiziell als Flüchtling anerkannt. Darauf habe ich über drei Jahre gewartet. Viele meiner Freundinnen und Freunde können von diesem Glück nur träumen. Trotzdem fühle ich mich wertlos.

Mein Pass ist wertvoll, auch ohne mich. Aber ohne Pass bin ich nichts. Der Grenzbeamte wird nicht mich anlächeln, sondern meinen Pass.

»Sie kommen ja fast jeden Tag, und mit dieser Karte bekommen Sie jeden zehnten Kaffee kostenlos«, erklärt der Verkäufer. Ich bin sprachlos und gerührt. »Geht es Ihnen gut?«, fragt er.

»Ja, sehr gut!«, ich unterdrücke die Tränen und lächle zurück. »Ich nehme die Karte sehr gerne. Vielen Dank für diese Anerkennung, es bedeutet mir sehr viel!«

Ich nehme meinen Kaffee und gehe raus. Der Verkäufer bleibt leicht verwirrt zurück.

DIE PERSPEKTIVE

Ich hatte endlich eine Bleibeperspektive, aber die Zukunftsperspektive ließ auf sich warten.

Ich ging zur Schule und hoffte auf einen Mittleren Schulabschluss. Ich fand viele Themen spannend und beteiligte mich aktiv. Ich machte einen Kurzfilm über Menschenrechte in Irakisch-Kurdistan und ein Schulpraktikum bei der lokalen Tageszeitung *Flensborg Avis*, ich interviewte einen Freund. Mein Anleiter half mir mit dem Aufbau und der Rechtschreibung und ich konnte stolz meinen allerersten eigenen Artikel präsentieren. Ich fing an von einer Zukunft als Journalist zu träumen.

Leider hielt der Traum nicht lange an. Denn es nützte nichts, dass ich mich fürs Erzählen begeistern konnte, wenn ich mich so wenig auf das Schreibenlernen konzentrieren konnte, dass es nicht mal für die Prüfungen reichte. Ich hatte keine Ausdauer und konnte an den entscheidenden Stellen nie fokussieren. Also kämpfte ich mich mal wieder mehr schlecht als recht durch die Schule.

Mein Djinn wehrte sich gegen alle Medikamente, die meine Psychiaterin an mir ausprobierte. Ich las mir den Beipackzettel nie durch, bekam aber trotzdem jedes Mal alle Nebenwirkungen, die überhaupt möglich waren. Also schwankte ich zwischen Phasen mit Herzrasen, Schlafstörungen, Aggressivität, Appetitlosigkeit, Harndrang oder Erektionsstörungen und Zeiten ohne Medikamente, in denen mein Djinn mich munter ablenkte.

Meine geduldigen Lehrkräfte waren zuletzt heilfroh, dass sie mich ersatzweise mit einem Ersten Allgemeinen Schulabschluss entlassen konnten. Danach wechselten sich Arbeitslosigkeit und sinnlose Jobmaßnahmen ab. Ich litt unter der Situation und schämte mich gleichzeitig für mein Versagen und für meine Wehleidigkeit.

Wenn ich zu traurig wurde, packte ich meine Sachen, drängte meine Freundin zum Aufbruch oder organisierte mir alleine eine günstige Gelegenheit, um mich als Tourist zu erleben.

DIE FRAGE

»Wer hätte gedacht, dass wir uns ausgerechnet in Italien wiedersehen?« Auf einer meiner Reisen treffe ich mich mit einem alten Schulfreund aus Kurdistan, der über das Dublin-Verfahren mit seiner Familie von Deutschland nach Italien abgeschoben worden ist.

Wir können uns nur wenige Stunden treffen, denn er muss zwei Mal am Tag zu den Mahlzeiten erscheinen. Wenn er unabgemeldet fernbleibt, wird ihm das Essen gestrichen. Und da die Familie im Monat nur wenig Bargeld bekommt, sind die kostenlosen Mahlzeiten überlebensnotwendig. Sie leben zu sechst in einem kleinen Raum. Dabei können sie froh sein, dass sie überhaupt ein Dach über dem Kopf haben. Bozen ist eine der Städte in Italien, in denen die meisten Geflüchteten leben, viele von ihnen sind obdachlos.

Meine Freundin hat derweil im Park einen jungen Somalier kennengelernt. Er hat drei Jahre in München gelebt, seinen Hauptschulabschluss gemacht und spricht fließend Deutsch. Aber als er volljährig geworden ist, sind seine Aufenthaltspapiere nicht verlängert worden. Er möchte gerne in Südtirol bleiben, weil er hofft, dass ihm seine Deutschkenntnisse hier helfen, einen Ausbildungsplatz zu finden. Eine Unterkunft hat er nicht, die Ausländerbehörde hat ihm gesagt, dass es in Bozen zweihundert obdachlose Geflüchtete gibt. Er lebt auf der Straße. Ein Koffer ist ihm nachts schon geklaut worden. Er sitzt daher im Park und klammert sich an seinen letzten Koffer.

Wir schütteln die traurige Stimmung ab, während wir durch die Stadt spazieren und uns dann in ein italienisches Restaurant setzen. Rechts neben uns sitzt ein älteres Ehepaar aus Neuseeland und plaudert mit uns los. Sie reisen schon seit über einem Monat durch die Welt. Sie fragen uns, woher wir kommen. Meine Freundin sagt wie immer, dass sie Dänin aus Deutschland ist. Ich sage einfach nur, dass ich aus Deutschland komme. Das nehmen sie so hin.

Auf dem Rückweg von Italien nach Österreich nutze ich bei einer Grenzkontrolle im Bus zum ersten Mal meinen neuen blauen Reiseausweis und kann problemlos weiterreisen. Ein junger Mann aus Afrika vor mir hat keine Reisepapiere und deshalb weniger Glück. Er weint, als die Polizei ihn aus dem Bus holt.

»Ich habe kürzlich eine Dokumentation über junge obdachlose Geflüchtete gesehen, die sich in den Straßen Athens prostituieren«, fällt mir ein. »Sie haben vor ihrer Flucht alle mit ihrer Familie in einer Wohnung gelebt und eine Schul- oder Berufsausbildung gemacht. Wer kommt denn darauf, dass sie das freiwillig gegen so ein Leben eingetauscht haben?«

»Das können wohl nur Menschen denken, die selber noch nie in solcher Not gewesen sind«, sagt meine Freundin.

Nach unserer Ankunft in den Bergen Österreichs landen wir in einem irischen Pub, der von einem Schotten geführt wird. An unserem Nebentisch sitzt eine Gruppe junger Saisonhilfskräfte aus Deutschland. Sie machen sich einen Spaß daraus, meinen Namen zu erraten, und liegen beim ersten Versuch richtig.

»Ja, stimmt, Ahmed, so steht es in meinem Pass.« Alle lachen, ich finde es nur bedingt lustig.

»Und wo kommst du her?« Ich nenne wie immer meinen Wohnort und natürlich kommt darauf die obligatorische Zusatzfrage: »Aber wo kommst du wirklich her?«

Was machen eigentlich die Flüchtlingsgesichter, die in Europa geboren sind, in solchen Situationen? Ich seufze und erkläre ihnen, woher ich geflüchtet bin.

Sabine, Felix, Stefan und Sven aus Baden, Bayern, Hessen und Thüringen geben sich damit zufrieden und stellen einstimmig fest, dass ich am besten Hochdeutsch spreche.

DIE ASYMMETRIE

In meinen schlechten Phasen stritten meine Freundin und ich viel. Sie stand mitten im Leben, hatte eine großartige Familie, war beruflich erfolgreich, politisch und kulturell engagiert. Sie versuchte, mich nicht zu bevormunden oder zu belehren. Ich nahm von ihr kein Geld an und wir wohnten nicht zusammen. Wir bemühten uns um gegenseitige Unabhängigkeit und Augenhöhe. Und trotzdem war unsere Beziehung hoffnungslos asymmetrisch. Manchmal verunsicherten uns die Blicke der anderen, viel öfter machten wir einander unsicher. Dann knallte es und wir sahen uns wochenlang nicht.

Ich driftete wieder ab. Nahm mehr Drogen, als mir guttat, und ließ mich auf Geschäfte ein, für die ich mich nachher schämte.

Irgendwann rauften wir uns wieder zusammen. »Liebst du mich wirklich? Oder bist du nur mit mir zusammen, weil ich dir nützlich bin?«, fragte meine Freundin mich einmal.

»Wann habe ich jemals etwas gemacht, was mir keinen Spaß macht?«, entgegnete ich. »Ich finde dich kompliziert. Aber ich liebe dich. Und ich vermisse dich, sobald du weg bist.«

»Vielleicht brauchst du mich nur, damit du nicht abstürzt.«

»Ich fürchte, ich werde auch mit dir immer wieder abstürzen.«

»Ich weiß.«

DIE KULTURTASCHE

Wir stehen in einem syrischen Laden in Kopenhagen. Ich frage den Verkäufer auf Arabisch, ob die Samosas vegan sind. Der Verkäufer bejaht und fragt mich nach meinem Herkunftsland.

»Aus Kurdistan im Nordirak«, sage ich.

»Dein Arabisch klingt aber syrisch«, antwortet er.

Meine Freundin versteht einige Brocken der arabischen Unterhaltung und wirft auf Dänisch ein: »Das liegt daran, dass er sein Arabisch in Deutschland gelernt hat.«

»Warum in Deutschland? Du bist Dänin, oder?«, fragt der Verkäufer sie, ebenfalls auf Dänisch.

»Ja, schon, aber wir leben nahe der Grenze. Ich gehöre der dänischen Minderheit an«, antwortet sie.

Er lacht und entgegnet auf Deutsch: »Ach so, alles klar!«

Wir nehmen die Samosas, gehen weiter und setzen uns in einen Park. Rechts neben uns sitzen Leute, die sich auf Englisch und Schwedisch unterhalten. Links von uns sitzen drei Frauen mit Hidjāb in stylishen Klamotten und unterhalten sich auf Dänisch.

»Selbst die Hidjābi-Mädchen sehen hier dänisch aus«, stelle ich fest.

»Du siehst aber auch ziemlich deutsch aus mit deiner grauen Kapuzenjacke und dem Moin-T-Shirt.«

»Fühlst du dich eigentlich eher dänisch oder deutsch?«, frage ich.

»Ich bin sowohl Dänin als auch Deutsche«, antwortet sie. »Ich sehe das mathematisch. Ich befinde mich in der Schnittmenge zwischen beiden Kulturen und bin ein vollgültiges

Mitglied beider Gruppen. Wie steht es mit dir? Fühlst du dich eher kurdisch oder deutsch?«

»Weder noch. Solche Kategorien irritieren mich. Erinnerst du dich daran, als wir damals ›Lichter für Syrien‹ angezündet haben? Da waren keine Geflüchteten aus Afghanistan dabei. Und als wir kurz danach gegen Abschiebungen nach Afghanistan demonstriert haben, sind keine Leute aus Syrien gekommen. Bei den Solidaritätsdemos für Rojava kommen fast nur Kurden, bei den Protesten für die Gefangenen im Iran nur Perser. Das nervt mich gewaltig. Nur manchmal ist das Nationaldenken für mich auch ganz nützlich. Wenn mich arabische Muslime beschimpfen, solidarisieren sich muslimische Kurden mit mir, weil ihre Nationalität ihnen wichtiger ist als die Religion.«

Wir stehen auf und gehen in Richtung Hostel. Ich will nicht, dass meine Freundin unsere Reisen bezahlt, daher nehmen wir Reisewege und kommen in Unterkünften unter, die ich mir leisten kann. Meine Freundin leidet regelmäßig darunter. Sie hat vorher lieber in Hotels gewohnt.

»Achim, kannst du mir die Kulturtasche rausreichen«, bittet sie. Ich hocke auf dem Bett neben ihrem Koffer.

»Was ist denn eine Kulturtasche? Trägst du deine dänische und deutsche Kultur mit dir rum?«

Sie lacht und erklärt mir, was sie meint.

»Das hier?«, frage ich und fische eine kleine schwarze Tasche aus ihrem Koffer. Sie lacht immer noch, während sie in Richtung Bad verschwindet.

DIE SACHBEARBEITERIN

Meine Sachbearbeiterin im Jobcenter hatte mich anfangs noch sehr wohlwollend empfangen. Ich sprach gut Deutsch und wirkte wunderbar angepasst. Doch allmählich fiel ihr auf, dass ich vielleicht zu gut in ihre Klientel integriert war.

Sie sah mich genauso verzweifelt an wie so viele Menschen vor ihr.

»Freuen Sie sich, auch Sie werden mich und meinen Djinn irgendwann loswerden«, dachte ich. »Ich muss ewig so weiterleben. So sehr ich mich anstrenge, es bleibt nichts hängen, was mich nicht interessiert. Und so sehr ich will, ich kann mich nicht in Strukturen reinfinden, die mir nicht gefallen. Das habe ich mir nicht so ausgesucht. Ich gehe auch nicht zum Spaß in ärztliche Behandlung. Und meine Ticks und die anderen motorischen Störungen habe ich mir auch nicht aus Langeweile zugelegt. Ich wünsche Ihnen sehr, dass Sie niemals psychische Einschränkungen erleben oder eine traumatische Erfahrung machen, die Ihnen Ihre Lebensträume verwehrt.«

Aber ich sagte es nicht. Sie würde mir eh nicht glauben. Vermutlich hörte sie jeden Tag alle möglichen Erklärungen. Ich passte nicht in ihr System, da war es völlig egal warum.

Ich hatte einen Schulplatz in einer Berufsschule bekommen, war aber schon nach einem halben Jahr wieder rausgeflogen und bei ihr gelandet. Als ich mein Zeugnis vorlegen musste, kommentierte sie nicht, dass bei Religion »gut« und in den anderen Fächern »nicht beurteilbar« stand. Sie hatte dafür nicht mal ein müdes Lächeln übrig. Meine Freundin hatte darüber sehr gelacht.

»Ich erwarte Ihre Kooperation«, meine Sachbearbeiterin sah mich streng an. »Kann ich mich darauf verlassen?«

»Inschallah, so Gott will«, antwortete ich. »Inschallah!«

DIE HANDSCHELLEN

»Das Ende war eine Katastrophe. Sie haben mir damit die ganze Serie ruiniert.« Meine Freundin und der Trainer unterhalten sich über ihre Lieblingsserie.

»Ja, das ist wirklich so, als würde man einen goldenen Turm bauen und eine Spitze aus Wellblech draufsetzen.«

»Qawi, stark! Ich will euch ja ungern mit dem wirklichen Leben stören, aber wie war denn das Festival?«, frage ich den Trainer. Freunde haben ihn zu einem großen Musikevent mitgenommen.

»Unglaublich schrecklich, nass und kalt«, antwortet er. »Zelte, so weit das Auge reicht, und dreckige Toiletten. Ich verstehe nicht, warum Leute dafür in Europa Geld ausgeben, ein Wochenende wie in einem Flüchtlingslager im Mittleren Osten zu verbringen.«

»Habt ihr eigentlich diese Zeitungsüberschrift gesehen: ›Bahnhof: Zwei Marokkaner und ein Algerier am Zug ohne gültige Reisepapiere erwischt‹«, ich zeige den beiden die Überschrift auf meinem Mobiltelefon. »Das ist in einer Grenzstadt ja wohl keine Meldung wert. Das klingt so, als hätten sie etwas verbrochen und nicht einfach das Pech, aus Ländern zu kommen, wo man fast keine Chance auf legalen Aufenthalt in Europa hat.«

»Da gäbe es deutlich sensationellere Überschriften«, sagt meine Freundin. »Wie wäre es mit ›Disco: Zwei Marokkaner und ein Algerier ohne Grund an der Tür abgewiesen‹?«

»Oder ›Hochschule: Zwei Marokkaner und ein Algerier schließen Studium mit Bestnoten ab‹«, schlägt der Trainer vor. »Vielleicht auch ›Pflegedienst: zwei Marokkaner und ein Algerier kümmern sich liebevoll‹.«

»Wie wäre es mit ›Müllabfuhr: Zwei Marokkaner und ein Algerier halten die Stadt sauber‹. Aber ich bin letztens auch an der Grenze festgenommen worden«, sage ich.

»Warum das denn, Bro? Du hast doch jetzt Reisepapiere?«

»Ich war ohne meinen Ausweis unterwegs, ich hatte nur meinen Aufenthaltstitel dabei. Ich bin da am Wasser über die Grenze spaziert und von dänischen Polizisten erwischt worden.«

»Aber dein Einreiseverbot ist doch jetzt abgelaufen, oder?«

»Ja, es ging nur darum, dass ich nicht die richtigen Papiere dabeihatte. Sie haben mir Handschellen angelegt und mich auf Deutsch angebrüllt: ›Jetzt bist du verhaftet. Du wirst nun abgeschoben.‹ Und als sie mich zur deutschen Polizei brachten und ich ihnen meinen Aufenthaltstitel zeigte, verdrehten sie die Augen wegen ihrer dänischen Kollegen.«

»Warum latschst du auch ohne Ausweis über die Grenze? Das ist doch nicht nötig!« Meine Freundin dreht sich zum Trainer. »Wie erträgst du ihn eigentlich?«

DER ARTIKEL

So sehr mich mein Djinn bei Dingen hemmte, die ich machen musste, so sehr beflügelte er mich, wenn ich Spaß an einer Sache hatte.

Als in meiner Stadt ein Magazin erscheinen sollte, in dem Menschen mit Fluchterfahrung zu Wort kommen würden, war ich begeistert. Das war genau der Rahmen, nach dem ich gesucht hatte. Hier konnte ich mich mit den Themen beschäftigen, die mir wichtig waren, meinen Traum vom Journalismus weiter verfolgen und meinen alten Vorbildern nacheifern. Ich hatte so viel erlebt und so viel zu erzählen.

Ich wurde Teil der Redaktion und fand die Gruppe großartig. Es waren Menschen aus vielen verschiedenen Ländern beteiligt, Menschen mit journalistischer Arbeitserfahrung und Amateure und noch dazu ganz unterschiedliche Altersgruppen. Das würde interessant werden.

Doch schon die Namensfindung gestaltete sich schwierig. Viele wünschten sich eine orientalische Begrüßungsfloskel, ich wollte lieber einen Namen mit Lokalkolorit. Ich hatte mir schon lange abgewöhnt, Menschen mit Salām zu begrüßen, ich sagte viel lieber Moin. Schließlich war uns die neue Stadt gemeinsam und nicht unsere Herkunft.

Das Argument überzeugte die anderen, und wir besprachen den Inhalt der ersten Ausgabe des Magazins *Moin Flensburg*. Ich wollte in der ersten Ausgabe über meinen Fluchtgrund erzählen und dann für weitere Ausgaben andere zu ihren Gründen interviewen. Dagegen hatte niemand was. Also machte ich mich ans Werk. Mit Hilfe meiner Freundin brachte ich meine Geschichte zum ersten Mal in Schriftform und erwartete aufgeregt die erste Ausgabe des Blattes.

Und tatsächlich war die Resonanz sehr positiv. Die Lokalpresse lobte das Magazin und hob in der Rezension ausgerechnet meinen Artikel hervor. »Amed hat mit 15 Jahren festgestellt, dass er nicht an Gott glaubt. ›Atheismus als Fluchtgrund‹ ist die Überschrift des Artikels des jungen Kurden aus dem Nordirak, der für seine Erkenntnis in seinem Land im Gefängnis gefoltert wurde und schätzt, dass hierzulande ›Glaube eine Privatsache‹ ist.«

Ich war stolz wie noch nie.

DER AKTIVIST

»Ich wusste nicht, dass du Arabisch sprichst, daher habe ich dich erst jetzt kontaktiert«, erklärt der Aktivist im Videochat. Wir sind schon seit Monaten auf Facebook befreundet. Ich bewundere seinen scharfsinnigen Videoblog, er hat meine Beiträge offensichtlich auch gesehen.

Er wohnt seit anderthalb Jahren in Deutschland. In der ersten Unterkunft ist er wegen seines Atheismus so massiven Angriffen ausgesetzt gewesen, dass er verlegt worden ist. Nun fühlt er sich im Alltag relativ sicher, doch seine Gesamtsituation ist bedrohlich.

Er hat als Student in Mauretanien ein säkulares Netzwerk aufgebaut und über Videoblogs einen hohen Bekanntheitsgrad erreicht. Als sein Familienclan versucht hat, ihn deswegen zu töten, ist ihm nur die Flucht geblieben.

»Aber hier glaubt mir keiner. Niemand kennt die Situation in Mauretanien. Mein Asylantrag ist abgelehnt worden, obwohl es für mich Selbstmord wäre, wieder zurückzukehren.« Er ist verzweifelt.

Während er nun versucht, Rechtsmittel gegen die Ablehnung einzulegen, spitzt sich die Situation für ihn immer weiter zu. In einem seiner letzten Beiträge hat er anlässlich eines großen Zugunglücks in Kairo gefragt, wie es sein kann, dass ein Gott seinen Gläubigen so viel Leid zufügt. Diese Aussage hat dazu geführt, dass Menschen in seinem Herkunftsland nun öffentlich seinen Tod fordern.

»Mein Fall war Thema bei einem Freitagsgebet, danach haben Menschen sich vor der Moschee versammelt und gegen mich demonstriert.« Er zeigt mir Fotos von wütenden Menschen, die Schilder mit seinem Namen hochhalten.

»Sogar im Parlament haben sie meinen Namen genannt«, er schickt mir eine Videoaufzeichnung, wo ein mauretanischer Politiker seine Aktivitäten als verfassungsfeindlich und gefährlich darstellt.

»Also, deutlichere Beweise für eine Verfolgung kann ich mir kaum vorstellen«, antworte ich. Er nickt und rückt sich die Brille zurecht. Er ist fast zehn Jahre älter als ich, formuliert gewählt und durchdacht, sieht aber ganz jung aus.

Ich schaue mir seine Seiten an. Die Kommentare unter seinen Beiträgen sind voller Hass. Fast hätte ich ihn gefragt, warum er sich dieser Gefahr aussetzt, ausgerechnet in dieser finsteren Zeit. Dabei weiß ich genau, warum er das tut. Denn wenn nicht jetzt, wann dann? Und wenn nicht wir, wer sonst?

DIE IRONIE

Die Ironie des Schicksals wollte, dass ich mit meinem Artikel über Meinungsfreiheit die Grenzen eben dieser erlebte.

»Du bestärkst nur die gängigen Vorurteile gegenüber dem Islam«, warfen mir konservative Muslime in der Redaktion vor, sie befanden meine Schilderungen als islamfeindlich.

Da hatten sie den Artikel offensichtlich gar nicht wirklich gelesen. Ich hatte darin meine Freude darüber unterstrichen, mit muslimischen, jüdischen, christlichen und atheistischen Menschen befreundet zu sein. Ich empfand meinen Artikel als positiv und versöhnlich und wollte die Kritik nicht auf mir sitzen lassen.

In einer Begegnungsstätte kam es zwischen einem muslimischen Zeitungskollegen und mir zu einem heftigen Streit. Mein Kollege bezichtigte mich der Gotteslästerung und war so aufgebracht, dass er mich schubste und mir mit dem Tod drohte. Ich geriet in Panik, suchte jedoch vergeblich Hilfe bei den deutschen Helferinnen und Helfern, während die muslimischen Anwesenden sich mit dem Angreifer solidarisierten. Ich war zutiefst schockiert darüber, dass mir sowas mitten in Deutschland passieren konnte und wendete mich an die Polizei.

Doch obwohl die Aufzeichnung des Vorfalls einer Sicherheitskamera vor Ort meine Version des Ablaufs bestätigte, wurde mir nicht geholfen. Denn die Aufzeichnungen hatten keinen Ton und meine Versuche, das Gesagte über einen Lippenleser nachzuweisen, scheiterten. Und da die Aussagen der Anwesenden gegen mich sprachen, stellte die Staatsanwaltschaft die Ermittlungen ein.

Ich kämpfte verzweifelt dafür, Gehör zu finden und wäre daran fast zerbrochen. Ich verlor viele Freundschaften und selbst meine Freundin meinte, ich solle meine Meinung zum Thema Religion vielleicht doch besser für mich behalten.

Der Zeitungskollege verweigerte eine Klärung, und das Personal der Einrichtung war mit der Situation offensichtlich überfordert. Man sagte mir, ich solle nicht überreagieren. Die deutschen Beteiligten konnten die Konfliktlinie nicht nachvollziehen, wollten sich nicht einmischen und ließen mich allein. Im Ergebnis wurde ich nicht nur aus der Redaktion ausgeschlossen, sondern erhielt auch noch Hausverbot in der Begegnungsstätte, in der das Ganze stattgefunden hatte.

Ich fühlte mich ausgegrenzt und verraten. Und die Ohnmacht weckte Erinnerungen in mir. Nachts quälten mich Albträume, tagsüber weinte ich. Ich stritt wieder mit meinen Eltern, hatte auf der Straße Angst und landete mit einer akuten Panikattacke im Krankenhaus.

Zuletzt erkannte ich, dass es für mich nur einen Weg geben konnte. Der Weg, der mir bereits in Irakisch-Kurdistan geholfen hatte. Ich war nicht geflüchtet, um mir von einigen verbohrten Muslimen den Mund verbieten zu lassen. Ich machte meinen Fall öffentlich.

Auf Facebook hatte ich schon im Irak geschrieben und auch in meinen Anfangsjahren in Deutschland, erst auf Kurdisch und dann auf Englisch. Aber seit meinem Schulpraktikum wusste ich, wie meine Texte auch auf Deutsch funktionieren konnten. Statt meines Anleiters stand mir nun meine Freundin zur Seite. Ich verfasste Skizzen, sie übernahm den sprachlichen Feinschliff. Dass wir dabei oft unterschiedlicher Meinung waren, machte den Prozess nur interessanter und meine eigene Argumentation besser.

Die Resonanz war überwältigend. Mich erreichten Nachrichten von zahlreichen Menschen, die Ähnliches erlebt hatten. Und ich merkte, dass es um viel mehr ging als eine persönliche Erfahrung, nämlich um das Schicksal vieler Menschen.

DER FLÜCHTENDE

»Mit vierzehn Jahren wurde mir klar, dass Islam nicht die Religion des Friedens ist«, erzählt er mir. »Ich komme aus Kandahār. Mit zehn Jahren war ich mit Freunden draußen, und als ich nach Hause kam, fand ich meine Mutter, meinen Vater, meine Schwester tot auf. Sie sind von den Taliban ermordet worden, weil mein Vater ihnen kein Schutzgeld zahlen wollte. Weil die Taliban auch nach mir gesucht haben, musste ich Kandahār verlassen und bei meiner Tante außerhalb der Stadt leben. Aber es blieb gefährlich. Deshalb habe ich mich vier Jahre später dazu entschieden, nach Dänemark zu flüchten, wo mein Bruder seit langem lebt. Meine Flucht über Pakistan, Iran, Türkei, Griechenland, Mazedonien, Serbien und Deutschland hat zehn Monate gedauert. Und nun bin ich wieder einen kleinen Teil des Weges zurück geflüchtet.«

Er kommt aus Afghanistan und hat zwei Jahre in Dänemark gelebt, bevor sein Asylantrag abgewiesen wurde und er nach Deutschland geflüchtet ist. Er spricht sehr gutes Dänisch und ist in der Grenzregion geblieben, weil er hofft, seine Sprachkenntnisse nutzen zu können. Aber in wenigen Tagen muss er über die zentrale Verteilung nach Ostdeutschland.

Im Flüchtlingsheim in Dänemark hat er sich unwohl gefühlt. Die anderen Afghanen haben ihm immer erzählt, er solle Ramadan halten und beten. Danach ist er zu seinem Bruder gezogen.

»Aber mein Bruder hat sich in Dänemark verändert. Er ist sehr religiös geworden und hat mich auch ständig ermahnt, dass ich beten muss. Und hier in Deutschland ist es wieder so. Ich habe mich vorsichtig rangetastet und einem Afghanen in der Erstaufnahme gesagt, dass ich jemanden kenne, der nicht an Gott glaubt und den Islam kritisiert. Er hat mir geantwortet, dass er an meiner Stelle ihn töten würde.«

Seitdem verschweigt er, dass er Ex-Muslim ist. Er hat auch Angst davor, dass sein Bruder davon erfahren könnte. »Er würde den Kontakt zu mir abbrechen, wenn er wüsste, dass ich Atheist bin.«

»Und wie machst du es im Asylinterview?«, frage ich ihn.

»Ich kann nur hoffen, dass ich einen Dolmetscher habe, der mich nirgends verpetzt.«

DIE ISLAMKRITIKERIN

Meine Abkehr vom Islam hatte mich nicht nur zum Ex-Muslim, sondern auch zum Anti-Muslim gemacht. Ich hatte das Denken in Gut und Böse nicht abgelegt, sondern das Ganze einfach umgedreht. So wie ich früher Kuffār verachtet hatte, hasste ich jetzt Gläubige. Und genau so, wie der Koran für mich einst das Gute war, war er danach der Inbegriff des Bösen.

Nach der Auseinandersetzung über meinen Artikel hatte dieses Denkmuster mich wieder im Griff. Ich fühlte mich bedroht und hatte Angst vor Islamisierung. Alle, die mir in meinem Kampf gegen den Islam nicht bedingungslos zur Seite standen, waren in meinen Augen naive Gutmenschen, die die Gefahr nicht sehen konnten. Ich stritt mit meinem deutschen Freundeskreis, der mir vorwarf, ich würde damit nur Hass schüren.

»Wer schürt denn hier bitte Hass?«, ereiferte ich mich. Ich wollte mir auch von ihnen nicht untersagen lassen, die Sachen so darzustellen, wie ich sie nun mal erlebt hatte. Mich hatten weder Gefängnis, Folter, Ächtung, Flucht noch Morddrohungen davon abgehalten, meine Meinung öffentlich zu sagen. Ich würde mir den Mund nie wieder verbieten lassen. Ich wurde immer wütender und war deshalb begeistert, als ich endlich auf Menschen traf, die meine Angst vor dem Islam teilten.

Meine Beiträge wurden nämlich nicht nur von Murtadds, von Abtrünnigen, positiv kommentiert. Ich bekam ebenso große Unterstützung aus anderen islamkritischen Kreisen. Aus Onlinekontakten entstanden Begegnungen im wirklichen Leben. Endlich fanden meine Erfahrungen und Bedenken Gehör. Ich war wie im Rausch, ließ mich mitreißen und freute mich über jeden Zuspruch. Ich hielt kleine Vorträge über meinen Fluchtgrund und wurde sogar als Redner eingeladen. Ich sprach anfangs nur über meine negativen Erfahrungen als Ex-Muslim und wurde bejubelt.

Ich beschäftigte mich immer intensiver mit dem Thema, schrieb Beiträge und diskutierte mit unterschiedlichsten Leuten. Ich hatte mich noch nie so geschätzt und ernst genommen gefühlt. Als ich die Möglichkeit bekam, als Blogger für die *Jungle World* zu schreiben und Videoblogs für das *FICKO-Magazin* zu machen, fing ich ganz selbstverständlich an, auch andere Themen aufzugreifen und meine Erfahrungen als Ex-Muslim mit denen als ganz normales Flüchtlingsgesicht zu vergleichen. Ich berichtete über Alltagsrassismus, erzählte die Fluchtgeschichten meiner Freunde und kritisierte die europäische Flüchtlingspolitik.

Doch auf meiner Facebookseite kriegten meine Beiträge gegen Rassismus viel weniger Likes als die gegen Islamismus. Und bei jeder Form von Deutschlandkritik erntete ich Wut. »Wieso maßt sich ein Einwanderer, dem hier anscheinend geholfen wurde, so etwas an?«

Follower, die meine leidvollen Erfahrungen immer empathisch kommentiert hatten, bezeichneten Flüchtende als »Dreckspack«. Muslimische Männer wurden als »Messerstecher, Grabscher und Vergewaltiger« abgestempelt.

Ich war selbst geflüchtet, ich war als Muslim aufgewachsen. Natürlich war ich als Flüchtlingsgesicht bei sowas immer mitgemeint. Die Kommentare der Muslimhasser unterschieden sich kaum von denen der Islamisten. Es war kein Stück besser, den Spieß einfach umzudrehen.

Das schlichte Weltbild einiger meiner Sympathisantinnen und Sympathisanten irritierte mich. Viele Musliminnen und Muslime, die ich kannte, waren in Strukturen aufgewachsen, wo sie keinen Zugang zu freien Informationen hatten. Sie hatten keine Vergleichsmöglichkeit und wussten es nicht besser. Doch Menschen, die in Freiheit aufgewachsen waren, sollten die Komplexität sehen können.

Es hatte mir eine persönliche Befriedigung gegeben, meinem Islamfrust freien Lauf zu lassen. Aber ich hatte mich verirrt. Damit würde die Welt nicht friedlicher, sondern nur noch hasserfüllter.

Ich hatte mich doch nicht nur vom Islam abgekehrt, weil ich nicht mehr an Gott glaubte. Ich hatte den Islam dafür kritisiert, Vielfalt und Freiheit zu unterdrücken und Hass zu schüren. Ich hatte mich von den starren Moralvorstellungen, dem Sexismus und der Heteronormativität abgewendet. War es besser, Menschen verrecken zu lassen oder ihnen kein Anrecht auf faire Asylverfahren zuzugestehen, nur weil mir ihr Glaube nicht passte? Mit welchem Recht könnte ich islamistische Propaganda kritisieren, wenn ich genauso dachte?

Für mich hatte der Islam immer noch ein besonders gefährliches und unsympathisches Potenzial, wie alle Religionen vielleicht, aber beim Islam aus verschiedenen Gründen gerade ganz akut. Aber das begründete für mich nicht, Geflüchtete nicht als Individuen zu betrachten. Erstens waren nicht alle Geflüchteten Muslime, zweitens nicht alle Muslime strenggläubig und drittens nicht alle Strenggläubigen islamistisch. Wenn man aus Angst vor dem Islamismus den Fehler machte, alle Menschen aus muslimischen Ländern über einen Kamm zu scheren, würde genau das verloren gehen, weshalb ich nach Europa geflüchtet war: Gerechtigkeit und Freiheit.

Ich hatte genug vom Wir und Die. Denn mir wurde deutlich, dass ich mich nie eindeutig zu dem Wir oder dem Die würde zuordnen können. Ich fing an, die Art und Weise meiner eigenen Islamkritik zu hinterfragen. Und ich fragte mich immer mehr, welche Rolle ich in der Islamkritik anderer spielte.

Eine Islamkritikerin sagte mir die Antwort: »Ich finde dich scheiße, aber deine Story ist geil!«

DER QUOTENKANAKE

»Und, bist du jetzt in die AfD eingetreten?«, meine Freundin nimmt mich mit finsterem Blick an ihrer Haustür in Empfang.

Ich komme von einer Diskussionsveranstaltung der AfD mit einem prominenten libanesischen Islamkritiker. Die Überschrift *Deutschland – Heimat meiner Werte. Gehört der Islam wirklich zu Deutschland?* hat mich angesprochen.

»Wie war der Vortrag?«

»Ich konnte der Islamkritik des Referenten an vielen Punkten zustimmen. Aber sein Gerede über deutsche Werte und das ›Deutschland‹ in jedem zweiten Satz waren irgendwie schwer zu ertragen«, sage ich. »Und dann hat er ständig betont, dass er als Student nach Deutschland gekommen und nicht geflüchtet ist, so als ob sich jemand aussucht, im Laster oder Gummiboot zu flüchten. Ich wäre auch lieber zum Studieren hierher geflogen, statt vor Gefängnis und Folter zu flüchten.«

»Und wie war die Stimmung sonst?«

»Die haben mich erst sehr skeptisch angeguckt, als ich in den Saal gekommen bin. Aber als ich das Wort ergriffen und von meinem Fluchtgrund erzählt habe, waren alle total interessiert und freundlich. Sie wollten gerne in Kontakt bleiben und haben mir sogar einen Praktikumsplatz angeboten.«

»Klar, mit deinen negativen Erfahrungen mit dem Islam könntest du ihnen bestimmt nützlich sein.«

»Die waren wirklich sehr nett zu mir. Vor zwei Jahren hätten sie mich damit noch als Quotenkanake werben können. Aber nun habe ich ihnen gesagt, dass ich ihre Islamkritik nicht ernst nehmen kann. Es geht ihnen doch gar nicht um Lösungen der Probleme, sie nutzen die Islamkritik nur zur Tarnung ihres Fremdenhasses. Außerdem habe ich sie auf ihre Homofeindlichkeit angesprochen.«

»Wie haben sie darauf reagiert?«

»Sie wollten mir weismachen, dass die AfD das differenziert sehe und die Lügenpresse sie nur so negativ darstelle. Ich habe ihnen dann gesagt, dass ihre Politik genau den Rassismus schürt, der mir den Alltag schwer macht und einige meiner Freunde das Leben kosten kann. Und dann bin ich gegangen.«

Meine Freundin hat einen Tee gemacht, wir setzen uns damit auf ihren Balkon. Ich erzähle weiter.

»Ich finde wirklich nicht, dass alle Geflüchteten eine Bereicherung sind. Arschlöcher gibt es einfach überall. Und der Islam hat ein gefährliches Potenzial. Trotzdem verstehe ich wirklich nicht, wie ein Mensch mit Migrationshintergrund sich in der AfD engagieren kann.«

»Aber es ist ja auch eine Art Rassismus zu glauben, alle Menschen mit Migrationshintergrund sollten sich automatisch für die Rechte aller Menschen mit Migrationshintergrund einsetzen«, sagt meine Freundin. »Vielleicht ist dem libanesischen Vortragenden da der große Zusammenhang egal und er denkt erst mal nur an sich. In seiner Position werden Verschärfungen des Einwanderungsgesetzes ihn ja nicht persönlich treffen.«

»AfDler sind für mich wie Hassprediger. Auch wenn sie selber keine Gewalt anwenden, tragen sie eine Verantwortung, wenn irgendein Idiot ihre Worte in die Tat umsetzt«, sage ich. »Und deshalb macht die Tatsache, dass AfDler den Islam kritisch sehen, sie noch lange nicht zu meinen Freunden.«

DER BALANCEAKT

Ich hatte das Gefühl, dass alle um mich herum verrückt geworden waren. Ein Teil meines Freundeskreises hetzte gegen Musliminnen und Muslime, der andere wurde immer religiöser.

»Warum trägst du plötzlich ein Kopftuch?«, fragte ich eine Bekannte, die bisher immer mit offenen Haaren rumgelaufen war.

»Weil alle gegen Muslime hetzen«, erklärte sie. »In diesen Zeiten müssen wir zusammenhalten.«

Es war wie ein Teufelskreis: Hass schürte Diskriminierung entfachte Wut beförderte Radikalisierung begründete Hass.

Ich hatte noch immer Angst. Aber nicht nur vor dem Islam, sondern vor Menschenverachtung jeder Art. Denn mir war es egal, ob mich jemand verfolgte, weil ich ein Kāfir oder weil ich ein Flüchtlingsgesicht war.

Ich wollte das Feld nicht den reaktionären Kräften überlassen und übte mich nun in dem Balanceakt, die notwendige Kritik zu äußern, ohne Angst und Vorurteile zu fördern. Und damit befand ich mich plötzlich in einem Mehrfrontenkrieg. Mein neuer islamkritischer Bekanntenkreis beschuldigte mich des Islam-Appeasements, meinen alten, flüchtlingssolidarischen Freundinnen und Freunden war meine Islamkritik zu provokativ, und in der muslimischen Community war ich weiterhin als Verräter geächtet.

Bei einer Gedenkveranstaltung für Opfer islamistischer Gewalt auf dem Breitscheidplatz in Berlin sprach ich mich gegen die Teilnahme verfassungsfeindlicher Islamverbände aus. Ich bezeichnete es als Hohn gegenüber den Opfern des

Anschlags und einen Schlag ins Gesicht für alle Menschen, die so wie ich vor dem Islam geflüchtet seien. Man solle nicht naiv sein, der traditionelle Islam sei nicht tolerant und es gebe auch in Deutschland radikale Gläubige. Ich hielt dabei aber fest, dass es richtig und wichtig sei, für ein friedliches Miteinander zu werben. Die Mehrheit der Menschen jeden Glaubens würde sich Frieden und Sicherheit wünschen. Ich unterstrich dabei, dass islamistische Propaganda genauso wenig zu Toleranz und Respekt beizutragen habe wie antimuslimische Politik, und sagte: »Bei einer Gedenkveranstaltung für Opfer islamistischer Gewalt kann man keine Islamisten einladen. Das ist genau so, als würde man zu einer Gedenkveranstaltung für Opfer rechter Gewalt die AfD einladen.«

Für diese Haltung erntete ich sehr viel Beifall, aber auch massive Kritik für meine Beurteilung der AfD. In der Folgezeit verlor ich Kontakt zu einigen der Menschen, die meine Islamkritik und meine Bedrohungssituation ernstgenommen und mir damit in einer für mich sehr schweren Zeit geholfen hatten. Ich war ihnen dafür dankbar, dass sie mir damals als Einzige zugehört hatten, musste aber erkennen, dass einige meiner neuen Kontakte einen ganz anderen Zugang zum Thema und völlig andere Ziele hatten als ich.

Ich wollte meine gläubigen Freundinnen und Freunde weder bekehren noch abschieben, sondern aufklären. Ich wollte keinen Krieg gegen Gläubige führen und konnte den Islam auch nicht mit der akademischen Distanz eines Religionswissenschaftlers betrachten. Der Islam war ein Teil von mir und meinem Umfeld und keine abstrakte, fremde Bedrohung, vor der man sich abschotten konnte.

DER DOLMETSCHER

»Ich habe nichts gegen Atheismus«, sagt mein Tischnachbar zu mir. »Aber Menschen, die das Christentum verlassen, laufen doch auch nicht gleich mit gotteslästerlichen Sprüchen auf der Kleidung rum. Warum nennst du dich überhaupt Ex-Muslim, hör doch einfach auf zu beten und behalte es für dich!«

Wir sind bei einer Fachtagung zu religiös begründetem Extremismus und haben gerade einen spannenden Vortrag eines Aussteigers aus der salafistischen Szene gehört. Mein Tischnachbar ist Dolmetscher. Er ist ein toleranter und weltoffener Muslim und spricht sehr freundlich zu mir. Aber mein selbstgemachtes T-Shirt mit dem Spruch *Atheism – a non-prophet organization* regt ihn auf.

»Naja«, antworte ich ebenfalls freundlich. »Für die meisten Menschen hier in Norddeutschland ist es kein Problem, sich vom christlichen Glauben abzuwenden. Sie müssen dafür in der Regel nicht mit Anfeindungen leben, und sie werden deswegen eher selten von ihren Eltern verstoßen oder von Freunden bedroht.«

»Wenn du es für dich behältst, wirst du auch als Ex-Muslim keine Probleme haben.«

»Wenn ich es für mich hätte behalten können, hätte ich nicht flüchten müssen! Hier in Deutschland habe ich meistens dazu geschwiegen. Bis ich gemerkt habe, wie viel Hass mir entgegenschlägt, wenn ich mich öffne. Das hat mir gezeigt, wie wichtig es ist, öffentlich dazu zu stehen. Denn sonst ändert sich nie etwas.«

»Aber was willst du denn erreichen?«, fragt der Dolmetscher. »Willst du den Islam abschaffen?«

»Nein, gar nicht. Ich habe mit säkularen Muslimen gar kein Problem. Mir ist auch egal, ob sie ihren Glauben eher locker leben oder streng religiöse Regeln befolgen. Sie sollen damit nur nicht andere Leute belästigen.«

»Aber belästigst du nicht gerade Leute damit, wenn du ständig überall zeigst, dass du nicht glaubst?«

»Quatsch! Ein atheistisches T-Shirt belästigt doch niemanden. Ich fühle mich doch auch nicht davon belästigt, wenn jemand Kopftuch, Kreuz oder Kippa trägt. Und meinetwegen dürfen sich Gläubige auch gerne Witze über Atheismus erlauben. Ich respektiere jeden Menschen, aber ich muss nicht jede seiner Positionen achten.«

Der Dolmetscher ist noch nicht überzeugt.

»Ungläubigkeit ist in muslimischen Communitys überall auf der Welt noch immer etwas, das man verstecken muss, wenn man keinen Ärger haben will«, fahre ich in meinem Vortrag fort. »Es gibt so viele Menschen aus muslimischen Familien, die weder gläubig sind noch die starren Moralvorstellungen teilen. Aber sie schweigen und tragen das System einfach mit.«

»Aber ist das System denn wirklich so schlimm?«

»Ja! An vielen Orten gilt für Apostasie vom Islam immer noch die Todesstrafe«, sage ich. »Ich werde weiter über das Thema sprechen, bis es genauso normal ist, den Islam zu verlassen, wie in Norddeutschland das Christentum. Ich hoffe, dass das Wort Ex-Muslim irgendwann überflüssig wird. Verstehst du, wie ich das meine? Es ist überhaupt nicht mein Ziel, dich dazu zu bewegen, deine Religion zu verlassen, solange du weißt, dass du nur glaubst und nicht glaubst, alles zu wissen. Ich möchte Gläubige nur dazu bewegen, toleranter zu werden.«

»Aber denkst du ernsthaft, dass du das mit deinen provokanten Aktionen erreichen kannst?«

»Wenn einige Homosexuelle sich nicht irgendwann öffentlich geküsst hätten und lautstark in die Öffentlichkeit gegangen wären, wäre Homosexualität bestimmt auch hier immer noch strafbar und Ehe für alle komplett undenkbar. Ich mache das hier nicht nur für mich, sondern für die vielen, die Angst davor haben sich zu outen. Ich will damit auch der Welt zeigen, dass nicht alle Menschen aus dem muslimischen Kulturkreis verbohrte Spinner sind.«

»Du machst es also auch für mich?«, grinst er.

»Genau«, sage ich.

DIE ÜBERRASCHUNG

»Ein Freund von mir kommt in zwei Wochen nach München«, erzählte mein Vater im Videochat. »Könntest du ihn am Flughafen abholen?«

»Hast du eine Ahnung, wie weit München entfernt ist?« Ich erklärte ihm, dass meine Ferien in einer Woche vorbei seien und ich weder schulfrei noch Geld für so eine Aktion habe. Er antwortete, dass er mir die Anreise zahlen könne und dass es so wichtig sei, dass ich mir dafür unbedingt frei nehmen solle.

»Aber warum?« Ich war verwirrt.

»Weil du ihn sehr gut kennst«, lächelte mein Vater verschmitzt. Ich kapierte nichts, bis er mir feierlich eröffnete, dass er ein Besuchsvisum bekommen hatte und mich besuchen würde. Er hatte die Überraschung schon lange geplant. Die Tickets waren bereits gekauft.

Ich starrte ihn fassungslos an. Es war sehr lange her, dass wir uns gesehen hatten, und dafür gab es gute Gründe. Ich musste das erst mal verdauen. Ich vermisste ihn. Aber meinte er es wirklich gut mit mir? Sollte ich mich freuen oder mich aufhängen?

DAS T-SHIRT

»Ich weiß, dass der Islam nicht die einzige Religion ist, in der es für Andersdenkende und Anderslebende schwer ist«, sage ich genervt. Meine Freundin zeigt mir Berichte von Angriffen gegen Homosexuelle und Demonstrationen gegen Schwangerschaftsabbrüche in den USA, um mir zu zeigen, wie krass Christinnen und Christen drauf sein können.

»Es kommt nicht darauf an, wie der Glaube heißt, sondern wie er gelebt wird«, belehrt sie mich.

»Ja, ja, ich kenne ja auch viele Musliminnen und Muslime, die einen lockeren Umgang mit ihrer Religion pflegen. Es gibt hier sogar strenggläubige Musliminnen, deren Lifestyle für meine Familie im Irak völlig harām wäre. Ich weiß, dass auch der Koran interpretierbar ist und der Islam sehr unterschiedlich gelebt wird. Der Unterschied zum Christentum besteht aber auch nicht so sehr darin, wie die einzelnen Menschen denken, sondern darin, welche Macht die Religion an sich hat.«

»Wie meinst du das?«

»Also, wegen mir dürften religiöse Fanatikerinnen und Fanatiker in Irakisch-Kurdistan herzlich gerne mit Schildern gegen Homosexualität oder Unglaube in den Straßen Hewlêrs demonstrieren. Aber das müssen die da gar nicht, weil ihre Religionsauffassung ohnehin offizieller Konsens ist und keinen Widerspruch duldet. Der Islam hat da die Macht.«

»Die hat das Christentum auch in einigen Teilen der Welt.«

»Ja, aber an vielen Orten eben nicht mehr«, antworte ich. »In einem Souvenirladen in Barcelona hing ein T-Shirt mit einer Jesus-Karikatur. In Spanien sind viele Menschen streng katholisch, aber trotzdem ist das kein Problem. Stell dir ein ähnliches T-Shirt mal in einem muslimischen Land vor.«

»Es gibt auch für Christinnen und Christen Grenzen des guten Geschmacks«, sagt sie. »Als du in Österreich das Foto von dir mit dem Kruzifix und dem Wortwitz *Jesus ist für mich gestorben* gepostet hast, haben dich doch auch gleich mehrere Leute auf Facebook entfreundet.«

»Die Toleranz einer Gruppe lässt sich eben daran messen, wie sehr sie über sich selber lachen kann«, sage ich und zeige dabei auf mein T-Shirt: *Thank Allah, I'm an Atheist.*

»Für das T-Shirt hast du aber auch schon recht viel Stress bekommen.«

»Aber nicht von Atheistinnen oder Atheisten, nur von Musliminnen und von deutschen Freundinnen, die meinten, ich solle nicht ›Allah‹ sondern ›Gott‹ schreiben, um nicht unnötig zu provozieren. Dabei mache ich mich damit ja nun in erster Linie über mich selbst lustig, wenn ich mich bei Gott dafür bedanke, dass ich ungläubig bin.«

»Ja«, sagt sie. »Einige Menschen können sich nur schwer vorstellen, dass man seine eigene Weltanschauung nicht so ernst nimmt.«

»Oder sie kapieren den Witz einfach nicht.«

DER VATER

Ich nahm einen Bus nach München, verabredete mich dort mit Onlinebekanntschaften und bat sie, mich zum Flughafen zu begleiten. Ich hatte Angst, meinem Vater allein gegenüberzutreten.

Und dann kam mein Vater mir tatsächlich entgegen. Mit seinem breiten Lachen und den strahlenden Augen. Ich vergaß meine Angst, lief auf ihn zu und hatte kurz das Gefühl, er könnte mich in den Arm nehmen und rumwirbeln, wie damals, als ich noch sein Lieblingskind und alles gut gewesen war. Ich hatte ihn so vermisst. Er war freundlich, ging mit uns in ein Café und trank entspannt seinen Tee, während meine Freunde und ich uns ein Bier bestellten. Ich war überrascht und erleichtert über seine Lockerheit. Ich bedankte mich bei den Freunden für ihre Begleitung und ließ mich auf meinen Vater ein.

Wir fuhren wie geplant einen Tag nach Paris. Mein Vater war nicht wohlhabend, er hatte sein ganzes Erspartes in diesen Besuch investiert. Ich war ihm wichtig. Er wollte etwas wiedergutmachen an seinem verlorenen Sohn. Wir machten fröhliche Fotos vor dem Eiffelturm, die er stolz an die Familie schickte, während ich gestresst nach Essensmöglichkeiten suchte. Denn mein Vater wollte unbedingt halāl, aber nicht vegetarisch essen.

Auf dem Weg zurück nach Deutschland besuchten wir einen alten Freund von ihm, der Kurdistan schon vor vielen Jahren verlassen hatte, sich aber in seiner Exil-Community verkroch. Ich verkrampfte mich, während mein Vater sich sichtlich in der ihm vertrauten traditionellen Umgebung entspannte.

Danach nahm ich ihn mit in meine Stadt und ging mit ihm durch meine Welt. »Unglaublich, du kennst dich in dieser Stadt wirklich so gut aus wie in Hewlêr!«, sagte er anerkennend. Das amüsierte mich. »Baba, in Hewlêr würde ich mich verlaufen!«

Er erzählte mir von den wirtschaftlichen Herausforderungen in Kurdistan. Er würde sein Leben dort aber trotzdem nie gegen meins tauschen wollen. Zu fremd sei es ihm hier. Und ich sei ihm auch fremd. Ich schien ihm zwar keine Schande mehr zu sein, aber stolz auf mich war er ganz offensichtlich auch nicht. Ich hätte es zu nichts gebracht. Ich hätte nicht mal ein Auto, ja nicht mal einen Führerschein. Ein richtiger Mann brauchte in seinen Augen offensichtlich keine kritischen Gedanken, sondern ein Auto und Geld. Wie leid mein Vater mir tat, wie gefangen er war in seiner kleinen, engen Welt. Wäre ich damals nicht vom Glauben abgefallen, wäre ich auch so geworden. Ich war dankbar, dass mir dieses Schicksal erspart geblieben war.

»Baba, wir haben uns so lange nicht gesehen und du redest von Autos«, sagte ich. Autofahren war für meinen Vater die einzig akzeptable Art der Fortbewegung und die langen Fußwege strengten ihn an. Er war überrascht, erwachsene Menschen auf Fahrrädern zu sehen. Und das war nicht das Einzige, über das er sich wunderte und aufregte: Männer in kurzen Hosen, Küsse in der Öffentlichkeit, Alkohol, er fand es furchtbar. »Kúřim, so schön wie in Kurdistan ist es nirgends sonst auf diesem Planeten!«, hielt er fest.

Mein Vater ließ sich von mir Zeitungsüberschriften übersetzen und war entsetzt darüber, wie viel Gewalt auf den Straßen Deutschlands passierte.

»Wer sich in Kurdistan benimmt, dem passiert nichts«, fand er. »Hewlêr ist die sicherste Stadt der Welt!«

»Ja, auf der Straße ist es für die meisten sicher, Baba«, sagte ich. »Aber wie sicher ist es in den Häusern? Und wie sicher ist es für die, die anders sind?«

Immerhin war mein Vater beeindruckt darüber, wie viele Menschen ich in meiner Stadt kannte. Wenn wir durch die Straßen gingen, grüßte ich nicht nur den Gemüsehändler bei mir um die Ecke. Ich grüßte auch die Leute an den Wahlkampfständen der verschiedenen Parteien in der Fußgängerzone, Bedienungen in den Cafés, an denen wir vorbeikamen, das nette obdachlose Pärchen, das immer neben einem Kiosk beim Busbahnhof schlief, und die Oberbürgermeisterin, die uns auf dem Wochenmarkt über den Weg lief.

Ich lud den Computerfachmann und seine Kinder zu uns zum Essen ein. Mein Vater fand die Kinder aufgeweckt und niedlich und freute sich, dass ich einen so freundlichen und normalen Freundeskreis hatte. Nur als mein Vater mich fragte, warum die Frau des Computerfachmanns nicht dabei sei und ich ihm erzählte, dass der Mann des Computerfachmanns leider verhindert gewesen sei, guckte er mich kurz fassungslos an, ließ sich aber glücklicherweise sonst nichts anmerken und diskutierte es auch im Anschluss nicht mit mir.

Und nach zwei Wochen hatte er sich so sehr entspannt, dass sogar seine vielen negativen Kommentare nachließen.

»Kúřim, mach was du willst, reise rum, geh mit Freunden aus und hab Spaß. Hab Sex, rauch eine Zigarette, trink auch ruhig mal ein Bier. Aber nimm keinen harten Alkohol und sprich nicht über den Islam«, sagte er und machte sich ernsthafte Sorgen um meine Sicherheit. Das rührte mich.

Er nahm mich vor meiner Mutter in Schutz, wenn sie im Videochat etwas an mir kritisierte, und fand sogar lobende Worte für einige Sachen in Deutschland. Er erzählte meiner Mutter, wie aktiv und fit viele ältere Leute hier aussahen. Und wenn wir einkaufen gingen, war er stolz, seine ersten deutschen Wörter »Danke« und »Tschüs« zum Besten zu geben.

Im Bus zurück nach München saßen wir neben einem Pärchen, das die ganze Nacht wild aneinander rummachte. Der Typ war ein aufgepumpter Macker, sie eine aufgebrezelte Prinzessin. Sie stöhnte viel und bewunderte ihn, während er selbstverliebt vor sich hinredete. Sie waren sehr laut und wir machten auf der langen Nachtfahrt kein Auge zu. Aber nach den vierzehn Stunden hatte der deutsche Wortschatz meines Vaters sich um »Digga«, »Wallah« und »Schatzi« erweitert. Wir mussten darüber beide lachen und waren uns sehr nahe, bevor wir uns mit Tränen in den Augen am Flughafen zum Abschied in den Armen lagen.

»Dein Vater ist sehr stolz darauf, wie gut du dich in Deutschland eingelebt hast«, sagte meine Mutter mir, als ich einige Zeit später mit ihr chattete. »Er übt Englisch und fährt jeden Tag mit dem Fahrrad zum Bäcker.«

DIE HEIMAT

»Kurden sind die trotteligsten Demonstranten, die ich kenne«, sage ich zur Studentin, die neben mir auf meinem Balkon sitzt, während wir auf unsere Mobiltelefone starren.

»Ich habe gerade eine Aufzeichnung einer Demo in Berlin gesehen mit lauter kurdischen Parolen. Wen wollen sie denn damit bitte erreichen? Kurden demonstrieren ständig überall auf der Welt auf Kurdisch. Vielleicht ist das der Grund, weshalb sie nie zu ihrem Recht kommen, es versteht sie einfach niemand.«

»Und weshalb haben sie demonstriert?«

»Wegen der beschissenen Volksabstimmung für die Unabhängigkeit Kurdistans«, sage ich wütend.

»Bist du gegen die Unabhängigkeit?«

»Nein, natürlich nicht, aber der Zeitpunkt dafür ist einfach noch nicht gekommen. Dafür müssen erst die richtigen Voraussetzungen geschaffen werden. Aber dem Präsidenten ist der Arsch wohl auf Grundeis gegangen. Er ist schon seit Jahren in seinem Amt gewesen, ohne die vorgeschriebenen Neuwahlen durchzuführen. Es gibt Korruptionsvorwürfe gegen ihn, Kritik an seinen engen Beziehungen zur Türkei und sogar Gerüchte, dass der Ölhandel mit dem Daesh über Mittelsmänner der kurdischen Regierung floriert. Und die jesidische Bevölkerung ist natürlich wütend darüber, dass die kurdische Autonomieregierung sie im Stich gelassen und dem Genozid durch den Daesh tatenlos zugesehen hat.«

»Heftig!«

»Ja, sehr, aber mit Nationalismus lässt sich gut von Problemen ablenken. Der Präsident hat sich für einen unabhängigen Staat eingesetzt und das Referendum vorangetrieben, um seine Macht zu festigen. Die Leute haben sich mitreißen lassen und mit großer Mehrheit für die Unabhängigkeit gestimmt. Die Stimmung ist so euphorisch gewesen, dass Eltern ihr neugeborenes Baby ›Referendum‹ genannt haben. Und nun ist genau das passiert, wovor die Kritikerinnen und Kritiker gewarnt haben. Die irakische Zentralregierung hat sich natürlich nicht darüber gefreut, dass Irakisch-Kurdistan die Unabhängigkeit erklärt und dabei sogar Ansprüche auf wichtige Ölfelder in der Nähe der Stadt Kerkûk erhoben hat. Sie hat kurzerhand ihre Armee in die Autonomieregion einmarschieren lassen. Und nun sterben und flüchten schon wieder Menschen, während der Präsident sich und seine Familie im Ausland in Sicherheit gebracht hat. Ich hoffe, dass die Situation sich schnell beruhigen wird, aber die Toten werden nicht wieder lebendig. Ich habe das Referendum schon vorher kritisiert und bin dafür sofort als Vaterlandsverräter beschimpft worden.«

»Von deinem kurdischen Freundeskreis?«

»Nicht nur, einige Deutsche haben mich dafür auch angemacht. Es gibt immer wieder welche, die mich über die Situation in meiner alten Heimat belehren wollen. Einige behaupten ernsthaft, dass da Demokratie und Meinungsfreiheit herrschen. Die sollten mal mit einem Schild *Der Präsident muss weg!* durch Hewlêr gehen. Wenn sie das überleben, rede ich gerne weiter mit ihnen über das Thema.«

Ich lache, aber die Studentin guckt mich ernst an.

»Stimmt, es ist überhaupt nicht lustig, aber manchmal nur noch mit Humor zu ertragen. Bei den Feierlichkeiten nach der Abstimmung ist übrigens ein Zwölfjähriger gestorben, weil er von einem Querschläger getroffen worden ist.«

»Wie ist das denn passiert?«

»In Kurdistan holt man bei Festen die Waffen aus dem Schrank und schießt damit wie verrückt in die Luft. Es gibt einfach überall Waffen. In Hewlêr hat letztens ein Typ jemanden erschossen, der sein Auto gerammt hat. Er hat einfach sein Gewehr gegriffen, ist aus dem Auto gesprungen und hat den anderen abgeknallt. Stell dir das mal vor.«

»Aber das ist doch eine Ausnahme.«

»Ja, klar, wenn das bei jedem Auffahrunfall passieren würde, wären da ja kaum noch Menschen in der Stadt. Aber ohne Waffen wäre in Kurdistan vieles besser.«

Die Studentin nickt. »Aber in Deutschland wären vielleicht ein paar Waffenhändler ärmer.«

DER HINTERN

Es schneite. Die Flocken wirbelten vor meinem Fenster. Ich erinnerte mich daran, dass wir in meiner Kindheit manchmal im Winter in die Berge von Şeqlawe gefahren waren, um im Schnee zu spielen. Selbst meine Eltern waren ganz albern gewesen, hatten sich mit Schneebällen beworfen und gelacht.

Ich sprang aus meinem Bett, guckte raus und entdeckte, dass mein Balkon völlig zugeschneit war. Das war meine Chance. Ich folgte seit langem auf Instagram einer Seite mit Bildern, wo unterschiedlichste Menschen nackt in der Natur posierten und wollte schon lange ein ähnliches Bild posten. Ich stellte einen Stuhl vor die Balkontür, aktivierte die Filmkamera meines Mobiltelefons und platzierte es mit Hilfe von Büchern so, dass ich mich auf dem Balkon selbst filmen konnte.

Dann rannte ich nackt in den Schnee und breitete die Arme aus, den Hintern direkt vor der Kamera. Ach, war das ein Spaß! Den hohen Ansprüchen der Instagramseite an Aussehen und Bildqualität würde das Bild kaum genügen, aber für einen lustigen Post auf meinem eigenen Instagram- und Facebookprofil würde es reichen.

In Kurdistan hätte mich das vermutlich das Leben gekostet. Damals wäre ich aber auch noch gar nicht auf die Idee gekommen, meine dunkle Haut und die vielen Haare der Welt zu zeigen. Ich hätte damals noch alles dafür gegeben, so auszusehen wie die blasshäutigen Menschen in meinen

Lieblingsfilmen. Aber inzwischen hatte ich mich mit meinem Aussehen angefreundet. Ich hatte einen Flüchtlingspo und würde immer einen behalten.

Ich zog mich wieder an, wählte ein gutes Standbild aus der Filmaufnahme und lud es hoch. Danach stapfte ich durch den Schnee in die Stadt. Die Autos waren eingeschneit, der Busverkehr war lahmgelegt, auf der Straße standen die Menschen und unterhielten sich lachend beim Schneeschippen. Die Stadt war wie verwandelt. Die frische Luft, das langsame Tempo, die fröhlichen Menschen. Es war fast so, als sei ich wieder in Şeqlawe.

Einige Stunden später kehrte ich gut gelaunt in meine Wohnung zurück, machte es mir mit einem heißen Tee und Blick auf den Schnee auf dem Sofa bequem und nahm mein Mobiltelefon raus. Ich hatte mal wieder kein Guthaben auf dem Telefon und unterwegs kein Netz gehabt. Ich war gespannt auf die Reaktionen auf mein Aktfoto. Doch das, was ich erblickte, hatte ich nicht erwartet. Ich hatte so viele Nachrichten und Kommentare, dass mir ganz schwindelig wurde.

Nicht nur meine Eltern, auch meine Geschwister und sogar mein großer Bruder, von dem ich seit Ewigkeiten keinen Ton gehört hatte, hatten mir erst wütende und zuletzt verzweifelte Nachrichten geschickt. Sie drehten vor Scham durch und forderten die sofortige Löschung. Aber auch meine muslimischen Freundinnen und Freunde hier in Deutschland beschimpften mich. Selbst eine sehr moderne deutsche Muslimin mit türkischen Wurzeln, die mich bisher immer unterstützt hatte, befand, ich habe damit die Grenze des guten Geschmacks überschritten. Sie schäme sich meinetwegen und ich sei wirklich selber schuld, wenn mich Extremisten dafür vergewaltigten.

Viel seltsamer war allerdings die Reaktion einiger deutscher Freundinnen und Freunde. Sie feierten meinen nackten Hintern als Zeichen gelungener Integration. Ich war verwirrt. Worin hatte ich mich damit denn genau integriert?

In die deutsche FKK-Kultur? Das Bild war natürlich ein Ausdruck meiner neuen Möglichkeiten, aber es hatte doch nichts mit Anpassung zu tun.

Auf jeden Fall hatte ich eine andere Baustelle. Mein Telefon stand die nächsten Tage nicht mehr still. Für meine Eltern war das Bild genauso schlimm wie die Tatsache, dass ich vom Glauben abgefallen war. Schlimmer noch. Fast so schlimm, als sei ich schwul.

»Es ist deine Schuld, wenn der Mann deiner Schwester sich eines Tages trennt und das Kind mitnimmt«, sagte mein Vater zu mir. Am nächsten Tag rief meine Mutter mich an. »Dein Vater schämt sich so sehr für das Bild, dass er krank geworden ist. Willst du, dass sein Herz versagt?«

Und dann eröffnete meine Mutter mir, dass meine Eltern ein Besuchsvisum beantragt hatten und mich im Sommer gemeinsam besuchen wollten. »Aber nun weiß ich nicht, ob ich dich noch sehen will.«

Sie weinte bitterlich und mein Vater meldete sich gar nicht mehr. Mein kleiner Bruder erzählte mir, dass es meinem Vater wirklich schlecht ginge. In meinem Inneren kämpfte meine Angst um meine Eltern mit meinem rebellischen Djinn. Doch ich würde mir meine Kämpfe aussuchen. Ein nackter Hintern sollte den Familienfrieden nicht gefährden. Ich löschte das Bild.

Meine Mutter freute sich so darüber, dass es mich rührte. Sie begann begeistert, Wiedersehenspläne zu schmieden. Ob wir uns nicht in der Türkei treffen könnten, falls es mit dem Besuchsvisum nicht klappen sollte. Die Türkei sei doch ein schöner Urlaubsort. Vielleicht wolle meine Freundin auch mitkommen. Solange wir als unverheiratetes Paar nicht einen Schlafraum teilen würden, sei es für sie völlig in Ordnung. Sie seien da wirklich sehr offen. Die Türkei sei ja sowieso ganz anders.

Ich gab zu bedenken, dass ich als kurdischer atheistischer Blogger vielleicht eher nicht das Risiko eines Türkeibesuchs eingehen sollte. Es wäre doch ärgerlich eine Flucht nach

Deutschland überlebt zu haben, um im Türkeiurlaub im Knast zu landen. Meine Mutter hatte dafür gar kein Verständnis. Und ich merkte, wie sehr ich schon in Deutschland angekommen war. Was mir riskant erschien, war für meine Eltern völlig normaler Alltag.

DIE ARCHAISIERUNG

»Wie wäre es, wenn ich meine Geschichte aus der Perspektive eines Mädchens erzähle?«, frage ich meine Freundin, als ich das Angebot bekomme, einen Beitrag für ein Buch zu schreiben.

»Warum denn?«

»Um es mal auf die Spitze zu treiben: Wenn ich als Mädchen festgestellt hätte, dass ich nicht an Gott glaube, hätte ich vermutlich nichts gesagt. Wenn doch, hätte mein Vater mich nicht bei der Polizei angezeigt, sondern schnell einen Mann für mich gefunden. Hätte ich trotzdem flüchten können, wäre ich als alleinreisendes Mädchen sehr wahrscheinlich auf der Flucht vergewaltigt und misshandelt worden. Hätte ich das überlebt, hätte ich mich in Deutschland vermutlich als Muslimin tarnen müssen. Für die muslimischen Männer wäre ich eine Hure, für die Deutschen ein mitleiderregendes Opfer meiner Kultur gewesen. Ich hätte ganz andere Sorgen und bestimmt keinen Spaß daran gehabt, ein Bild von meinem nackten Hintern zu posten. Aber hätte ich es trotzdem gemacht, hätte das kaum Scham bei anderen Flüchtlingsgesichtern ausgelöst, sondern Wut. Und bei der Warnung vor einer Vergewaltigung wäre es kaum geblieben.«

»Das wird ein sehr kurzer und deprimierender Beitrag«, stellt meine Freundin fest.

»Denkst du, dass Deutsche das Foto dann auch als Integrationsleistung gewertet hätten?«

»Nein, vermutlich nicht.«

»Es ist die Hölle, als Mädchen in einem muslimischen Land geboren zu werden«, sage ich. »Wenn du in Irakisch-Kurdistan vergewaltigt wirst, wirst du mit großer Wahrscheinlichkeit getötet oder gezwungen, den Vergewaltiger zu heiraten, um die Ehre deiner Familie zu retten. Ehrenmorde durch Väter und Brüder sind ein großes Problem. Übrigens nicht nur in muslimischen Familien, in der jesidischen Community ist es genauso verbreitet. Es hat also nichts mit der Religion zu tun, es scheint einfach eine Tradition im Nordirak zu sein. Vielleicht hat es eher was mit den archaischen Strukturen zu tun. Es geht um viel mehr als nur den Glauben. Die ganze Gesellschaftsordnung ist darauf aufgebaut, dass du als Mann ein richtiger Mann bist. Und dazu gehört, dass du deine Familie im Griff haben musst, völlig egal, woran du glaubst oder nicht. Das ist ganz schrecklich. Jedes Jahr bringen sich Hunderte kurdische Frauen selbst um, meistens um ihren Familien den Ehrenmord zu ersparen.«

»Ich dachte, Frauen haben in kurdischen Communitys eine andere Rolle«, sagt meine Freundin.

»Ich weiß nicht, wie es in den anderen Teilen Kurdistans aussieht. In Rojava ist es ganz sicher anders. Aber in Irakisch-Kurdistan ist es wirklich lebensgefährlich, eine Frau zu sein. Und wenn du als Mann von einem Mann vergewaltigt wirst, riskierst du auch den Tod durch die Hände deiner Familie. Hast du als Mann einen Mann gefickt, kannst du damit aber stolz angeben.«

»Toxische Männlichkeit eben«, sagt meine Freundin.

Ich gucke sie an. »Was bedeutet das?«

»Das bedeutet, dass bestimmte Aspekte davon, wie ein ›richtiger‹ Mann zu sein hat, toxisch, also giftig sind. Und zwar nicht nur für Frauen, auch für die Männer selbst.«

»Interessant«, sage ich. »Ehre ist voll toxisch! Gibt es auch toxische Weiblichkeit?«

»Ich denke schon. Geschlechterrollen haben vermutlich

immer toxische Aspekte und es gibt sie ja überall auf der Welt.«

»Du hast trotzdem Glück, in einem Land zu leben, in dem Gleichstellung, Vielfalt und sexuelle Selbstbestimmung so wichtig sind, dass ihr toxische Männlichkeit überhaupt diskutiert. Ich weiß sehr genau, wie es ist, in einem Land zu sein, wo es nicht so ist. Deswegen verstehe ich auch die Angst vor der Islamisierung«, sage ich.

»Aber meintest du nicht gerade, dass die Gewalt gegen Frauen nicht nur mit dem Islam zu tun hat, sondern vor allen Dingen etwas mit der Gesellschaftsstruktur?«, fragt sie spitzfindig.

»Dann habe ich eben Angst vor einer Archaisierung. Aber Glaube ist ein mächtiges Werkzeug zur Aufrechterhaltung oder Wiedereinführung archaischer Strukturen.«

»Mich wundert immer, dass ausgerechnet diejenigen, die am lautesten vor der Islamisierung warnen, selbst gegen Gleichstellung, Vielfalt und sexuelle Selbstbestimmung hetzen.«

»Vielleicht haben sie Angst, dass die Flüchtlingsgesichter ihnen nicht nur die Frauen, sondern auch noch die Frauenunterdrückung wegnehmen«, sage ich.

DIE VIELFALT

Ich hatte mir in Irakisch-Kurdistan nicht viele Gedanken über Homosexualität gemacht. Sie kam in meiner Welt nicht vor. Und in der Anfangszeit in Deutschland war sie für mich genauso ein Tabuthema wie vorher. Für die meisten Jugendlichen, die ich kennenlernte, war »schwul« ein Schimpfwort, egal wo sie herkamen, egal ob sie gläubig waren oder nicht.

Aber als ich in dem ersten Jahr in Deutschland in Ermangelung öffentlicher Toiletten gemeinsam mit einem muslimischen Freund an einen Baum pinkelte, starrte er währenddessen auf meinen Penis. Und als wir einige Tage später abends allein bei mir waren, fragte er mich, ob er mich küssen dürfe. Nach meinem enttäuschenden ersten Mal mit einem Mädchen konnte es eigentlich nur besser werden. Ich mochte ihn gerne und ließ zu, dass er mich küsste und am ganzen Körper anfasste. Er war sehr zärtlich und es war überhaupt nicht unangenehm, aber es erregte mich auch nicht wirklich. Daher brach ich es ab, versicherte meinem Freund aber, dass es für mich völlig in Ordnung sei, dass er Männer liebe.

Sein Doppelleben erinnerte mich an meine Zeit vor dem Coming-out als Ex-Muslim. Tagsüber sprach er genauso abfällig über Schwule wie alle um ihn herum, nachts versuchte er heimlich, seine Wünsche auszuleben. Und er war damit einer von vielen.

Eines Tages offenbarte ein anderer Freund mir, dass er geflüchtet war, weil er dafür verfolgt worden war, mit einem Mann zusammen gewesen zu sein, aber sich nicht mal bei dem Asylinterview getraut hatte, darüber zu sprechen.

Und auf einer meiner Reisen lernte ich eine junge Frau aus Indonesien kennen. Sie war glücklich, dass ihre Familie nach Europa ausgewandert war, redete mit mir über ihre Zukunftsträume und darüber, dass sie Frauen liebte. Ein Jahr später erzählte sie mir, dass sie inzwischen mit einem Mann verheiratet sei. Ihre Eltern hätten es so gewollt. Sie habe sich nicht getraut, sich ihnen zu widersetzen. Als ich sie fragte, ob sie glücklich sei, fing sie an zu weinen.

Ich regte mich immer mehr über Heteronormativität auf und wurde immer wütender darüber, wie die Jungs um mich herum ihre Männlichkeit zelebrierten. Wäre ich damals nicht vom Glauben abgefallen, wäre ich jetzt wahrscheinlich auch so wie sie oder hätte zumindest versucht, genauso zu wirken. Welch ein Glück, dass mir dieses Schicksal erspart worden war und ich durch meine Flucht nach Europa Menschen kennengelernt hatte, die ganz anders tickten.

Es inspirierte mich, mit Menschen zusammen zu sein, die dazu standen, wie sie waren, ohne Rücksicht darauf zu nehmen, was andere deswegen von ihnen dachten. Meine schwulen Freunde verstanden, was es hieß, verstoßen oder als »falsch« betrachtet zu werden, weil man einfach man selber war.

Ich fühlte eine ganz besondere Schicksalsverbundenheit und suchte aktiv Nähe zu Schwulen und Lesben, nahm begeistert an LGBTTIQ*-Partys statt, hatte Spaß an Dragshows und entdeckte die Vielfalt. Ich fuhr gemeinsam mit meiner Freundin zu Pride-Paraden und lachte darüber, dass meine Freundin begeistert unter einem Banner mit *Liebe, wen du willst* tanzte, sich aber zierte, wenn ich sie in der Öffentlichkeit küsste, weil ihr unser Altersabstand ständig peinlich war. Wir lebten und liebten selbst quer zu vielen Normvorgaben und ich fühlte mich auf der Pride genau richtig.

Für mich war die LGBTTIQ*-Szene das genaue Gegenteil von den Strukturen, vor denen ich geflüchtet war. Ich wollte kein richtiger Mann sein, sondern ein echter Mensch. Ich wollte nicht mit langweiligen Gleichgeschalteten zusammen sein, sondern die ganze menschliche Vielfalt erleben. Ich fing an, mir LGBTTIQ*-Filme anzugucken und stellte dabei erstaunt fest, wie jung die Freiheit der LGBTTIQ*-Szene war und wie hart erkämpft.

Sexuelle Vielfalt und Selbstbestimmung erschienen mir als die Schlüssel zu einem freundlichen und friedfertigen Miteinander und die echten Alternativen zu der archaischen Sexualmoral, als ein Gegengift zu den toxischen Geschlechterrollen in meinem Herkunftsland. Und dass ich diese Ansicht mit Islamistinnen und Islamisten teilte, wurde mir spätestens nach dem Attentat gegen eine schwule Bar in Orlando klar.

Viele Ex-Musliminnen und Ex-Muslime in meinem Freundeskreis hatten sich darauf versteift, dass der Islam nicht reformierbar und ein zu bekämpfendes Übel sei. Mir wurde aber immer deutlicher, dass man den Islam vermutlich genauso wenig abschaffen konnte wie das Christentum. Einige Menschen brauchten offensichtlich Rituale und die Vorstellung des Göttlichen. Und es war mir mittlerweile auch egal. Aber warum sollten Menschen aus dem muslimischen Kulturkreis weniger lernfähig sein als andere Menschen? Ich war ein lebender Beweis dafür, dass ein Umdenken möglich war.

Aber wenn in der muslimischen Community etwas passieren sollte, durften all die, denen die vielen Tabus und stereotypen Geschlechterrollen nicht passten, sich nicht mehr verstecken.

DIE GENERATIONEN

»Erinnerst du dich noch?«, fragt mich meine Mutter im Videochat. »Du warst von meinen Kindern immer das frommste und bist so gerne in die Moschee gegangen.«

»Genau deshalb hat mich der Islam auch so enttäuscht«, antworte ich und frage mich, ob ich die Islamkritik überhaupt gelesen hätte, wenn mein Interesse am Koran geringer gewesen wäre. Ob mir wohl klargeworden wäre, was für ein Quatsch drinsteht, wenn mein Arabisch schlechter gewesen wäre. Auf mich trifft genau das zu, was viele sagen: Man muss die heiligen Bücher nur lesen, um vom Glauben abzufallen.

Das sage ich meiner Mutter aber nicht, sondern lächle freundlich. »Gibt es was Neues aus der Familie?«

»Ja, deine Cousine ist nun verheiratet, und ihre beiden jüngeren Schwestern sind schon versprochen.«

»Meine Cousine? Wie alt ist sie denn jetzt und wie alt ist der Mann?«

»Sie ist vierzehn und der Mann ist zwanzig.«

»Findest du das gut? Das ist doch gar nicht erlaubt! Und die Zwillinge sind doch mindestens zwei Jahre jünger als sie.«

Meine Mutter schweigt. Das Heiratsmindestalter im Irak liegt offiziell bei achtzehn Jahren, mit Zustimmung der Eltern dürfen Kinder auch schon mit fünfzehn heiraten. Aber nicht mit vierzehn! Vor kurzem haben einige religiöse Parteien versucht, den Geistlichen das Bestimmungsrecht über Ehe, Scheidung und Erbschaft zu übertragen und damit Hochzeiten schon ab neun Jahren zu erlauben. Das hatte glücklicherweise keinen Erfolg, an der Realität für die Mädchen aus religiösen Familien ändert das aber offensichtlich nichts.

Meine Schwester hat für ihre Hochzeit nicht nur die Zustimmung unserer Eltern, sondern auch die unseres großen Bruders einholen müssen. Ihre Ehe ist arrangiert, sie hat ihren Mann ein paar Wochen vor der Hochzeit kennengelernt und erst nach der Ehe Zeit mit ihm alleine verbracht. Sie hat es selber so gewollt, denn sie hat große Angst gehabt, unverheiratet alt zu werden. Und mit dreiundzwanzig Jahren ist man heutzutage in Irakisch-Kurdistan fast schon aus dem heiratsfähigen Alter raus.

Seit ihrer Pubertät bedeckt sie in der Öffentlichkeit ihre Haare. Ich habe daher meinen eigenen Augen nicht getraut, als sie mir kürzlich ein aktuelles Foto von sich in einem Restaurant in Hewlêr geschickt hat, auf dem sie ihre langen schwarzen Haare offen trägt.

»Ich habe es meinem Mann versprochen, einmal ohne Kopftuch rauszugehen. Er findet es schön, aber ich mache das nie wieder, denn ich bin eine ehrbare Frau«, erklärt sie mir.

Ihrem Sohn hat sie passenderweise den häufigsten Vornamen der Welt gegeben: Mohammed. Es ist eine verdrehte Welt. Meine Eltern haben kurdische Vornamen und aus Liebe geheiratet. Uns haben sie aber muslimische Namen gegeben. Meine Schwester trägt Kopftuch, meine Oma nicht. Wie es meiner Oma wohl damit geht, wie sich ihre Welt verändert hat?

Ich kenne hier in Deutschland eine sehr moderne Muslimin mit offenem Haar, die darunter leidet, dass ihre Tochter traditionell leben will und sich verschleiert. »Was habe ich nur falsch gemacht?«, hat sie mich mal gefragt.

Ich kann es viel besser aushalten, wenn es umgekehrt ist, so wie bei einer strenggläubigen muslimischen Dolmetscherin, die ich in meiner Grenzstadt kennengelernt habe. Sie verschleiert sich und lässt kein Gebet ausfallen, ihren Kindern aber gibt sie alle Freiheiten. Sie ist stolz darauf, dass ihre Töchter selbstbewusst und selbstbestimmt leben. Und es ist ihr völlig egal, dass sie ihren Glauben nicht teilen.

DIE POLIZEI

Meine Freundin und ich wollten gemeinsam den Christopher Street Day in Berlin verbringen. Kurz vor Abfahrt fasste ich einen spontanen Entschluss.

Wer an Gott glaubte, müsste logischerweise akzeptieren, dass die menschliche Vielfalt Gottes Werk sei und Gott selbst daher genauso gut vielfältige Formen annehmen könne. Der muslimischen Community würden etwas mehr Selbstironie und Selbstkritik nicht schaden. Ich wusste, dass das in Zeiten mit so viel Hass schwer war, aber gerade jetzt war es wichtig, den Extremistinnen und Extremisten nicht das Feld zu überlassen.

Ich wollte nicht nur an den traditionellen religiösen Vorstellungen rütteln, sondern mit einem humoristischen Statement zeigen, dass auch Flüchtlingsgesichter weltoffen sein konnten. Warum sollte es nicht möglich sein, gleichzeitig gegen Sexismus, Heteronormativität und Muslimfeindlichkeit zu sein? Ich druckte mir ein T-Shirt mit einer Regenbogenflagge und dem Aufdruck *Allah is Gay,* bastelte mir Demoschilder für *Oriental Diversity,* machte davon ein Foto und postete es mit einer Ankündigung auf Facebook:

»So, ich bin bereit für die Pride CSD18 Berlin. Ich kenne

Ex-Muslime, die sich über schwule Muslime und lesbische Musliminnen lustig machen. Sie lesen den Koran offensichtlich wie Fundamentalisten und nehmen ihn genauso ernst. Ich wünsche mir, dass Leute so leben können, wie sie glücklich sind. Und wenn einer Männer liebt und auch Allah – warum nicht? Wenn ich Frauen lieben darf und das Spaghettimonster! Ich kenne mehrere schwule Muslime und viele Ex-Muslime. Leider stehen sie nicht öffentlich dazu und sind auch in Europa noch sehr unsichtbar. Ich gehe auf den CSD für orientalische Diversity.«

Es war wie ein Griff in ein Wespennest. Innerhalb weniger Minuten trudelten die ersten Morddrohungen bei mir ein. Die Absender hatten sich nicht die Mühe gemacht, die Idee hinter der Aktion zu verstehen, sondern sich einfach von Schlüsselwörtern reizen lassen. Einige Drohungen waren angsteinflößend.

Eigentlich hätte ich es wissen müssen, denn es war mir ja klar, dass den meisten Gläubigen in Sachen Religion der Humor fehlte. Es erschütterte mich aber trotzdem, dass es auch in Europa nicht möglich war, den Islam genauso zu behandeln wie jede andere Religion, ohne sofort Morddrohungen am Hals zu haben.

Und nachdem mein Foto offensichtlich in einschlägigen Netzwerken geteilt worden war, wurde ich so massiv mit Hass- und Drohnachrichten überhäuft, dass ich es wirklich mit der Angst bekam. Meine Freundin war panisch und bat mich, das Bild einfach wieder zu löschen. Doch ich erinnerte sie an ein Zitat von Charb, dem Chefredakteur von *Charlie Hebdo*: »Lieber stehend sterben als auf Knien leben.«

Mir hatte bei Angst bisher nur eine Methode genützt: Die Flucht nach vorn. Ich lebte in einem Land der Vielfalt und Religionsfreiheit und dazu gehörte für mich auch, dass man sich über die Engstirnigkeit im Islam lustig machen durfte, ohne bedroht zu werden.

Ich machte die Drohnachrichten auf meinem Profil öffentlich, einige meiner Freundinnen und Freunde teilten sie und ein Mitglied des Abgeordnetenhauses von Berlin alarmierte die Polizei. Kurz danach tauchte ein Kriminalbeamter bei mir auf und befragte mich zu der geplanten Aktion. Und als meine Freundin mich unwillig nach Berlin begleitete, wurden wir am Bahnhof von uniformierten Beamten abgeholt und an die Berliner Kriminalpolizei übergeben, die mit uns die Sicherheitsmaßnahmen besprach. Die Drohungen seien so zahlreich und konkret und die Lage so ernst, dass sie die Aktion unter Personenschutz stellen würden.

Und so wurde ich bei der Demo nicht nur von einer Berliner Initiative für Vielfalt und Toleranz und einigen anderen Ex-Musliminnen und Ex-Muslimen begleitet, sondern auch von einigen durchtrainierten Männern, deren Anblick so manche Teilnehmer erfreute.

Unsere Aktion wurde mit Sympathiebekundungen überhäuft, aber erntete auch einige sehr böse Blicke vom Publikum an den Straßenrändern. Und am Morgen nach der Demo wurde ich aus einem Auto heraus angepöbelt. Doch Dank des professionellen Schutzes verliefen nicht nur die Demo, sondern auch der Rest des Wochenendes zwar unter massiver Anspannung, aber ohne akute Gefahrensituationen.

Vor, während und nach der Demo gab ich zahlreiche Interviews und fühlte mich fast so wie damals in Irakisch-Kurdistan. Nur war ich diesmal voll des Lobes für die Polizei. Hätte ich im Irak ein Schild mit *Allah is Gay* hochgehalten, hätte die Polizei mich dafür verprügelt und ins Gefängnis gesteckt, wenn ich nicht schon lange vor ihrem Eintreffen auf offener Straße ermordet worden wäre. Hier wurde mein Recht auf freie Meinungsäußerung von der Staatsmacht geschützt.

DIE GOTTESKRIEGER

»Du wirst morgen sterben, du Hurensohn!«, lese ich meiner Freundin vor. Wir haben beschlossen, zusammen ein Buch über meine Erlebnisse zu schreiben. Meine Freundin sitzt neben mir und tippt, während ich durch meine alten Nachrichten scrolle. »Warum erfüllen die Leute eigentlich jedes Klischee! Wenn wir so etwas in das Buch schreiben, denken alle doch, dass wir uns das ausgedacht haben.«

Die Drohungen, die ich vor, während und nach meiner Aktion auf der Pride in Berlin bekommen habe, sind voller Floskeln. Sie wirken, als seien sie aus einer Fernsehserie oder einem Hip-Hop-Stück entnommen. Einige Absender hat die Polizei ermittelt. Bis auf ein paar Konvertiten scheint von denen niemand nähere Kontakte zu religiösen Gruppen zu haben. Bei einigen scheint es sich um Mitglieder organisierter Gangs zu handeln, die ihr Revier markieren und mir zeigen wollen, dass Leute wie ich in ihrem Block nichts zu suchen haben. Bei anderen dreht es sich offensichtlich um völlig normale Jungs, die ihren Hass nur online rauslassen. Von denen haben mich einige kontaktiert, nachdem die Polizei sie aufgesucht hat.

»Ich habe jetzt schon mit einigen von den Gotteskriegern telefoniert, die mich damals bedroht haben«, erzähle ich meiner Freundin. »Sie haben persönlich Besuch von der Polizei erhalten und fürchten Gefängnis- und Geldstrafen oder einen Eintrag ins Vorstrafenregister. Aber ich habe dabei wirklich gute Gespräche gehabt.«

Die Leute, die mich kontaktiert haben, sind alle jung, männlich, in Deutschland geboren und aufgewachsen und haben wenig Ahnung vom Islam. Ihre Erfahrungen mit der Religion beschränken sich auf ein bisschen Familientradition.

Sie reden von Sachen, die sie eigentlich gar nicht kennen. Das Leben in einem muslimischen Land kennen sie höchstens aus dem Urlaub bei ihren Großeltern.

»Die kämen da überhaupt nicht klar mit ihrem europäischen Lifestyle. Und dann wollen sie mich über den Islam belehren. Das regt mich genauso auf wie Leute, die gerne in einem freien Land leben, aber Erdoğan wählen.«

»Ich glaube, dass viele Türkinnen und Türken aus Deutschland Erdoğan gewählt haben, weil sie sich hier nicht geachtet fühlen. Er nutzt das in seinem Wahlkampf«, entgegnet meine Freundin. »Vielleicht ist es bei den jungen Männern, die dich beschimpfen, auch so. Wenn du in dem Land, in dem du geboren und aufgewachsen bist, als fremd wahrgenommen wirst, ist der Islam ein Identitätsangebot.«

»Ja, ich weiß, wie es sich anfühlt, hier als Flüchtlingsgesicht zu leben. Es kann schon sein, dass sie ihren Frust darüber dann einfach an jedem auslassen, der etwas gegen den Islam sagt. Wahrscheinlich sehen sie es als ihre Pflicht an, sich als aufrechte Muslime gegen jede Islamkritik geradezumachen.«

»Das verstehe ich auch«, sagt meine Freundin. »Wahrscheinlich haben sie nicht verstanden, dass du es anders meinst.«

»Ich habe versucht, ihnen zu vermitteln, wie es ist, als Ex-Muslim im Irak zu leben. Sie wirkten tatsächlich betroffen darüber. Aber mir ist natürlich bewusst, dass es ihnen dabei auch darum geht, eine Strafe von sich abzuwenden.«

»Und was wirst du machen?«, fragt meine Freundin, klappt ihren Rechner zu und legt ihn weg.

»Ich bin wirklich unglaublich froh darüber, dass die Morddrohungen so ernst genommen werden. Aber ich möchte niemandem das Leben ruinieren. Wenn ich ihnen ihre Reue abnehmen kann, werde ich natürlich tun, was ich kann, um drastische Konsequenzen von ihnen abzuwenden. Ich hoffe, dass sie etwas aus dem Gespräch mitnehmen. Ich glaube, die Zeit ruft im Moment eher danach, Brücken zu bauen als die Gräben noch tiefer zu graben.«

DIE HABIBIS

Auf dem Weg nach Hause von Berlin ließ die Anspannung noch nicht nach. Meine Freundin und ich waren plötzlich wieder auf uns allein gestellt und hatten Angst. Wir ließen uns vom Fotografen am Bahnhof abholen und setzten uns gemeinsam in ein Restaurant. Und dort knallte es. Meine Freundin hatte sich auf der Demo aus Sicherheitsgründen auf Abstand gehalten und schon an den Abenden mit mir darüber diskutiert, ob ich mir die Konsequenzen meines Tuns überhaupt bewusst mache. Ich könne ja mein eigenes Leben riskieren, aber wie stehe es um ihres oder das meiner Eltern. Sie wirkte angegriffen und erschöpft.

Und dann rief meine Mutter uns an, während wir beim Essen waren. Meine Aktion hatte so viel Wirbel ausgelöst, dass sie auf einer kurdischen Seite erwähnt worden war. Meine Mutter weinte am Telefon. »Du bringst die ganze Familie in Gefahr. Warum machst du das? Bist du jetzt schwul? Du bist mein Fleisch und Blut. Du bist als Muslim geboren. Was ist nur falsch gelaufen? Wie kannst du mir das antun? Ich traue mich gar nicht mehr vor die Tür.«

Ich legte auf und erklärte meiner Freundin und dem Fotografen die Lage. Meine Freundin explodierte vor Wut. »Da siehst du es. Du ziehst immer nur dein Ding durch. Wir anderen haben Angst. Ist dir das egal?«

Ich war genauso angespannt wie sie und brüllte zurück, während der Fotograf erfolglos versuchte, die Situation zu deeskalieren. Und dann vibrierte mein Telefon noch mal.

»Und, ist es wieder eine Drohung?«

»Es ist auf Kurdisch. Moment mal!« Ich guckte mir den Namen und das Profil an. »Oh nein, das gibt es doch gar nicht. Das ist mein Cousin.«

»Dein Cousin, was schreibt er denn?«, fragte der Fotograf.

»Er dreht durch. Er sagt, dass ich die Ehre der Familie verletzt habe. Er wird kommen und mich in Stücke schneiden.« Ich war fassungslos.

»Dabei ist er nicht mal religiös. Nicht, dass ich wüsste. Das letzte Mal, als ich ihn gesehen habe, hat er mit mir Pornos geguckt.« Es war total absurd.

»Immerhin kommt er aus Irakisch-Kurdistan nicht ganz so schnell hierher«, stellte meine Freundin fest.

»Nein, der wohnt nicht mehr da, er ist seit einer Weile in Deutschland. Vielleicht hat er sich hier radikalisiert?« Ich konnte es noch immer nicht fassen. »Ich rufe mal meine Familie an.«

Mein Vater ging wütend ans Telefon. Aber als ich ihm von der Drohung meines Cousins erzählte, war er auf ihn noch wütender als auf mich. Wenn jemand seinem Sohn drohen durfte, dann war er es und nicht so ein Jungspund. Er legte auf.

Meine Freundin war auch noch immer wütend auf mich. Der Fotograf holte zur Entspannung Bier für alle. Dann vibrierte das Telefon schon wieder. Diesmal war der kleine Gangster dran. »Schlounak, Habibi, lebst du noch?«

Ich erzählte ihm von der Demo und den Reaktionen.

»Die spinnen doch. Wann kapieren die endlich, dass Gott keine Soldaten braucht«, rief er. »Ich finde es auch scheiße, was du machst, aber dafür wird Gott dich richten, nicht ich. Und du bleibst mein Freund!«

Es war schwer für ihn, einen Freund wie mich zu haben. Aber für ihn war unsere Freundschaft wichtiger als die Urteile anderer Menschen. Seine Reaktion rührte mich. Er würde viel Ärger dafür bekommen, weiter Kontakt zu mir zu halten.

»Die Welt wäre ein viel schönerer Ort, wenn alle so denken könnten wie du, Habibi«, sagte ich und legte auf.

Und dann tauchte auch noch der Trainer bei uns im Restaurant auf und nahm mich in den Arm. »Hey, lass dich nicht umbringen, mit wem soll ich dann abhängen? Ich passe auf dich auf, du verrückter Kāfir.«

DAS ACHSELZUCKEN

»Hier schreibt eine Frau, dass ich mit meinen Aktionen Musliminnen und Muslime in Verruf bringe«, lese ich wütend vor. Meine Freundin liegt neben mir auf dem Sofa und liest. »Als ob die das nicht ganz alleine hinkriegen, ihren Ruf zu ruinieren. Sie könnte ja mal damit anfangen, freundlich mit mir zu diskutieren. Sie soll mir doch einfach mal erklären, wie ›schwul‹ eine Beleidigung sein kann. Aber es hat mich ja auch ein Christ wegen ›Beschimpfung von Religionsgemeinschaften‹ angezeigt. Die Leute können ja gerne anzweifeln, dass ihr Gott eine sexuelle Identität hat, aber das macht ›schwul‹ trotzdem nicht zu einer Beleidigung.«

Ich scrolle weiter.

»Einige von deinen Freundinnen regen sich hier übrigens auch auf, dass ich respektlos sei. Ich soll den Islam nicht in ein schlechtes Licht rücken in diesen rassistischen Zeiten. Dabei habe ich bei dieser Aktion von Anfang an deutlich gemacht, dass es mir nicht darum geht, Hass zu schüren. Mir ist die Solidarität mit progressiven Kräften im Islam wichtig. Aber es muss möglich sein, den Islam zu kritisieren. Für mich gehört der Islam wie andere Religionen zu Deutschland, dazu gehört für mich aber auch, dass Musliminnen und Muslime sich genau solche Kritik und Satire ihrer Weltanschauung gefallen lassen, wie alle anderen.«

Meine Freundin legt ihr Buch weg und setzt sich auf.

»Hier schreibt jemand, dass ich mit Drohungen leben

muss, wenn ich Witze über Religion mache! Das ist echt so, wie einer Frau zu sagen, dass sie mit sexistischen Sprüchen leben muss, wenn sie kurze Kleider trägt. Und es regt sich auch eine auf, warum ich über Gott rede, wenn ich nicht an ihn glaube.«

»Damit haben sie doch auch nicht ganz unrecht, oder?«

»Ich kann doch wohl über etwas reden, woran ich nicht glaube!? Und es geht doch nicht darum, ob ich glaube oder nicht. Es geht darum, dass Menschen, die an einen Schöpfer glauben, auch erkennen müssen, dass dieser die Welt offensichtlich vielfältig gemacht hat. Hier schreibt sogar ernsthaft jemand, dass Atheisten die Extremisten nur stärker machen. Soll ich etwa Muslim werden, um die Extremisten zu besänftigen?« Ich bin ganz aufgebracht. »Es ist schon irre, wie viele Nachrichten ich bekomme. Was glauben sie eigentlich damit bezwecken zu können? Dass ich plötzlich erkenne, dass Atheismus und Homosexualität Krankheiten sind? Dass ich ganz plötzlich auf das hören werde, was sich patriarchale Herrscher vor Tausenden Jahren ausgedacht haben, nur weil ich bedroht und beschimpft werde?«

»Und du? Denkst du, dass sie plötzlich die Augen aufkriegen, weil du mit einem T-Shirt vorbeiläufst?«

»Vielleicht hast du Recht. Der Unterschied ist aber, dass sie doch niemand daran hindert, ihren Quatsch zu glauben, während sie selber anderen die Freiheit nehmen, ihren Quatsch nicht zu glauben. Vermutlich wirst du es nie ganz verstehen können. Du hast den Luxus, nicht rebellieren zu müssen. Du darfst ja auch glauben, lieben und leben, wie du willst, ohne dafür verfolgt oder verstoßen zu werden.«

»Sag das nicht, ich habe durchaus Leute in meinem Freundeskreis, die es unmoralisch finden, dass ich mit dir zusammen bin«, antwortet sie.

»Aber die meisten lachen doch höchstens drüber. Und Witze mögen zwar nicht immer angenehm sein, aber doch etwas anderes als Drohungen. Ich freue mich auf den Tag, an dem ein Coming-out als Nicht-Muslim oder Schwuler auch in muslimischen Kreisen nicht mehr als einen Witz auslöst. Und sobald es nur noch ein Achselzucken wert ist, halte ich meine Klappe.«

DER ZWILLING

Mein Vater rief mich noch in der Nacht nach meiner Heimfahrt aus Berlin zurück. Er sei kurzerhand zum Vater meines Cousins gefahren und habe ihn gebeten, seinen Sohn zur Vernunft zu bringen. Man könne einen Kāfir gerne schlagen und anspucken, aber ihn zu töten ginge doch zu weit. Der Vater meines Cousins habe ihm entgegnet, dass es ihm leid tue, sein Sohn höre nicht auf ihn. Wie das sei, müsse mein Vater doch selber am besten wissen. Mein Vater habe sich an diesem Abend zum ersten Mal richtig gut mit seinem Schwager verstanden. Sie hätten sich so gut unterhalten wie lange nicht mehr, aber mein Vater könne mir leider keine Entwarnung geben, ich müsse die Sache alleine durchstehen. »Pass auf dich auf!«

Am nächsten Tag begleitete meine Freundin mich zur Polizei.

»Wie heißt Ihr Cousin denn?«, fragte der Beamte mich und ich musste feststellen, dass ich keine Ahnung hatte, wie sein richtiger Familienname lautete. Wir hatten uns immer nur mit Vornamen angesprochen und als Nachnamen nutzen wir im Alltag nur den Vornamen unserer Väter.

Der Beamte guckte mich fragend an. Ich erinnerte mich daran, wie die Polizei nach dem Konflikt wegen des Artikels an meiner Glaubwürdigkeit gezweifelt hatte. Nein, ich hatte es mir auch diesmal nicht ausgedacht.

»Moment mal, er muss doch mit Nachnamen genauso heißen wie deine Mutter«, kam meine Freundin mir zu Hilfe.

Der Beamte gab den Namen ein und wurde sofort fündig.

»Ist das Ihr Cousin?«, fragte er. »Wobei, die Frage erübrigt sich eigentlich.«

Wir mussten trotz der Anspannung lachen, denn auf dem Foto in der Datenbank glich er mir fast aufs Haar. Die gleichen Augen und Haare, die gleiche große Nase und die breiten Augenbrauen. Und ich musste an den bösen Zwilling von Bart Simpson denken. Ich zeigte ihn an.

Die Polizei konnte mir keine besonderen Sicherheitsmaßnahmen anbieten. Daher holte ich meine Sachen und verließ die Stadt für eine Weile.

Ich fühlte mich wie damals über den Dächern der Stadt, während ich mich von einer Onlinebekanntschaft zur nächsten hangelte.

Ein paar Tage kam ich bei einer interessanten Facebookfreundin unter, die statt mit einem Djinn mit einem Kobold gesegnet war. Er trat nicht mit unwillkürlichem Schlucken und kaum zu bremsenden Impulsen in Erscheinung, meldete sich aber stattdessen mit unwillkürlichen Lauten und unkontrollierbaren Grimassen.

»Du bist einer der wenigen, die das überhaupt nicht kommentiert haben«, sagte sie mir später.

»Warum auch. Ich habe mich selten in so guter Gesellschaft befunden.«

DER ISLAM

»Wirst du gefickt oder fickst du wenigstens?«, pöbelt der Schlosser mich an, als ich ihn wieder im Bus treffe. Er hat ein Foto von mir auf Facebook gesehen, auf dem ich den Computerfachmann küsse. »Ich dachte, du hast eine Freundin.«

»Ja, ich habe eine Freundin. Aber deswegen kann ich meinen Freund doch küssen.«

»Also, wenn du wirklich schwul wärst, dann könntest du nichts dafür. Ich weiß nicht, ob wir dann Freunde sein könnten, aber es ist halt eine Krankheit. Aber dass du so tust, als ob du schwul bist, das ist einfach nur eklig!«

»Ich tue nicht so, als sei ich schwul, ich bin einfach nur ich. Und ich hatte Lust, meinen Freund zu küssen.«

»Du spinnst doch. Das ist genau wie deine Demo-Aktion damals in Berlin! Warum machst du das?«

»Weil ich es wichtig finde, dass Menschen so lieben und leben können, wie sie wollen. Und als Muslim schwul zu sein ist noch viel gefährlicher als vom Glauben abzufallen.«

Der Schlosser muss raus und ich könnte an derselben Bushaltestelle aussteigen. Aber ich nicke ihm nur zu und bleibe bis zur nächsten Haltestelle sitzen.

Es ist mir wirklich völlig egal, ob Leute denken, dass ich schwul bin. Ich kann darin keinen Makel sehen, den ich richtigstellen muss. Allerdings will ich nicht, dass Leute denken, dass ich etwas vortäusche. Ich frage mich, ob Männer, die sich für Frauenrechte einsetzen, sich auch immer rechtfertigen müssen. Die Pride ist ja ausdrücklich keine exklusive LGBTTIQ*-Veranstaltung, sondern für alle Menschen geöffnet, die sich solidarisieren wollen.

Nach der Demo in Berlin haben mich schon auch sehr viele positive Nachrichten aus aller Welt erreicht. Einer hat mir sogar geschrieben, dass meine Aktion ihn zum Coming-out motiviert hat. Viele haben geschrieben, dass jede Aufmerksamkeit gegen die Probleme hilft. Ein schwuler Muslim meint aber, meine Aktionen seien kontraproduktiv. Es gäbe ja noch immer einige muslimisch geprägte Länder, in denen es möglich sei, für LGBTTIQ*-Rechte zu streiten. Wenn diese aber mit Gotteslästerung in Verbindung gebracht würden, erschwere es die Situation.

Leider verstehe ich seine Einwände. Aber lustigerweise ist es bei mir genau umgekehrt, meine Familie und Freunde ertragen gerade noch, dass ich ungläubig bin, meine Solidarität mit der LGBTTIQ*-Szene aber nicht. Vielleicht weil sie meinen Atheismus als Krankheit sehen, für die ich nichts kann, während eine Solidaritätserklärung mit anderen in ihren Augen Unnormalen eine Kriegserklärung an ihre Werte ist. Das ist umgekehrt vermutlich genauso.

Ich fürchte, dass es auch schwule Muslime gibt, die Ungläubige verachten. Es gibt ja auch Ex-Muslime, die ihre toxische Männlichkeit nicht abgelegt haben. Aber ich habe nicht dem Glauben, sondern den archaischen Werten den Kampf angesagt. Deshalb ist es für mich eine logische Konsequenz, mich für Vielfalt und Toleranz in muslimischen Communitys einzusetzen. Dazu gehört für mich auch, dass ich niemandem seinen Glauben wegnehmen will, solange er damit niemanden stört.

Ich kenne geflüchtete schwule Muslime, die an ihrem Glauben festhalten. Der Glaube ist für sie ein Stück Heimat, er birgt Erinnerungen an die Kindheit und stellt eine Verbindung zu ihrer Familie her. Und für viele ist diese Verbindung gerade im Exil überlebensnotwendig. Wer sich vom Islam löst, riskiert auch immer den kompletten Bruch. Ich habe ihn gewagt, aber ich verstehe, wenn Menschen der Preis zu hoch ist. Und das bedeutet für viele LGBTTIQ*-Geflüchtete, dass sie sich nicht zu ihrer sexuellen Identität bekennen. Viele trauen sich nicht einmal, im Asylinterview offen zu sprechen, wenn ein muslimischer Dolmetscher dabei ist.

Der Bus hält an, ich springe raus und gehe noch mal schnell in den arabischen Supermarkt und hole ein bisschen Brot und Salat. Ich entdecke an der Kasse, dass ich zu wenig Bargeld habe und will mit Karte zahlen. Aber der Kassierer lächelt und rundet meinen Zahlbetrag einfach kurzerhand ab. Ich gehe gut gelaunt nach Hause.

Natürlich haben mich auch einige dafür kritisiert, dass meine Aktion zu islamfreundlich gewesen sei. »Du siehst doch an den Drohungen, wie krank der Islam ist!«

Aber was ist der Islam? Kann ich ihn nur an den Drohungen und der Verbohrtheit messen? Was ist mit der Herzlichkeit und Wärme, die ich auch in meinem Umfeld erlebe? Und was mit den vielen säkularen Musliminnen und Muslimen, die seit Generationen zeigen, dass es auch eine aufgeklärte Form des Islams gibt? Der Islam ist keine einheitliche oder unveränderliche Größe.

Vor einiger Zeit habe ich den schwulen Imam Ludovic-Mohamed Zahed live erlebt. Als er dargelegt hat, dass der Koran eigentlich keine Anhaltspunkte dafür liefert, Homosexualität zu verteufeln, ist das Publikum gleich laut geworden. »Das magst du so sehen, aber das ist nicht der Islam.«

Darauf entgegnete er: »Wir als Muslime sind der Islam. Wir entscheiden, wie wir den Islam leben wollen.«

»Wie recht er hat«, denke ich mir, während ich meinen Einkauf in der Küche auspacke. »Lebt den Islam bunt, meine lieben muslimischen Freundinnen und Freunde.«

DIE BÜCHER

»Wenn man von einigen als islamophob und anderen als Islam-Appeaser bezeichnet wird, hat man entweder alles falsch oder alles richtig gemacht«, dachte ich mir, während ich in den Tagen nach der Aktion in Berlin meine Nachrichten durchscrollte.

Ich hatte mal wieder spontan das gemacht, was mir richtig erschien, und mir keine Gedanken darüber gemacht, was danach passieren würde. Ich wäre im Traum nicht darauf gekommen, dass ich ein Wochenende mit Personenschutz verbringen und Zeitungen aus ganz Deutschland Interviews geben würde. Ich erhielt auch immer mehr Anfragen für Vorträge und Diskussionsveranstaltungen. Ich erzählte meine Fluchtgeschichte in Radiofeatures und war begeistert von den engagierten und freundlichen Journalistinnen und Journalisten, die mir behutsam einen Rahmen gaben, in dem ich mich trotz sprachlicher Barrieren sicher genug fühlte.

Ich war kein Religionswissenschaftler und kannte mich nicht gut aus mit dem Koran. Ich konnte nur davon erzählen, dass er nicht sehr gut brennt und dass man nicht auf der Stelle tot umfiel, wenn man ihn antastete. Ich berichtete davon, wie es war, mit dem Islam und in ständiger Furcht vor einem strafenden Gott aufzuwachsen. Ich erinnerte mich aber auch daran, wie schön der Ramadan sein konnte und wie stimmungsvoll es war, in aller Frühe mit meinem Vater in die Moschee zu gehen. Ich erzählte von den Fernsehpredigern in Dauerschleife und der Enge und Strenge eines religiösen Familienlebens. Ich wusste, wie warmherzig und liebevoll eine muslimische Familie sein konnte, aber auch wie unbarmherzig und hart. Ich hatte Erfahrungen damit, wie bedrohlich radikale Muslime auch in Deutschland sein konnten und ich wusste genau, welche traditionellen Vorstellungen von Geschlechterrollen viele geflüchtete Männer hatten. Ich konnte andererseits auch erzählen, wie schrecklich eine Flucht und wie schwer das Leben war, wenn man neu und fremd war in einem Land und entweder mit Angst oder Mitleid, aber ganz sicher nicht als normaler Mensch betrachtet wurde.

Immer wieder musste ich dabei Missverständnisse klären. Ja, der Islam sei für mich definitiv nicht die Religion des Friedens, aber deswegen betrachte ich noch lange nicht alle Muslime als gefährlich oder nicht-integrierbar. Und nein, ich war nicht dafür inhaftiert und gefoltert worden, dass ich den Koran verbrannt hatte. Ich hatte es als Kind für mich im Geheimen gemacht, um meine Zweifel und Ängste auszuräumen, und erst vier Jahre danach zum ersten Mal mit jemandem darüber gesprochen. Hätte ich damals erzählt, wie ich meine Angst vor Gott abgelegt hatte, hätte ich es kaum überlebt. Und nein, ich könne öffentliche Koranverbrennungen deswegen noch lange nicht gutheißen.

Ich hatte keine Lösungen oder politischen Visionen, aber ich konnte aus einer Perspektive erzählen, die sonst wenig Gehör fand.

Ich sprach auf großen Bühnen und mit kleinen Schulgruppen. Manchmal ging es sehr gut und ich träumte von einer Karriere als Redner. Manchmal hatte ich schlechte Tage, war überfordert von den Fragen oder einfach davon, die schrecklichen Erinnerungen immer wieder und wieder in Worte zu fassen. Aber selbst dann versicherte das Publikum mir, dass meine Berichte es berührt hatten. Vielleicht hatte es auch nur Mitleid mit mir.

Meine Kumpel lachten bei dem Gedanken, dass ausgerechnet ich Vorträge hielt, wo mir manchmal schon für längere Gespräche die Konzentration fehlte. Meine Lehrerinnen und Lehrer wunderten sich und meine Sachbearbeiterin im Jobcenter war verärgert darüber, dass ich bei Vorträgen etwas leistete, was ich in der Schule nicht abliefern konnte.

»Dass du da wirklich auf einer Bühne sitzt und Menschen dir zuhören!« Meine Mutter war sichtlich stolz, obwohl ihr meine Aussagen peinlich waren. »Du konntest früher nicht mal zuhören, wenn ich dir eine kurze Geschichte erzählt habe.«

»Aber da erzähle ich ja selbst«, lachte ich. Ich hätte selbst auch nie gedacht, dass sich jemand in Europa für meine Geschichte interessieren könnte.

»Hätte ich meine Freundin nicht getroffen, würde ich meine Zeit jetzt vielleicht eher im Gefängnis als bei Vorträgen verbringen.«

Sie nickte und wurde ernst. »Aber findet deine Freundin denn gut, wie du über Gott sprichst?«

»Nein, nicht wirklich. Meine Freundin macht sich auch Sorgen, dass ich mich und sie in Gefahr bringe. Aber sie versteht, warum ich es mache.«

»Ich mache mir Sorgen, dass du in die Hölle kommst«, antwortete meine Mutter und hatte Tränen in den Augen. »Was sagen denn ihre Eltern?«

»Die sagen, dass es Gott egal ist, woran man glaubt, es kommt darauf an, wie man lebt«, erklärte ich.

»Aber du lebst nicht gottesfürchtig und das ist falsch.«

Ich würde es ihr nie erklären können. Ich konnte mich schon darüber freuen, dass meine Mutter sich nach der Meinung meiner Freundin und ihrer Familie erkundigte. Ich war mit einer Ungläubigen zusammen und konnte mich öffentlich mit ihr zeigen, ohne verheiratet zu sein. Und meine Mutter sprach trotzdem noch mit mir. Diese Freiheit hatte ich mir mit der Flucht erkämpft. Auf mehr konnte ich vielleicht nicht hoffen. Aber ich hätte ihr trotzdem so gerne verständlich gemacht, warum ich lieber das Diesseits besser machen wollte, als Angst vor der Hölle zu haben.

Während meiner Vorträge traf ich eine Journalistin aus Australien, die sich nicht nur mit Apostasie im Islam, sondern auch bei den Zeugen Jehovas beschäftigt hatte. Die Parallelen faszinierten mich. Und auf einer humanistischen Tagung traf ich einen Ex-Muslim aus Bangladesch. Wir machten ein Selfie und schrieben darunter »Wir sind Ex-Muslime! Wir sind nicht allein! Wir sind überall! Wir sind Millionen!«. Danach erzählte er mir bei einem Kaffee seine Geschichte.

Er hatte den Glauben schon als kleines Kind hinter sich gelassen. Er war ein kluges Kind und hatte sehr schnell lesen gelernt. Bereits als Achtjähriger hatte er so viele Bücher verschlungen, dass ihm die Schulbücher nicht ausreichten und er in Bibliotheken nach noch mehr Lesestoff suchte. Beim Lesen wissenschaftlicher Beiträge hatte er gemerkt, dass sie gar nicht mit dem übereinstimmten, was im Koran stand, und angefangen, darüber islamkritische Beiträge zu schreiben.

Als er anfing darüber zu bloggen, waren er und seine Familie so massiv bedroht worden, dass er flüchten musste. Das Gespräch mit ihm erinnerte mich an einen Film, den meine Freundin mir gezeigt hatte, die Verfilmung des Romans »Der Name der Rose«. Wie gefährlich Bücher doch sein konnten.

DER SPASS

»Was ist denn mit dir passiert?«, frage ich den Philosophen. Sein Gesicht ist ganz rot, als ich mich mit ihm und der Studentin im Stadtpark treffe.

»Ich war segeln und habe die Sonne unterschätzt«, sagt er. »Ich beneide dich wirklich um deine Haut.«

»Ja, beim Segeln ist sie praktisch. Aber im Supermarkt ist sie mir doch eher lästig«, erwidere ich. »Sei froh, dass du schön blass bist.«

»Oder rot«, korrigiert er, während die Studentin nachfragt, ob mir im Supermarkt was passiert sei.

»Ich bin von einem Mitarbeiter angesprochen worden. Er hat erst gefragt, ob ich der deutschen Sprache mächtig sei, und mich dann dazu aufgefordert, mit ihm zu kommen und meinen Rucksack während des Einkaufens bei der Kasse abzugeben.«

»Das können Supermärkte auch so entscheiden, dass man keine Taschen mit reinnehmen darf«, sagt der Philosoph.

»Dann muss es aber für alle gelten«, sagt die Studentin. »Und dann muss man auch Schließfächer bereitstellen und mit Schildern darauf hinweisen.«

»Es gab nirgends ein Hinweisschild und es waren viele außer mir mit Taschen und Rucksäcken im Laden.«

»Das ist aus ökologischen Gründen doch eigentlich auch selbstverständlich!«

»Vielleicht haben sie auch gedacht, dass du dich in die Luft sprengen willst«, grinst der Philosoph. Ich lache nicht.

»Ach komm, du solltest doch am ehesten verstehen, dass Leute in Europa Angst vor sowas haben«, sagt er.

»Ja, ich habe mit dieser beschissenen Religion viel Übles erlebt, und es gibt kaum etwas, was mich so wütend macht wie der Islam. Aber zu behaupten, dass alle Muslime gefährlich sind, ist genauso unsinnig, wie zu sagen, dass der Islam total ungefährlich ist. Und außerdem bin ich ja nun nicht mal Muslim.«

»Ja, deswegen bist du ja auch anders«, er lächelt mich besänftigend an.

»Du hast doch auch einfach so ein vorgefertigtes Bild im Kopf und wer da nicht reinpasst, ist eben die Ausnahme, so wie ich«, fauche ich ihn an. »Ich bin ja oft diese Ausnahme, mich finden sogar Nazis gut, weil ich den Islam schrecklich finde. Ich bin deshalb für sie ein echter Flüchtling und als verfolgter Ex-Muslim der Beweis dafür, dass alle Muslime böse sind. Ich bin aber nicht dein Quotenkanake.«

»Ach, entspann dich doch mal«, sagt der Philosoph. »Man muss doch auch mal über sich selber lachen können.«

»Jaja«, sage ich. »Als Kanake sollte man sich über Rassismus nie beschweren, damit macht man sich unbeliebt, man darf darüber nur lustige Geschichten erzählen, am besten als Comedian auf einer Bühne.«

TAQĪYA

»Liegt es an unserem Aussehen?«, fragte ich den Türsteher.

»Genau!«, antwortete er grimmig und stellte sich mit verschränkten Armen vor uns auf.

»Kommen Flüchtlinge hier nicht rein?«

»Genau!«, sagte er wieder und verzog keine Miene.

»Danke für die Ehrlichkeit!« Ich drehte mich zu den beiden Frauen aus Saudi-Arabien um, mit denen ich den Abend verbrachte. Wir hatten uns bei einer Veranstaltung der säkularen Flüchtlingshilfe kennengelernt. Wir waren zuerst in einer Bar, hatten etwas getrunken und uns unterhalten. Nun wollten die beiden gerne tanzen gehen. Und da sie kein Deutsch sprachen, übernahm ich die Unterhaltung mit den Türstehern und hatte damit wenig Erfolg. Wie sollte ich zwei

Frauen, die aus einem Land geflüchtet waren, wo sie das Haus nicht ohne Aufpasser verlassen durften, erklären, dass sie auch hier nicht tanzen gehen könnten ohne einen deutschen Aufpasser, der sie in die Clubs reinkriegte?

Ich konnte solche Vorfälle nicht ignorieren und verarbeitete sie in meinen Blogbeiträgen und Interviews. Die Beiträge erschienen jetzt auch in der *HuffPost Deutschland* und erreichten damit viel größere Kreise. Genau wie damals in Irakisch-Kurdistan standen meine Geschichten für mehr als meine eigenen Erfahrungen. Ich freute mich über jede Nachricht von Menschen, die sich dafür bedankten, dass ich ihnen aus dem Herzen sprach. Aber leider hinterließen die Hassnachrichten auch ihre Spuren.

»Ich weiß genau, warum du das machst, du willst nur einen Aufenthaltstitel!«

Wenn ich den Islam kritisierte, bombardierten mich inzwischen nicht mehr nur fanatische Musliminnen und Muslime mit solchen Nachrichten. Rassistinnen und Rassisten behaupteten dasselbe. Wenn ich darauf antwortete, dass ich als Ex-Muslim in meinem Herkunftsland verfolgt und deshalb bereits als Flüchtling anerkannt worden sei, entgegneten sie, ich hätte meinen Asylgrund garantiert erlogen.

»Das ist Taqīya! Das weiß man doch, dass Muslime ihren Glauben verheimlichen dürfen, wenn sie damit ihr Leben retten wollen.«

Dass mein Vater mich besucht hatte, galt für sie als ultimativer Beweis für meine Lüge.

»Geniale Inszenierung! Erst konstruierst du eine Verfolgung und nun willst du deinen Eltern noch einen Aufenthaltsstatus verschaffen!«

Meine Geschichte war nicht geplant, sondern einfach passiert. Ich war halt schon immer ein Kind, das seine Klappe nicht halten konnte. Und ich hatte großes Glück, dass ich das überlebt hatte. Was wäre passiert, wenn mein Fall nicht so viel Aufmerksamkeit erregt hätte? Hätte ich es ohne die

Hilfe von Kinderschutz- und Menschenrechtsorganisationen geschafft? Was wäre geschehen, wenn mein Fall nicht so gut dokumentiert gewesen wäre und das BAMF nicht nach Aktenlage, sondern allein aufgrund meiner Aussage hätte entscheiden müssen?

Unter normalen Umständen war die Anerkennung als Flüchtling aus Irakisch-Kurdistan fast unmöglich. Mein Herkunftsgebiet war eines der wenigen sicheren Gebiete im Irak und ein Ort, wo Menschen aus Kriegsgebieten Zuflucht suchten. Meine Eltern hatten keine Aussicht auf Asyl in Deutschland. Mein Vater würde sein geliebtes Kurdistan ohnehin für kein anderes Land auf der Welt eintauschen wollen. Aber das konnten sich Menschen aus Europa vielleicht nicht vorstellen.

Ich gab es auf, ihnen zu erklären, dass ich als Muslim in Irakisch-Kurdistan nicht in Lebensgefahr gewesen wäre. Und wäre ich tatsächlich vor einem Krieg geflüchtet, hätte ich in den Augen derselben Leute vermutlich ohnehin lieber für mein Land sterben sollen.

Es blieb nicht bei einzelnen Nachrichten. Es gab Phasen, in denen ich von Hassnachrichten regelrecht überschwemmt und auf allen Social-Media-Portalen beschimpft wurde. Einige Rechtsextreme machten auf ihren Portalen aktiv Stimmung gegen mich und forderten Gleichgesinnte dazu auf, meine Beiträge zu kommentieren. Die Kommentare bezogen sich kaum auf die Inhalte meiner Beiträge, stattdessen zogen sie mich als Person durch den Schmutz. Sie drohten mir mit der Abschiebung und damit, der Welt schon noch zu zeigen, dass ich genauso ein krimineller Schmarotzer sei wie alle anderen Flüchtlinge.

DAS FLÜCHTLINGSGESICHT

»Es ist doch nicht Rassismus, es hat doch nichts mit Rassen zu tun«, sagt der Philosoph. »Rassen gibt es doch gar nicht.«

»Biologisch betrachtet gibt es selbstverständlich keine Rassen, soziologisch gesehen aber doch«, erklärt die Studentin. »Es geht nicht um Blut oder Gene, sondern um dein Aussehen, deinen Phänotyp.«

»Um mein Flüchtlingsgesicht«, sage ich.

»Aber dein Flüchtlingsgesicht macht dir doch nur deshalb Probleme, weil die Flüchtlinge sich hier so beschissen benehmen«, sagt er. »Es sticht doch ständig irgendein Flüchtling eine Frau ab, bedanke dich bei denen, wenn die Leute dich böse angucken.«

»Das meinst du jetzt nicht wirklich«, empört sie sich. »Die Statistiken zeigen doch, dass die meisten Messerstechereien von Biodeutschen begangen werden.«

»Vielleicht sind die Statistiken einfach gefälscht?«, sagt der Philosoph.

»Wer hat dir denn ins Gehirn geschissen«, regt sie sich auf. »Denkst du, dass die Polizei die Statistiken fälscht? Hast du mal überlegt, dass die Medien ganz anders reagieren, wenn Menschen mit Migrationshintergrund Täter sind? In den sozialen Netzwerken regiert doch eh der rechte Mob und teilt nur das, was in sein Weltbild passt. Die behaupten ja sogar, dass die deutschen Messerstecher nur Nachahmungstäter sind. Und wenn ein Nazi jemanden umbringt, liegt es an der Flüchtlingspolitik.«

»Trotzdem muss man doch darüber reden dürfen, wenn Flüchtlinge Frauen abstechen«, sagt der Philosoph.

»Natürlich, und ich behaupte auch nicht, dass es gar nichts mit ihrem Glauben zu tun hätte. Aber deswegen sind noch lange nicht alle Muslime so und alle Geflüchteten schon mal gar nicht«, sage ich. »Ich bin kein Mörder, genauso wenig wie meine Freunde, die davor geflüchtet sind, für Assad oder die Taliban morden zu müssen. Ich erschrecke mich jedes Mal, wenn jemand mit Migrationshintergrund eine Gewalttat begeht. Viel mehr als du wahrscheinlich. Denn weil ich mal geflüchtet bin, bleibe ich anscheinend den Rest meines Lebens Flüchtling. Und alles was Flüchtlinge machen, fällt deshalb auch auf mich zurück. Fühlst du dich mitschuldig, wenn ein Deutscher eine Frau absticht?«

»Nein, aber die Probleme haben für mich schon etwas mit der Flüchtlingspolitik zu tun. Und das kann mir keiner schönreden.«

»Es gibt im Netz eine Fotocollage mit der Überschrift *Opfer der Flüchtlingspolitik*. Auf dem Bild sollen angeblich Menschen zu sehen sein, die von Flüchtlingen ermordet worden sind«, erzähle ich. »Ich kenne eine der Abgebildeten auf der Collage persönlich, sie lebt und es geht ihr gut. Sie hat viel Schlimmes mit dem Islam erlebt, in Saudi-Arabien. Sie hat hier in Deutschland Schutz gefunden und ist alles andere als ein Opfer der Flüchtlingspolitik. Soweit dazu, wer hier eher Fake News verbreitet.«

»Aber abgelehnte Asylbewerber sollten zumindest mal abgeschoben werden«, beharrt der Philosoph.

»Was hat das mit dem Thema Sicherheit zu tun? Ich kenne echte Arschlöcher, die anerkannt sind, und supernette Leute, die abgelehnt sind. Für das Recht auf Asyl zählt doch der Fluchtgrund und nicht die Nettigkeit.«

»Und das ist auch gut so«, sagt die Studentin und dreht sich zum Philosophen. »Du redest echt genau wie die AfD, du missbrauchst die Gewalttaten, um Stimmung gegen alle Geflüchteten zu machen. Macht es dir keine Angst, dass Leute in Deutschland durch die Straßen marschieren und ›Ausländer raus‹ brüllen?«

»Als wir hier letztens für Seenotrettung und Solidarität demonstriert haben, ist dem Fotografen ein kleines dunkelhaariges Mädchen ganz panisch entgegengelaufen. Mit angstgeweiteten Augen hat sie ihn gefragt, was das für Leute auf der Straße sind und ob sie gegen Ausländer demonstrieren. Sie habe Angst, sie wolle schnell nach Hause. Der Fotograf konnte sie glücklicherweise beruhigen«, erzähle ich. »Die momentane Stimmung führt dazu, dass kleine Flüchtlingsgesichter Angst vor jeder Art von Menschenansammlung kriegen.«

»Und auch dazu, dass durchgeknallte Extremisten sich dazu aufgefordert sehen, Gutmenschen abzuknallen«, ergänzt die Studentin.

»Aber auch sonst gibt es viele negative Reaktionen auf mein Aussehen. Ich erlebe dasselbe wie alle anderen Flüchtlingsgesichter. Zum Beispiel, wenn der Bankangestellte quer durch den Raum brüllt, ob ihm mal jemand helfen kann, ein Flüchtlingskonto für mich zu eröffnen. Oder wenn mein Vermieter für mich als Flüchtling doch lieber eine Bürgschaft von einem Deutschen haben will.

Mein Flüchtlingsgesicht löst umgekehrt aber auch viele wohlgemeinte Reaktionen aus. So ist es mir schon passiert, dass mich eine freundliche Kassiererin im Bioladen darauf hingewiesen hat, dass es den Zitronensaft im Discounter gegenüber viel billiger gibt. Und wenn ich an einem Büfett nach vegetarischen Speisen frage, kommt nicht selten die freundliche Antwort ›Greif zu, das Fleisch ist halāl‹. Und natürlich werde ich ständig gefragt, wie dies und das für mich als Muslim ist«, sage ich. »Ich fühle mich oft wie ein Vertreter einer ganz anderen Art. Der Flüchtling, eine fremde Spezies. Einerseits bemitleidenswert, andererseits bedrohlich und manchmal auch faszinierend. ›Du Ärmster, ich kann mir vorstellen, wie viel schlimme Sachen du im Krieg erlebt hast‹, ich weiß nicht, wie oft ich das schon gehört habe. Ich bin glücklicherweise noch nie im Krieg gewesen und die Geschichten aus Syrien und Afghanistan schockieren mich genauso wie alle anderen. ›Oh, ein echter Flüchtling‹, da werde ich sogar dann zum interessanten Gesprächspartner, wenn ich gar nichts Besonderes zu sagen habe. Vor allen Dingen werde ich zum Kulturexperten. Dabei habe ich mein Herkunftsland als Kind verlassen und kenne mich hier inzwischen viel besser aus als in Hewlêr.«

Ich mache eine Pause. Die beiden anderen schweigen auch.

»Wo ist eigentlich deine Freundin?«, bricht die Studentin das Schweigen.

»Sie ist bei einer Wohnungsbesichtigung. Sie macht so etwas immer allein, denn wenn ich auftauche, sinken ihre Chancen auf die Wohnung drastisch«, sage ich. Wir schweigen wieder.

DIE SPERREN

Um auf den zunehmenden Antisemitismus hinzuweisen, hatte ich vor langer Zeit ein Bild geteilt, auf dem ein jüdischer Bäcker in den USA eine mit einem Hakenkreuz versehene Hassnachricht, die er empfangen hatte, in die Kamera zeigte. Mit Verweis auf dieses Symbol gelang es Rechtsextremen, meinen Facebook-Account für dreißig Tage zu sperren.

Immer wieder beriefen sich gerade Rechte auf das Recht auf Meinungsfreiheit und beschwerten sich über Meinungsdiktatur. Aber wenn ihnen die Inhalte nicht passten, war ihnen offensichtlich kein Mittel zu krass, um anderen die Freiheit zu nehmen.

Sie erklärten zudem öffentlich, dass sie noch beweisen würden, dass ich ein Sexualstraftäter sei. Sie würden mich überführen. »Du wirst bald wieder auf der Flucht sein.«

Da ich mich nicht auf irgendwelche Dates einließ, würde es ihnen wohl eher schwerfallen, mir in der Hinsicht etwas unterzujubeln. Bedrohlich war die Vorstellung aber schon. Ich erinnerte mich an einen Fall während meiner Zeit als Helfer am Bahnhof, wo ein Übergriff vorgetäuscht wurde, um das den Flüchtenden anzuhängen. So als ob es nicht furchtbar genug war, dass so viele Frauen sexualisierte Gewalt erlebten und unter den Tätern auch viele geflüchtete Männer waren. Aber der rechte Mob schien sich zu freuen über jeden Fall, mit dem sie wieder Hass gegen frauenhassende, grabschende und vergewaltigende Flüchtlingsgesichter schüren konnten. Und wenn nicht genug passierte, dann dachten sie sich offensichtlich etwas aus. Und warum nicht gleich einem vorlauten Flüchtlingsgesicht etwas anhängen? »Wir kriegen dich, du wirst dich bald in U-Haft wiederfinden.«

Kurz danach wurde ich bei der Polizei angezeigt. Jemand hatte Fotos von mir auf verschiedenen Solidaritätsdemos für Rojava gefunden, auf denen auch verbotene kurdische Symbole zu sehen waren. Die Situation war völlig absurd. Die rechtsextremen türkischen Grauen Wölfe durften ihre Fahnen und den Wolfsgruß öffentlich auf den deutschen Straßen zeigen. Aber ich konnte dafür kriminalisiert werden, dass ich mich vor kurdischen Fahnen hatte ablichten lassen, während die Türkei gerade Efrîn mit deutschen Panzern einnahm. Ich bezog dazu öffentlich Stellung und sogleich gesellten sich auch noch türkische Rechtsextreme zu dem Kreis derer, die mir drohten. Und dann wurde ich erneut auf Facebook gesperrt, weil jemand einen Post mit einem Foto und Zitat von Öcalan gefunden hatte, das ich noch als Kind in Irakisch-Kurdistan auf Facebook hochgeladen hatte.

Ich lernte, dass Meinungsfreiheit nicht bedeutete, dass ich überall alles sagen konnte. Meinungsfreiheit schützte mich natürlich auch nicht vor Gegenmeinungen und leider auch nicht vor Drohungen und Beschimpfungen. Und gerade in den sozialen Medien war der Ton oft böse und sehr persönlich. Die Beschimpfungen, die mich erreichten, hatten ganz selten etwas damit zu tun, was ich konkret gesagt hatte. Zitate wurden aus dem Kontext gerissen, und mal vereinnahmte die eine oder andere politische Seite meine Aussagen für sich. Und natürlich forderten Gegnerinnen und Gegner meistens meine Abschiebung.

Die Abschiebung, das Damoklesschwert des Flüchtlings. »Denk daran, du bist ein Gast, sobald du etwas Falsches machst, musst du gehen.« Ich fragte mich oft, wie man erwarten konnte, dass Menschen sich wirklich verantwortlich fühlen sollten für ihr neues Zuhause, wenn sie nur als Mitmenschen auf Zeit betrachtet wurden.

Es erstaunte mich immer wieder, wie sehr sich die Nachrichten der unterschiedlichen Gruppen ähnelten. Ich überlegte manchmal, was passieren würde, wenn sie bei einer Veranstaltung aufeinanderträfen. Würden die selbsternannten Soldaten Gottes sich dann mit denen prügeln, die mich einen Islam-Appeaser schimpften? Oder würden sie sich in ihrem Hass gegen mich verbünden?

Manchmal wünschte ich mir, dass die muslimischen und rassistischen Hetzgruppen alle gemeinsam in den Mittleren Osten auswandern würden. Da könnten sie dann gemeinsam den Holocaust als Vogelschiss belächeln und dabei ungehemmt Plastikflaschen in die Natur werfen. Da gab es auch keine Klimaidiotie und Dieselverbote. Und da könnten sie bei der Gelegenheit auch mal erleben, wie tatsächliche Meinungsdiktatur aussah.

DIE KOPFTUCHMÄDCHEN

»Wie bitte, du gehst auf Haddsch?«, frage ich meine Freundin entsetzt. Sie prustet los und kann gar nicht mehr aufhören zu lachen. »Ich fahre in den HARZ! Warum um alles in der Welt sollte ich auf Haddsch gehen?«

»Also, bei dir weiß man ja nie. Du drohst mir doch auch immer damit, dass du dir ein Kopftuch aufsetzt, wenn du sauer auf mich bist.«

»Ach, das ist doch nur zum Spaß. Meine Oma ist übrigens auch nie ohne Kopftuch rausgegangen. Es war damals nicht üblich, dass erwachsene Frauen lange offene Haare hatten.

Statt hochgestecktes Haar oder Kopftuch trugen die Frauen bei uns im Dorf auch später noch alle kurze Dauerwellen. Die hinzugezogenen Hippies aus Berlin und Hamburg mit ihren offenen, langen Haaren galten schon als verrucht. Ich glaube, dass das einer ähnlichen Sexualmoral entspringt.«

»Das kannst du aber nicht mit der Frauenfeindlichkeit der Scharia vergleichen«, antworte ich entschieden. »Als ich neu in Europa war, konnte ich überhaupt nicht verstehen, warum einige Frauen sich das hier freiwillig antun. Hier ein Kopftuch zu tragen, kam mir wie ein Verrat vor an allen Frauen, die zur Verschleierung gezwungen werden. Am krassesten fand ich geschminkte Kopftuchmädchen im Minirock. Das hat mich regelrecht provoziert.«

»Und wie stehst du dazu, dass ich als Feministin einen BH anziehe, obwohl es ein Ausdruck westlicher Sexualmoral ist?«, provoziert mich meine Freundin ihrerseits.

»Aber BHs haben doch auch eine praktische Funktion«, sage ich.

»Kopftücher können auch praktisch sein. Willst du mir vorschreiben, was ich anziehen darf?«

»Nein. Und je länger ich in Europa lebe, desto besser verstehe ich auch, dass ein Kopftuch hier sogar etwas Rebellisches haben kann. Vielleicht würde ich als muslimische Frau auch eins tragen. Und wenn meine Mutter mich mal besucht, würde ich durchdrehen, wenn ihr jemand das Tuch vom Kopf reißen oder sie dafür beschimpfen würde. Selbstverständlich sollen erwachsene Menschen selbst entscheiden dürfen, wie sie sich aus welchen Gründen anziehen, deshalb finde ich allgemeine Verschleierungsverbote ja inzwischen auch genauso falsch wie Verschleierungsgebote. Die Unterdrückungsstrukturen sind viel zu komplex, als dass man sie einfach wegverbieten könnte. Verharmlosung hilft allerdings auch nicht.«

»Früher hast du aber ganz anders geredet.«

»Ja, ich kann ja auch dazulernen, oder? Ich kam aus einem System mit vielen Vorschriften und dachte, dass man die Frauen zumindest durch ein Vollverschleierungsverbot schützen müsste. Im Iran oder in Saudi-Arabien wäre ein Verschleierungsverbot natürlich ein unglaublicher Befreiungsschlag, aber die Situation hier in Europa ist doch ganz anders.«

»Hier in der Stadt habe ich bisher nur eine Frau im Niqāb erlebt, und das war eine deutsche Konvertitin«, sagt meine Freundin.

»Ja, das erkenne ich schon daran, dass sie alleine durch die Stadt geht. Muslimische Frauen, die in Europa von ihren Männern dazu gezwungen werden, dürfen ja gar nicht alleine vor die Tür. Sie leben in so krass repressiven Strukturen, dass ein Verbot für sie vermutlich bedeuten würde, gar nicht mehr rauszukommen.«

»Ich zweifle auch stark daran, dass es den Parteien, die sich für Vollverschleierungsverbote aussprechen, wirklich um die Rechte von Frauen und Mädchen geht, denn es sind meistens genau die, für die Gewalt gegen Frauen ansonsten kein Thema ist.«

»Aber ich bin schon dafür, dass Leute zur Identitätsfeststellung ihr Gesicht zeigen müssen«, sage ich. »Und zu bestimmten Berufen im öffentlichen Dienst passen religiöse Symbole aus meiner Sicht auch nicht. Aber ich will nicht in einem Staat leben, wo erwachsenen Frauen in ihrer Freizeit Kleidervorschriften gemacht werden.«

»Aber du unterstützt doch die Forderung für ein Kinderkopftuchverbot?«

»Ja, was ich bei Erwachsenen tolerieren muss, muss ich deswegen noch lange nicht aktiv bei Kindern fördern. Kinder brauchen Orte, wo sie sich frei von Zwang und Vorurteilen mit Glauben beschäftigen können. Daher finde ich ein Verbot von religiösen Symbolen in Kindergärten und Schulen bis zur Religionsmündigkeit logisch. Danach können sie dann entscheiden, ob sie sich ein Kreuz, Kopftuch oder Kippa anziehen wollen.«

»Oder so ein T-Shirt?«, grinst meine Freundin und zeigt

auf mein T-Shirt mit dem Aufdruck *Kāfir* in arabischen Zeichen.

»Genau. Ich will meine Meinung offen zur Schau tragen, obwohl andere sie falsch und gefährlich finden. Und deshalb kann ich Frauen ja auch nicht verbieten sich zu verschleiern, nur weil sie sich damit zur Scharia bekennen. Aber verstehen kann ich sie deshalb noch lange nicht«, unterstreiche ich noch mal und krame mein Mobiltelefon hervor. »Hier, hör mal. Das ist das Stück *Hashrab Hashish* von der ägyptischen Sängerin Luka Blue: *Meine Oma lehrte mich, dass Mädchen Kleider tragen sollten. Meine Mutter sagte mir, ich dürfe nicht im Schlamm spielen. Meine verschleierte Tante warnte mich, dass Singen mich in die Hölle bringt. Mein Vater lehrte mich gar nichts. Daher mache ich das einzig Richtige und rauche Hasch.*«

»Hasch statt Haddsch. Das wäre ja glatt ein neuer T-Shirt-Spruch.«

DIE MEINUNGSFREIHEIT

»Ich habe heute einen furchtbaren Traum gehabt.«

»Hast du wieder von der Islamisierung des Abendlandes geträumt?«, fragt meine Freundin. Sie klingt noch verschlafen. »Deine Träume könnte man vermutlich gut in Werbefilmen der Identitären verarbeiten.«

»Sehr witzig. Ich suche mir die Träume leider nicht aus. Ich würde viel lieber niedliche Katzenvideos träumen. Aber wenn Katzen in meinen Träumen auftauchen, sind sie immer tot. In meinem Traum stand meine Tante neben meiner Mutter, sie hatte eine Hand auf der Schulter meiner Mutter, sah mir direkt in die Augen und sagte: ›Wenn du mein Sohn wärst, würde ich dafür Sorge tragen, dass du von dieser Welt verschwindest.‹ Meine Mutter schaute derweil beschämt zu Boden.«

»War es die Mutter deines verrückten Cousins?« Meine

Freundin nahm mich in die Arme, bis das schlimmste Angstgefühl weg war.

Nach dem Aufstehen duschte ich die Reste des Albtraums ab, trocknete mich gründlich, zusselte mir das Haar zurecht, zupfte schnell die Augenbrauen in Form und setzte ein Grinsen auf, bevor ich das Haus verließ.

In der Öffentlichkeit wahrte ich die Fassade, lachte über meine Situation und versuchte, lässig über meine Erfahrungen zu sprechen. Aber in Wirklichkeit war es nicht besonders cool, als Kind im Pyjama gefoltert worden zu sein und in ständiger Angst zu leben.

Mein Djinn hatte mir zwischenmenschliche Kontakte noch nie leicht gemacht und plagte mich seit dem Exorzismus nur noch heftiger. Und die Todesangst während der Folter hatte mich für den Rest meines Lebens verändert. Mir war meine Kindheit gestohlen worden und ich würde vermutlich den Rest meines Lebens mit depressiven Schüben und Albträumen leben müssen. Ich hatte mir nicht ausgesucht so zu sein und diese Erfahrungen zu machen.

Doch meine Aktionen gaben meinem Leben einen Sinn. Sie gaben mir das Gefühl, dass das alles nicht umsonst passiert war. Als Aktivist fühlte ich mich nützlich und profitierte von meinem Djinn. Als Schüler standen mir meine Impulsivität und mein Übermut im Weg; als Aktivist kamen mir meine Spontaneität und Risikobereitschaft zugute. Ich war es gewohnt, mich unbeliebt zu machen und anzuecken, und wagte Dinge, die kein normaler muslimischer Junge sich jemals getraut hätte. Ich hatte nichts zu verlieren und konnte deshalb ein Sprachrohr für die vielen sein, denen der Preis zu hoch war. Und deshalb ließ ich mich nicht aufhalten, nicht von der Hetze und auch nicht von meinen Verwandten.

»Du musst dich entscheiden, entweder die Familie oder deine Gotteslästerung«, drohte mein Vater noch am selben Abend im Videochat. Meine Aktionen überforderten sie. Aber ich musste mich nicht mehr entscheiden. Meine Eltern hatten für mich entschieden, als sie mich angezeigt, als sie mir bei der Flucht geholfen und als sie meine Bitte um Rückkehr abgewiesen hatten. Es gab für mich keinen Weg zurück mehr. Ich akzeptierte sie so, wie sie waren, es lag an ihnen, ob sie mich so annehmen konnten, wie ich war.

»Wann wirst du endlich erwachsen und findest einen Glauben? Du kannst ja Christ werden oder Jude, aber an Gott geht kein Weg vorbei«, sagte mein Vater.

»Baba, ich glaube an die Evolution.«

»Aber wer hat die Evolution gemacht?«

»Und wer hat Allah gemacht?«

»Mit dir kann man ja nicht vernünftig reden«, schnaubte er. »Ich habe ein Visum für mich und deine Mutter bekommen. Wir möchten dich gerne besuchen, aber du musst jetzt alle deine Kāfirsachen auf Facebook löschen, sonst kommen wir nicht!«

»Ich werde gar nichts löschen, aber ich werde euch auf Facebook blockieren, dann müsst ihr die Sachen nicht sehen«, teilte ich ihm entschieden mit.

Er legte wütend auf, doch einige Tage später meldete er sich wieder.

»Wir kommen«, sagte er nur. »Diesmal haben wir ein Flugzeug nach Hamburg gebucht. Holst du uns ab?«

»Tamam«, sagte ich. Danach kam meine Mutter an den Apparat. Wir versprachen einander, dass wir eine Woche ohne Streit verbringen würden.

Ich legte auf und erinnerte mich an den Abschied vor über vier Jahren. »Pass auf dich auf, mein Sohn!«, hatte meine Mutter gesagt.

Ich hatte auf mich aufgepasst. Ich hatte ein Zuhause und viele Freunde. Ich lebte und hatte die Freiheit und Sicherheit, die wir uns alle für mich erhofft hatten. Meine Mutter hatte sich für mich ein ganz anderes Leben gewünscht. Aber ich war dankbar dafür, dass sie mich trotzdem nicht ganz abgeschrieben hatte. Ich räumte alle Bücher, Bilder und T-Shirts weg, die meine Eltern verletzen könnten. Ich ließ mir eine ordentliche Frisur verpassen und kaufte mir ein Hemd und eine neue Hose.

Und als der Ankunftstag kam, setzte ich mich in den Zug nach Hamburg, freute mich und hatte gleichzeitig große Angst.

DER TERROR

»Guck dir das mal an«, unterbreche ich mal wieder aufgebracht meine Freundin beim Lesen. »Einige meiner alten atheistischen Kontakte in Irakisch-Kurdistan finden tatsächlich, die Muslime hätten den Anschlag auf die zwei Moscheen in Christchurch selbst über sich gebracht.«

»Krass«, sagt sie. »Das ist ja zynisch.«

»Das sind die gleichen Leute, die sich über die antimuslimische Gewalt in China und Malaysia freuen.«

»Tja, es sind eben nicht alle Atheisten auch Humanisten. Und was sagt dein muslimischer Freundeskreis?«

»Viele sehen den Anschlag als Teil einer großen Weltverschwörung gegen den Islam. Meine Mutter hat mich panisch angerufen, ich solle aufwachen und kapieren, dass der Westen es nicht gut mit uns meine. Mein Vater hofft, dass die Weltgemeinschaft endlich versteht, dass Muslime seit Jahrzehnten unter Beschuss stehen und die islamistischen Gruppen ein Produkt dieser Angriffe sind.«

»Und was meinst du?«

»Mich trifft jeder Terroranschlag, unabhängig von den Motiven des Täters, dem Glauben der Opfer oder davon, ob er im Westen, Osten, Norden oder Süden stattfindet. Aber ich muss zugeben, dass mich dieser Anschlag besonders heftig getroffen hat. Ich bin einfach immer mitgemeint, wenn Menschen aus meiner sogenannten Herkunftskultur als unwertes Leben eingestuft werden. Die Reaktion der neuseeländischen Premierministerin hat mich sehr bewegt«, sage ich. »Sie hat das einzig Richtige getan und gezeigt, dass sich Hass nicht mit Hass bekämpfen lässt, sondern mit Solidarität und Mitgefühl. Vielleicht kann ihr Umgang auch meinen Eltern zeigen, dass die Welt eben nicht schwarz-weiß ist.«

»Deine Mutter hat große Angst vor Terror, oder?«

»Ja, erinnerst du dich noch daran, dass sie mich zu Silvester angerufen und gebeten hat, im Haus zu bleiben und Menschenansammlungen zu meiden? Und ich habe immer Angst, dass meine Eltern Opfer eines Anschlags werden könnten.«

»Die Angst verbindet uns auf der ganzen Welt«, sagt meine Freundin.

»Ja, aber sie trennt uns auch. Wir fangen an, uns voreinander zu fürchten und zu Unrecht verdächtigt zu fühlen. Nur die islamistischen und rassistischen Mobs freuen sich über jeden Anschlag.«

»Sie haben ja auch dasselbe Ziel, die Gesellschaft zu spalten. Doch der Feind ist nicht die andere Hautfarbe, die andere Herkunft oder der andere Glaube.«

»Deshalb verstehe ich auch den Impuls der Premierministerin, die Verbundenheit mit den Opfern über das Tragen eines Kopftuchs zeigen zu wollen«, sage ich. »Ich finde die Geste bewegend, das gewählte Zeichen aber stark irritierend.«

»Das war ja klar«, seufzt meine Freundin.

»Ja, denn das Kopftuch ist ja nicht mal ein Symbol, das die muslimische Welt verbindet«, erkläre ich unbeeindruckt. »Es ist ein Instrument der Unterdrückungsstrukturen, gegen die viele Frauen in muslimischen Gesellschaften tapfer ankämpfen. Es ist ein Ausdruck genau der reaktionären Bewegungen, die Vielfalt und Offenheit im Islam verhindern. Es ist ein Schlag ins Gesicht für alle Frauenrechtlerinnen, moderate Gläubige und Abtrünnige wie mich, dass ausgerechnet das Kopftuch zum Symbol des Miteinanders gemacht werden soll.«

»Und was schlägst du stattdessen vor?«

»Sie sollen sich natürlich um die Moscheen versammeln, Wache halten und einander die Hände reichen«, sage ich. »Aber sie sollten das nicht uniformiert, sondern in ihrer authentischen Unterschiedlichkeit machen. Und wenn sie ein Symbol nutzen wollen, sollten sie keine Kopftücher binden, sondern Regenbogenfahnen schwingen!«

DIE ELTERN

Meine Mutter hatte Irakisch-Kurdistan nur ein einziges Mal für die Pilgerfahrt nach Mekka verlassen. Nun war sie für zehn Tage in Europa und fühlte sich wie in einer Science-Fiction-Welt. In ihren Augen war hier alles aufregend und viel schöner als zu Hause: Die Bäume seien grüner, die Straßen sauberer, die Menschen sportlicher. Sie guckte sich die Welt mit dem Blick einer Abenteuerreisenden an und ließ sich nicht mal davon verschrecken, dass sie plötzlich einen halbentblößten Hintern vor der Nase hatte, weil die Frau, die in der S-Bahn vom Flughafen vor ihr stand, einen so kurzen Minirock trug.

Bevor wir in die Regionalbahn umstiegen, gingen wir am Hauptbahnhof essen. Ich wählte ein syrisches Restaurant. Da war ich sicher, dass die Mahlzeit halāl war. Der Tee sei gut, befand meine Mutter. Das Essen könne mit ihrem eigenen aber nicht mithalten. Dafür interessierte sie das Publikum. Neben uns saß ein schwules Paar. Als wir auf dem Weg aus dem Restaurant darüber sprachen, hörte sie gar nicht mehr auf zu kichern. Sie könne sich einfach nicht vorstellen, dass Männer Männer lieben könnten. Aber sie schien nicht verärgert, sie lachte nur.

»Wenn das so weitergeht, reißt sie sich morgen das Kopftuch runter und geht in die Disco«, dachte ich und beobachtete sie mit Erstaunen.

Mein Vater sah die Sache anders, in Hewlêr sei fast alles

schöner, größer und besser. Er war als junger Mann etwas umhergereist, gab sich deshalb weltmännisch und warf lässig mit seinen wenigen deutschen Worten um sich. Nur an der ganz neuen Jeans und den ungetragenen sportlichen Schuhen erkannte man, dass er sich eigens für diese Reise europäisch verkleidet hatte. Es sollte keiner denken, er käme vom Mond, er hatte mich schließlich schon mal besucht.

Es war schön, die beiden hier zu haben, und gleichzeitig aufwühlend. Meine Mutter sah abgekämpft aus. Nach der Bahnfahrt in meiner Wohnung angekommen, legte sie den langen alten Mantel und das Kopftuch ab. Auch sie hatte sich schön gemacht für die Reise. Ihre grauen Haare waren gefärbt und modern geschnitten. Trotzdem sah sie müde aus und bewegte sich beschwerlich. Ihr Körper schmerzte. Sie hatte immer arbeiten müssen, als älteste Tochter, als junge Ehefrau, als Mutter und nun als Oma. Sie konnte sich gar nicht daran erinnern, dass sie mal einen Tag nicht geputzt und gekocht hätte. Und vor der Reise hatte sie tagelang Essen vorbereitet und eingefroren, damit die Familie nicht verhungerte, während sie weg war.

Kein Wunder, dass mein Vater von der Heimat schwärmte. Für Männer war der Alltag in Irakisch-Kurdistan bequem. Doch für die meisten Frauen war dort die Zeit stehen geblieben. Was würde passieren, wenn meine Eltern hier leben sollten? Würde mein Vater seine Frau zu Hause einsperren aus Angst davor, dass sie sonst ein neues Leben begänne?

Meine Mutter hatte ihren Mantel kaum abgelegt, da deckte sie den Tisch schon mit leckeren Speisen. Der ganze Koffer war mit Köstlichkeiten gefüllt. Sie wolle meine Freunde bekochen, ich solle alle einladen. Ich hatte das vermisst, diese selbstverständliche Offenheit und Freundlichkeit. Meine Mutter war kein böser Mensch. Auch mein Vater meinte es gut. Sie hatten mir nie schaden wollen.

Ich nahm mir meinen Block und notierte meine Überlegungen: »Glaube ist ein bisschen wie eine Droge. Wenn du selber entscheidest, wann und wie viel du davon genießt, dann kannst du viel Spaß damit haben. Aber wenn sie dein Leben bestimmt, dann wird Sucht zu einer Krankheit. Wenn du glaubst, dass es das einzig Wahre ist, dann hast du ein Problem. Und wenn du dir und anderen damit das Leben zur Hölle machst, dann brauchst du eine Therapie.«

Ich legte den Block zur Seite, naschte von den Keksen meiner Mutter, betrachtete meine glücklichen Eltern vor mir auf dem Sofa und wurde leicht nervös bei dem Gedanken, dass ich heute vor dem Einschlafen nicht würde kiffen können. Aber diese Tage würden mir vielleicht ganz guttun. Meinen Eltern hoffentlich auch.

Und sie taten uns tatsächlich gut. Wir holten viel von dem nach, was wir in den letzten Jahren verpasst hatten. Ich ließ mich bekochen und kochte für meine Mutter, die neugierig beobachtete, wie ich das Gemüse zubereitete.

»Du machst es ganz anders, aber es schmeckt gut«, befand sie. »Ich werde das zu Hause nachkochen und dabei an dich denken.«

Wir redeten über alles, was in den letzten Jahren passiert war, und sprachen vieles an, worüber wir bisher geschwiegen hatten. Meine Eltern versicherten mir immer wieder, dass sie mir nie wehtun wollten, sondern stets mein Bestes gewollt hätten. Sie hatten gehofft, mein Leben mit Gewalt in die richtige Bahn lenken zu können, und damit viel zerstört. Es tat ihnen leid. Darüber sprach meine Mutter auch mit meiner Freundin. Ich übersetzte und hatte das Gefühl, dass meine Mutter zum ersten Mal in ihrem Leben mit einer Außenstehenden über ihre Verzweiflung sprach.

»Glaubst du an Djinns?«, fragte meine Mutter meine Freundin, nachdem sie ihr erklärt hatte, dass sie mir mit dem Exorzismus nur hätte helfen wollen.

»Nein, eigentlich nicht«, antwortete meine Freundin und fügte lachend hinzu: »Aber seitdem ich Amed kenne, bin ich mir nicht mehr so sicher.«

Meine Mutter starrte sie erst an und musste dann so herzhaft lachen, wie ich sie selten habe lachen hören. Und bei jedem nachfolgenden Treffen mit meiner Freundin zeigte sie auf mich, sagte »Djinn« und ging lachend Arm in Arm mit ihr durch die Gegend. Ihr Spaß verletzte mich nicht, denn ich merkte, wie sehr beide mich liebten. Und vermutlich war meine Freundin die Einzige, die wirklich nachvollziehen konnte, wie schwer es für meine Mutter mit mir gewesen war.

Ich ging stolz mit meinen Eltern durch meine Stadt. Der kleine Gangster rief mich an und erzählte, dass ihn ein Kumpel auf den Besuch meiner Eltern angesprochen hatte. »Wie kann er Atheist sein, wenn seine Mutter Hidjāb trägt?«

Das fand ich ziemlich komisch, aber für einen Muslim wie ihn war es vielleicht ein logischer Rückschluss, dass ich als Atheist auch meiner Mutter vorschreiben würde, was sie anziehen dürfe.

Wir hatten eigentlich vereinbart, nicht über Religion zu sprechen, dennoch war es ständig Thema. Meine Eltern schienen sich zwar damit arrangiert zu haben, dass ich nicht glaubte, aber dass ich das öffentlich zugab und auch noch den Islam kritisierte, war für sie noch immer unerträglich. Sie hatten das Gefühl, als Eltern versagt zu haben, und schämten sich sehr für mich.

»Du bist kein schlechter Mensch. Du könntest ein guter Muslim sein. Du könntest Menschen zeigen, dass der Islam gut ist. Dafür würden sie dich lieben, statt dich und uns zu hassen.«

Ich entdeckte, dass mein Vater die Schriften viel weniger buchstäblich nahm, als ich gedacht hatte, er lachte nur bei dem Gedanken an die angeblichen Jungfrauen im Paradies. Für ihn war der Islam eher eine spirituelle Praxis.

Meine Mutter betonte die friedlichen und freundlichen Aspekte des Islams. »Die Islamisten sind nicht die wahren Muslime, der wahre Islam ist friedlich und barmherzig. Hör endlich auf, den Islam zu kritisieren. Es ist eine Schande für mich, einen Sohn wie dich zu haben. Wir bekommen auch

Drohungen wegen dir. Ich habe Angst um dich und uns.« Da waren wir also wieder.

»Ist eure Religion wirklich so friedlich, wenn ihr Angst vor den Mitgläubigen habt?«, fragte ich.

»Sei nicht albern«, mein Vater wurde wütend. »Die Menschen, vor denen wir Angst haben, sind keine wahren Gläubigen.«

»Na, das erzähl mal den selbsternannten Gotteskriegern.«

»Du solltest nicht aus Angst vor Islamisten, sondern aus Respekt vor den wahren Muslimen mit deiner Kritik aufhören«, schob er nach.

»Eine Religion mit so vielen Gläubigen darf man nicht kritisieren. Du verletzt damit die Gefühle von Millionen und nicht zuletzt meine.« Meine Mutter weinte.

Morddrohungen, Gefängnis und Folter waren leichter auszuhalten als ihre Tränen. Der Abschied erfüllte mich daher mit sehr gemischten Gefühlen. Ich war lange nicht mehr so glücklich gewesen, aber auch lange nicht mehr so verzweifelt.

Ich dachte an das arabische Gedicht von Khalil Gibran:

Eure Kinder sind nicht eure Kinder.
Sie sind die Söhne und die Töchter der Sehnsucht
des Lebens nach sich selber.
Sie kommen durch euch, aber nicht von euch,
Und obwohl sie mit euch sind, gehören sie euch doch nicht.
Ihr dürft ihnen eure Liebe geben,
aber nicht eure Gedanken,
Denn sie haben ihre eigenen Gedanken.
Ihr dürft ihren Körpern ein Haus geben,
aber nicht ihren Seelen,
Denn ihre Seelen wohnen im Haus von morgen,
das ihr nicht besuchen könnt,
nicht einmal in euren Träumen.
Ihr dürft euch bemühen, wie sie zu sein,
aber versucht nicht, sie euch ähnlich zu machen.

Denn das Leben läuft nicht rückwärts
noch verweilt es im Gestern.

Ich wusste, dass meine Eltern es kannten. Aber sie schienen es nicht zu verstehen.

DER VERHÖRER

»Wie, es heißt gar nicht ›Hi Hitler‹?«, frage ich verdutzt. Das habe ich in allen Filmen über die NS-Zeit so verstanden. Meine Freundin kann nicht mehr aufhören zu lachen.

»Wie soll ich das denn bitte wissen? Hast du eigentlich eine Ahnung, wie wenig man im Irak über den Nationalsozialismus lernt? Ich habe letztens einen arabischen Autohändler in Hamburg kennengelernt, der meinte, dass die Juden verdient hätten, im Holocaust zu sterben, weil Israel so scheiße mit den Palästinensern umgeht. Mir ist dazu echt gar nichts mehr eingefallen. Er meinte, Hitler sei sowieso kein schlimmer Mensch gewesen und Gaddafi auch ein feiner Herrscher. Er meinte auch, dass Saddam Hussein eigentlich ganz cool war.«

»Das hat er zu dir gesagt?«

»Ja, bei der genozidalen Anfāl-Operation sind selbst nach irakischen Quellen mindestens hunderttausend Kurdinnen und Kurden ermordet worden, kurdische Quellen sprechen von hundertachtzigtausend Toten. Aber wer den Holocaust gutheißt, für den sind das natürlich Peanuts.«

»Okay, aber der Typ ist doch eher eine Ausnahme.«

»Aber es gibt solche Ausnahmen überall«, halte ich fest. »Ich bin mal mit einem Kumpel hier in Deutschland mit zum Iftār, dem Fastenbrechen, gegangen. Nach dem Essen konnten alle einige Gebete sprechen und dem Imam auch Fragen stellen. Es wurde in mehreren Sprachen gesprochen, ich habe daher nur das Arabische verstanden. Und da sagte ein Araber tatsächlich plötzlich ›Gott schütze unsere djihādistischen

Brüder im Kampf gegen die Kuffār, nieder mit Amerika und nieder mit Israel!‹ Die meisten anderen im Raum haben das vermutlich gar nicht verstanden, aber trotzdem einstimmig mit ›Amen‹ geantwortet.«

»Das ist wirklich nicht hinnehmbar, wenn ausgerechnet Leute in Deutschland das Existenzrecht Israels in Frage stellen«, sagt sie. »Der Nahostkonflikt ist so verfahren und komplex, aber ich gebe die Hoffnung auf eine Versöhnung nicht auf.«

»Die Leute, die sich angeblich mit Palästina solidarisieren, kommen zum Teil aus Ländern, wo es Menschen aus Palästina echt mies geht. Im Libanon zum Beispiel haben viele Palästinenser einen begrenzten Zugang zum Arbeitsmarkt, zu Gesundheitsversorgung und Wohnraum. Das kümmert offenbar keinen. Es ist viel einfacher, Hass gegen Israel zu schüren, statt zu gucken, wie das Ganze zusammenhängt. Und es regt mich total auf, dass ausgerechnet die meiner muslimischen Freunde, die gegen Israel hetzen, am liebsten dort wohnen würden, weil sie genau wissen, dass es der einzige Ort im Mittleren Osten ist, an dem man frei leben kann«, sage ich. »Ich halte es nur schwer aus, wenn Leute, die im persönlichen Kontakt total nett und freundlich sind, so krasse Meinungen haben.«

»Auch unter Deutschen gibt es viele, die den Holocaust verharmlosen und sich repressive Systeme herbeiwünschen.«

»Man sollte in den Integrationskursen weniger ›Danke, Bitte und Entschuldigung‹ üben und mehr Holocaust-Filme gucken«, sage ich.

»Ja, gemeinsam mit den Einheimischen. Dann könnte man die Aufklärung gleich mit Begegnung verbinden.«

DIE LIEBE

Jemanden als Juden zu beschimpfen, war in meiner Kindheit fast so furchtbar, wie ihn als Ungläubigen zu beleidigen, obwohl beides natürlich nicht ganz so schlimm war wie die Bezeichnung ›schwul‹.

Araberinnen und Araber galten als böse, denn sie hatten der kurdischen Bevölkerung so viel Leid zugefügt. Jesidinnen und Jesiden hatten den Ruf, seltsame Teufelsanbeter zu sein. Und obgleich ich gar keine Berührung damit hatte, galten auch Jüdinnen und Juden und der Staat Israel früher für mich ganz unreflektiert als schlecht.

Selbst nachdem ich selbst verfolgt wurde und flüchten musste, nahm ich meine Feindbilder erst mal mit. Ich bezeichnete mich als Freidenker und Atheisten, aber ich hatte mich nur von der Religion abgewendet und mich nicht von den damit verbundenen schlichten Denkmustern befreit.

Erst als ich in Deutschland enge Freundschaften mit Araberinnen und Arabern schloss, entdeckte ich, wie absurd meine Vorstellungen von »den Arabern an sich« gewesen waren. Und natürlich hatte ich mit den meisten Jesidinnen und Jesiden viel mehr gemeinsam, als mich trennte, und ihre Religion erschien mir weit weniger seltsam als die, mit der ich aufgewachsen war.

Auch Jüdinnen und Juden lernte ich erst in Deutschland persönlich kennen. Und über meine Beschäftigung mit dem Holocaust und Begegnungen mit israelsolidarischen Gruppen erlebte ich eine komplett neue Sicht auf den Nahostkonflikt. Anfangs war ich so bewegt, dass ich meine Wohnung am liebsten mit Israelfahnen geschmückt hätte und von dem Traum besessen war, irgendwann nach Israel auszuwandern.

Doch dann befreundete ich mich mit einem jungen Palästinenser, hörte seine Geschichte und verstand, dass auch hier nichts schwarz-weiß war. Feindbilder sind nie eine Lösung für Probleme. Und ich versuchte, mich wirklich zu befreien, nicht nur vom Glauben, sondern von dem Hass, den angeblichen Wahrheiten und schlichten Weltbildern.

Die Komplexität der Welt erschlug mich manchmal. Die Ambivalenz war nicht immer auszuhalten. Dass die Welt nicht aus Bösen und Guten bestand. Ich bedauerte manchmal, dass es keine einfachen Lösungen gab. Aber das musste man lernen, nicht nur ich.

Ich konnte muslimische Traditionen genießen, ohne an die spirituellen Konzepte dahinter zu glauben. Ich konnte muslimische Freunde haben, obwohl ich ihre Weltsicht furchtbar fand. Aber sie mussten im Gegenzug lernen zu akzeptieren, dass ich die Welt anders sah als sie. Und daran glaubte ich, dass ich etwas bei ihnen bewegen konnte. Auch wenn ich dafür manchmal zu drastischen Mitteln greifen musste.

Die meisten anderen Abtrünnigen in meinem Freundeskreis outeten sich nicht. Sie verstellten sich vor der Familie und der muslimischen Community. Vermutlich saßen viele Ungläubige oftmals zusammen, ohne es zu merken, weil alle die muslimische Etikette wahrten. Einige wenige hatten sich komplett von ihrem bisherigen Kreis entfernt und hockten nur noch unter Gleichgesinnten. Doch ich wollte mich weder verstellen, noch alle meine bisherigen Bezüge aufgeben. Denn ich war davon überzeugt, dass es weder nutzte, sich zu verleugnen, noch sich abzugrenzen. Ich würde mein Umfeld weiter konfrontieren und verkrustete Vorstellungen aufbrechen. Toleranz und Offenheit mussten laut, bunt und provokativ erkämpft werden. Ich wollte Probleme aufzeigen, aufwecken und zum Nachdenken anregen. Und dafür musste ich eben manchmal dahin gehen, wo es wehtat.

Als Palästinenserinnen und Palästinenser in meinem Wohnort zu einer Demonstration aufriefen, sah ich es deshalb als eine gute Chance für eine kleine Aktion für friedliche Lösungen statt Eskalation. Ich bastelte ein Plakat mit dem Foto eines Israeli und eines Palästinensers, die sich küssen, setzte den Spruch *Make Love Not War* drauf und nahm es mit auf die Demo.

Meine Freundin weigerte sich, mich bei der Aktion zu begleiten. Als ich auf dem Weg zur Demo einen Freund traf, fragte ich ihn, ob er mitkommen könnte.

»Bist du lebensmüde?«

»Ja, die werden bestimmt nicht begeistert sein, aber wie kann ich besser an den eingefahrenen Vorstellungen rütteln als mit diesem Bild? Befreit euch von dem Hass, befreit euch von den Feindbildern, befreit euch von den religiösen Tabus!«, rief ich und gab ihm mein Mobiltelefon. »Magst du zur Sicherheit filmen, was passiert, man weiß ja nie.«

Ich gesellte mich ruhig zum Demonstrationszug, zog friedlich mit durch die Stadt, drängte mich niemandem auf, war aber auf Diskussionen eingestellt. Doch die Situation eskalierte innerhalb kurzer Zeit. Es war gar nicht an Dialog zu denken. Ich wurde nicht nur verbal, sondern auch körperlich angegriffen und musste die Demo zuletzt fluchtartig verlassen.

»Was habe ich dir gesagt«, sagte mein Freund und gab mir mein Telefon zurück. »Du bist doch irre, Bro.«

Einige Tage danach traute er sich nicht mehr, sich öffentlich mit mir zu zeigen. Ich hatte den Videoclip hochgeladen. Und weil er beim Filmen gesehen worden war, erreichten nun nicht nur mich, sondern auch ihn die üblichen Drohungen.

DER FRISEUR

»Wow, Achim, deine Haare sind ja lang geworden!« Der Computerfachmann wuschelt mir über den Kopf. Wir sind uns zufällig über den Weg gelaufen.

»Ja, ich habe Angst vorm Friseur. Seit meiner letzten Demo-Aktion habe ich so viele Drohungen bekommen, dass ich mich nicht mehr in arabische Imbisse und Friseurläden traue.«

»Dann geh doch zu einem deutschen Friseur«, schlägt er vor.

»Die haben es aber nicht drauf. Ich habe das ein Mal vor Jahren versucht, als ich noch im Kinderheim gelebt habe. Ich sah danach unmöglich aus.« Ich hole mein Mobiltelefon raus und zeige ihm ein Bild von damals. Wir müssen beide lachen.

»Aber du hast Recht, ich werde meine Angst überwinden und mich in die Höhle des Löwen begeben. Kommst du mit und passt auf mich auf?«

»Nein, ich muss mich um die Kinder kümmern.«

»Grüß deine Familie, Habibi«, ich umarme ihn, mache mich auf den Weg zu meinem arabischen Lieblingsfriseur und setze mich in die Warteecke.

Den Friseur, der mich abholt, kenne ich nicht. Er fordert mich finster auf mitzukommen und macht sich ans Werk. Er wirkt total fahrig und werkelt so seltsam um die Ohren rum, dass ich kurz Angst habe, er schneidet mir ein Ohr ab oder greift das Messer vor sich und legt es mir an die Kehle.

Ich sitze stocksteif und verfluche meinen Mut. Ich werde einen schrecklichen Tod im Friseursalon sterben. Und die Öffentlichkeit wird glauben, dass es um Bandenkriminalität geht, genau wie bei den NSU-Morden.

Der Friseur hält plötzlich inne und räuspert sich. »Es tut mir wirklich leid, Habibi!«

Hilfe, will er sich jetzt dafür entschuldigen, dass er mich gleich umbringt?

»Ich muss mich erst wieder an den Ramadan gewöhnen«, redet er weiter, während er die Haare stylt. »Ich bin total unkonzentriert. Ich hoffe, ich habe dir eben nicht wehgetan.«

»Barak Allahu feek, Gott segne dich«, vor Erleichterung rutscht mir die Floskel aus dem Mund.

»Allah maak, Gott sei mit dir«, setze ich als Verabschiedung sogar noch einen drauf, gehe aus dem Laden und laufe geradewegs auf einen ehemaligen Dolmetscherkollegen vom Bahnhof zu.

»Hey, alles klar, Bro?«

»Ja, ich komme gerade vom Sport«, antwortet er. »Naja, wenn man es so nennen kann. Ich war im Fitnesscenter, habe aber nicht viel gemacht. Ich bin im Ramadan dafür immer zu schwach.«

»Ramadan? Seit wann glaubst du an Gott?«

»Ich glaube nicht an Gott. Aber ich liebe das Fastenbrechen mit meiner Familie. Und ich finde es total unfair, wenn ich dann nicht mitfaste«, erklärt er.

Ramadan, kaum eine Zeit im Jahr löst bei mir so widersprüchliche Gefühle aus. Es ist die Zeit, in der wohlmeinende Deutsche mich überrascht fragen, ob ich denn etwas essen dürfe, es sei doch Ramadan. Und es ist die Zeit, in der meine muslimischen Freunde tagsüber oft schlechte Laune und Mundgeruch haben und mich dafür hassen, dass ich in ihrer Gegenwart Eis esse. Es ist aber auch die Zeit, in der ich die wunderbaren Nächte mit der Familie vermisse, wie wir leckere Sachen gegessen haben und besonders nett zueinander waren. Es war schon besonders, wenn ich gegen zwei oder drei Uhr nachts aufgewacht bin und meine Mutter bereits dabei war, das Essen zuzubereiten und wir dann bis zum Morgengrauen zusammen waren und gegessen haben. Ich vermisse diese magische Zeit. So wie die meisten in Europa es vermissen würden, wenn sie plötzlich ohne Weihnachten auskommen müssten.

»Das verstehe ich. Ich vermisse auch die besondere Stimmung beim nächtlichen Fastenbrechen«, sage ich. »Aber den Durst am Tag vermisse ich nicht. Das Hungern ist nicht schlimm. Ist ja quasi wie der neue Diättrend, wo man nur einige Stunden am Tag essen darf. Aber welcher Menschenfeind hat sich ausgedacht, dass man so viele Stunden ohne

Wasser auskommen muss? In Irakisch-Kurdistan haben wir manchmal bei fünfzig Grad Hitze gefastet.«

»Ich mag die Selbstkontrolle und den Verzicht«, sagt er. »Ich finde es gut, den Fokus auf Wohltätigkeit und Gemeinschaft zu setzen.«

»Es wird doch in keiner Zeit so viel Essen weggeschmissen wie nach den nächtlichen Fressorgien! Der Ramadan ist ein großes kommerzielles Konsumevent und ungefähr so besinnlich wie Weihnachten.«

»Na, dann«, lacht er. »Happy Eid!«

»Ramadan Mubarak, gesegnetes Ramadan, Bro!«

DER RAT

»Słâw! Hallo meine Tochter, wie läuft die Revolution?«, sagte mein Vater in bissigem Ton im Videochat. Meine Mutter saß neben ihm und beide hatten einen so finsteren Gesichtsausdruck, als sei Saddam plötzlich vom Tode auferstanden und wieder an die Macht gekommen.

Ich ahnte Böses, zwang aber Fröhlichkeit in die Stimme. »Chonî bashi, geht's gut?«

Die *Deutsche Welle* hatte mich anlässlich des Jubiläums zum 70. Jahrestag der Verabschiedung des Grundgesetzes zum Thema Meinungsfreiheit interviewt und einen kurzen Videoclip erstellt, in dem ich von meinem Fluchtgrund und meinen heutigen Aktionen erzählte und dabei einen Ausschnitt des Videos von der letzten Demo zeigte. Der Videoclip wurde in mehrere Sprachen übersetzt und ich bekam unglaublich viel positive Resonanz aus der ganzen Welt, aber auch die gewohnten Hassnachrichten blieben nicht aus. Und als die arabische Version des Videos veröffentlicht wurde, eskalierte die Situation wieder einmal kurzfristig. Der Beitrag wurde in so rasender Geschwindigkeit mit Drohnachrichten bombardiert, dass die

Redaktion sich entschloss, das Video zu meiner Sicherheit zu entfernen.

Es ärgerte mich erst, dass es den Fanatischen damit gelungen war, mir meine Meinungsfreiheit in der Sprache zu nehmen, in der ich zu den Menschen sprechen konnte, die ich am liebsten erreichen wollte. Doch als der Schwall an Hassnachrichten abebbte, war ich froh über diese Entscheidung. Manchmal war es gut, wenn andere den Riegel vorschieben konnten, den ich nicht bewegen wollte. Ich hatte ja schon viele erreicht. Leider kam das Video auch bei meinen Eltern und ihren Nachbarn an.

»Was hast du schon wieder angestellt?«, mein Vater starrte mich wütend an.

»Ich habe mir einfach ein Schild gebastelt und bin auf eine Demo gegangen«, entgegnete ich trotzig.

»Einfach ein Schild?«

»Bale, ja!« Wir sahen uns schweigend an. Es war, als sähen wir in einen Spiegel. Er hatte graues Haar, aber seine Augenbrauen waren noch immer breit und schwarz. So würde ich in dreißig Jahren aussehen. Erkannte er in mir das Gesicht wieder, das ihm aus dem Spiegel entgegengeschaut hatte, als er zwanzig war? War er damals Soldat? Hatte er in den Bergen gekämpft? Ich wünschte mir eine Welt, in der junge Männer nicht Krieger sein mussten, weder in den Bergen Kurdistans noch auf den Straßen Europas. »Die Welt muss sich ändern, Baba.«

Daraufhin verschwand mein Vater vom Bildschirm und das Gesicht meiner Mutter rückte ganz nah an die Kamera. »Warum machst du das?«, fragte sie besorgt.

»Ich bin es leid, dass Menschen überall auf der Welt nur Hass schüren! Man muss falsche Ideen sterben lassen, bevor Menschen dafür sterben. Ich bin glücklich, in einem Land zu leben, in dem Menschen lieben können, wen sie wollen. Und ich bin froh, an einem Ort zu sein, an dem kein Krieg herrscht. Ich will nicht, dass hier Leute rumlaufen, die den bewaffneten Kampf glorifizieren und andere dafür verachten, wer sie sind und wen sie lieben, ohne dass sich jemand traut, dagegen etwas zu sagen. Ich kann dem Hass doch nicht die Straße überlassen.«

»Aber die Palästinenser haben doch allen Grund zum Protest. Und sie werden bestimmt nicht friedliche Lösungen finden, weil du so ein Bild hochhältst.«

»Ja, ich werde damit sicher nicht den Nahostkonflikt beenden können. Aber ich kann die Leute, die mich sehen, zum Nachdenken und Diskutieren anregen.«

»Ach, sie reden doch nur darüber, dass du verrückt bist!«

»Stimmt, aber sie sprechen auch über das Bild und darüber, dass Leute mich dafür angegriffen haben. Mir schreiben Leute, dass sie dankbar sind, dass ich das mache, was sie sich nicht trauen. Ich bin mit meiner Meinung nicht allein. Ich gehe auch auf die Straße, um zu zeigen, dass ich es anders sehe, obwohl ich auch ein Flüchtlingsgesicht bin.«

Meine Mutter schwieg, und ich fragte mich, warum ich immer wieder versuchte, mich zu erklären.

»Wenn ich sterbe, bist du der Grund dafür«, sagte meine Mutter ernst. »Ich wünschte, du wärst nicht mein Sohn.«

»Das wünschte ich mir auch«, dachte ich, aber ich sagte es nicht.

Als ich meiner Freundin den Wortwechsel erzählte, kämpfte ich mit den Tränen.

»Trotzdem kann und will ich sie nicht hassen. Aber ich verachte die Strukturen, in denen sie gefangen sind. Und dabei geht es mir ja noch gut. Ich bin ein heterosexueller Cis-Mann, der sich weit weg von seiner Familie in einem säkularen Staat befindet. In welcher Hölle leben LGBTTIQ*-Menschen in traditionellen Familien in muslimischen Ländern?«

»Ich verstehe deine Eltern nicht, sie sind doch in letzter Zeit so versöhnlich gewesen?«

»Weißt du, was sie mir erzählt haben? Sie hatten sich vor dem Besuch bei mir Rat bei ihrem Imam aus unserer Moschee in Hewlêr geholt. Sie haben ihn gefragt, ob sie mich besuchen dürfen, obwohl ich ein Kāfir bin, oder ob sie sich damit selber mitschuldig machen. Er hat ihnen die Erlaubnis erteilt, mich zu besuchen. Sie sollten mir gegenüber freundlich sein und mir Verständnis zeigen und mich dann ganz langsam und behutsam wieder zurück zum Glauben führen. Er kennt mich und er ist ein sehr freundlicher und friedlicher Mensch. Ich habe ihn als Kind geliebt, vermutlich mag er mich auch«, sagte ich. »Es ist der beste Rat, den er ihnen aus seiner Logik heraus geben kann.«

»Ja, das ist wohl auch der Rat, den ein zivilisierter Mensch Eltern von Kindern gibt, die sich radikalisieren«, sagte sie. »Du kannst wahrscheinlich froh sein, dass sie nicht einen anderen Imam gefragt haben.«

»Aber es macht mich so traurig«, antwortete ich.

»Das verstehe ich«, meine Freundin drückte mich ganz fest. »Ich weiß gar nicht, wie ich dich trösten kann. Aber ich glaube, dass sie dich trotzdem lieben.«

»Ich weiß, dass sie mich lieben. Doch sie sehen die Liebe zwischen Eltern und Kindern genauso wie zwischen ihrem Gott und den Menschen. Sie erwarten von mir Unterwerfung. Und die kann ich ihnen nicht geben, selbst wenn ich wollte.«

»Nein«, sagte sie und lachte leise. »Deine Liebe ist widerständig.«

DAS HEIMWEH

»Wir haben leider kein Essen, das halāl ist«, sagt die Bedienung zu mir, als ich sie zu den Zutaten eines Gerichts befrage. Der Computerfachmann und sein Mann haben mich und meine Freundin ins Restaurant eingeladen.

»Nein, ich esse gar keine Tiere, egal wie sie getötet worden sind«, sage ich. Sie guckt etwas irritiert, nimmt die Bestellung auf und geht.

»Dabei hatte ich mir doch gerade ein Bier bestellt«, seufze ich. »In Barcelona wollte mich ein marokkanischer Typ unbedingt in sein Restaurant locken, redete auf mich ein und rief mir engagiert hinterher, dass alles auch halāl sei. Dabei trug ich ein T-Shirt mit dem Aufdruck *Atheist*. Ich habe echt ein Integrationsproblem.«

»Hä?«, macht der Computerfachmann. »Du bist zwar ziemlich verrückt, aber bestens integriert.«

»Ja, aber das ist ja das Problem. Ich esse lieber vegan als halāl, rauche lieber Weed als Shisha, feiere lieber CSD als Eid und ich sage selbstverständlich lieber Moin als Salām. Das löst oft Irritationen aus. Vielleicht bin ich zu deutsch geworden? Aber Deutschland ist nun mal mein Zuhause und Kurdistan nur der Ort, an dem ich aufgewachsen bin.«

»Hast du nie Heimweh?«, fragt der Mann des Computerfachmanns.

»Ich vermisse meinen Bruder und ich vermisse die Großzügigkeit und Gastfreundschaft. Ich werde mich nie daran gewöhnen, dass man hier in Deutschland nicht spontan bei Leuten zu Besuch kommen darf. Und ich finde es echt anstrengend, wenn einige deutsche Freunde immer auf den Cent genau ausrechnen, wer was zu bezahlen hat, wenn sie zusammen essen waren. Aber sonst vermisse ich Kurdistan tatsächlich nicht so sehr.«

»Ich kenne viele Geflüchtete, die ihre alte Heimat vermissen«, sagt meine Freundin. »Sie mussten weg, wären aber viel lieber dort geblieben.«

»Ja, ich weiß. Die hören traurige Volksmusik und zelebrieren alte Traditionen. Im Exil werden sie dabei oft viel konservativer, als sie es jemals in ihrem Herkunftsland gewesen sind. Und komischerweise kommt das in der deutschen Gesellschaft teilweise besser an.«

»Wie meinst du das?«

»Naja, Deutsche gehen begeistert zu allen möglichen Kulturfesten, probieren kulinarische Kostproben, lauschen traditioneller Musik und lernen exotische Tänze«, sage ich. »Für mich sieht das manchmal fast aus wie ein Zoobesuch. Ich habe im Mittleren Osten nie traditionelle Musik gehört und fand Fastfood interessanter als das Essen meiner Mutter. Ich habe westliche Popmusik gehört, Simpsons geguckt und Handyspiele gespielt. Ich wüsste nicht, warum ich plötzlich kurdische Tänze tanzen und mich für Kulturabende interessieren sollte!«

»Also ich kann das schon verstehen«, sagt meine Freundin. »Als ich in Hamburg gelebt habe, habe ich viel mehr dänische Musik gehört und dänische Filme geguckt als vorher.«

»Naja, aber bei einigen Leuten frage ich mich schon, warum sie überhaupt geflüchtet sind, wenn sie genauso weiterleben wie vorher«, ich bin leicht genervt.

»Sie sind ja nicht alle vor der muslimischen Kultur geflüchtet, so wie du. Sie sind von Krieg oder Verfolgung vertrieben worden. Ich kann schon verstehen, dass sie nicht einfach alles aufgeben wollen. Warum sollten sie auch? Hier in der Grenzstadt leben doch ganz viele Däninnen und Dänen in einer echten Parallelkultur, die bleiben unter sich und nutzen nur dänische Angebote. Das wird aber nie problematisiert. Warum wird nur von einigen Menschen eine Integration gefordert, während andere aktiv inkludiert werden.«

»Da hast du Recht. Je länger ich in Deutschland lebe, desto besser verstehe ich auch, dass einige sich zurückziehen und isolieren. Denn als Flüchtlingsgesicht wirst du nicht als normaler Mensch betrachtet, sondern entweder idealisiert oder verteufelt: Der edle Wilde oder der böse Muselmann. Es ist deshalb unglaublich befreiend, unter anderen Flüchtlingsgesichtern zu sein und zur Abwechslung als normaler Mensch wahrgenommen zu werden. Leider klappt das als Ex-Muslim nicht immer. Mir kann passieren, dass ich abends nicht in die Disco komme, weil ich als gefährlicher Muslim gesehen werde, und am nächsten Tag nicht in ein Begegnungscafé darf, weil ich ein ungläubiger Kāfir bin.«

»Du gehst doch sowieso viel lieber mit uns weg«, lacht der Computerfachmann.

»Ja«, stimme ich ihm zu und hebe mein Glas. »Prost, Habibis!«

DER AUFPRALL

»Du sollst mal beim Geschäftsmann vorbeikommen, er will mit dir sprechen«, richtete mir der kleine Gangster von einem einflussreichen Kurden in der Grenzstadt aus. Ich folgte der Vorladung und saß plötzlich einem Mann gegenüber, der offensichtlich nicht verstanden hatte, dass er keine Weisungsbefugnis über mich hatte, nur weil er älter und ebenfalls Kurde war.

»Du kannst denken und glauben, was du willst«, teilte er mir ruhig, aber ernst mit. »Aber du läufst ab sofort nicht mehr mit deinen gotteslästerlichen T-Shirts durch die Stadt und du störst auch keine Demonstrationen.«

»Drohst du mir?«, fragte ich. Er bejahte und ich ging zur Polizei, die ihm kurz danach einen Besuch abstattete.

»Ich bring dich um, wenn du mir noch mal die Polizei auf den Hals hetzt«, brüllte er, als ich ihm das nächste Mal über den Weg lief. Ich meldete ihn wieder und danach herrschte seinerseits Ruhe.

Doch er war nicht der Einzige, der sich an mir störte. Böse Blicke gehörten inzwischen zu meinem Alltag und es passierte jetzt sogar mal, dass uns jemand unvermittelt anpöbelte und vor die Füße spuckte, wenn ich in Begleitung meiner Freundin unterwegs war.

Auf einem Straßenfest eskalierte die Situation, als einer der palästinensischen Demonstranten mich erkannte und anpöbelte. Es entspann sich ein hitziges Wortgefecht, das damit endete, dass der Demonstrant mir unterstellte, ich habe seine Frau fotografiert, mir Gewalt androhte und seine Frau mich so heftig anrotzte, dass eine Passantin neben mir auch getroffen wurde. Dann alarmierte er seine Freunde, die das Straßenfest so massiv umstellten, dass ich mich schnell in Sicherheit bringen musste.

»Du kannst die Welt nicht über Nacht ändern«, mahnte der Künstler, als ich ihm davon berichtete. »Du musst geduldig sein, sonst bringst du dich damit noch um.«

»Geduld war noch nie meine Stärke. Ich kann nicht hundert Jahre warten, bis die Uhren sich in der muslimischen Welt weitergedreht haben.«

»Pass auf dich auf«, sagte er, umarmte mich fest und schaute mich besorgt an. Ich tat es ab. Ich war ja schließlich nicht mehr im Mittleren Osten.

Als ich einige Tage später mit meiner Freundin aus ihrem Hauseingang kam und mich plötzlich jemand von hinten berührte, dachte ich im ersten Moment, dass mich ein Freund von hinten umarmen wolle. Doch im nächsten Moment landete ich schon auf dem Kopfsteinpflaster. Erst als mir ein dazugeeilter Passant hochhalf, erkannte ich, dass es der palästinensische Demonstrant war, der seine Drohungen wahrgemacht hatte und sich damit offensichtlich völlig im Recht fühlte. Er erzählte allen Umstehenden davon, dass ich Böses im Schilde führe und sein Überfall somit berechtigt sei. Auch als die Polizei und der Krankenwagen eintrafen, war er sich seiner Sache noch völlig sicher.

Ich war in meinem Leben schon so oft verprügelt worden, doch diesmal tat es länger weh als sonst. Ich hatte glücklicherweise nur eine Gehirnerschütterung davongetragen, aber mein Kopf und Körper schmerzten und meine Freundin traute sich nach dem Vorfall kaum noch vor ihre Tür.

Als der Vorfall zu allem Übel auch noch von rechtspopulistischen Portalen ausgeschlachtet wurde, war meine Laune am Tiefpunkt angelangt. Ich griff mein Mobiltelefon und postete ein wütendes Statement:

»Hier noch mal ein herzliches ›FUCK YOU‹ allen muslimischen und nichtmuslimischen Rechtsradikalen. Ich finde euch alle gleich scheiße. Ihr tragt alle gemeinsam dazu bei, dass die Welt immer beschissener wird. Euer Hass ist keine Meinung, sondern ein Verbrechen!«

DAS GLÜCK

»Ich habe Hunger«, sage ich. Wir gehen spätabends nach einer Lesung durch die Fußgängerzone nach Hause.

»Um diese Uhrzeit gibt es hier nirgends mehr etwas zu essen«, stellt meine Freundin fest.

»Doch, da!«, ich zeige auf ein Fastfood-Restaurant.

»Das ist ein multinationaler Scheißkonzern«, sagt meine Freundin angewidert.

»Willst du es mir verbieten?«, frage ich.

»Ja!«, sagt sie und stapft weiter.

»Aber sie haben vegane Burger«, versuche ich sie zu locken.

»Na und?«

»Hast du nicht gerade noch gesagt, dass du eigentlich ein Klo brauchst?«

Meine Freundin knickt ein, wir treten ein und sie flitzt direkt Richtung Toiletten. Ich gehe zur Essenausgabe und stelle entsetzt fest, dass sich eine Gruppe muslimischer Jungs im Laden befindet.

Ich kenne sie alle. Und sie kennen mich und drehen sich gerade geschlossen zu mir um.

Ich entschließe mich kurzerhand, auch noch mal schnell aufs Klo zu gehen. Dann höre ich Schritte hinter mir auf der Treppe, Mist. Ich Idiot, warum bin ich hier hochgegangen? Ich atme tief durch, gehe in die Toilette und tue so, als merkte ich nicht, dass jemand hinter mir reinkommt und sich neben mich stellt.

»Hey, Kāfir!«

Ich drehe mich um und sehe in ein freundliches Flüchtlingsgesicht.

»Alles klar bei dir?«, sagt es.

»Ja, alles klar«, antworte ich verdattert und denke: »Sehr sogar!«

Wir pinkeln und gehen nebeneinander raus, meine Freundin wartet unten auf mich.

»Wolltest du nicht was bestellen?«, fragt sie.

»Nein, ich bin wunschlos glücklich. Lass uns einfach so nach Hause gehen. Heute ist der glücklichste Tag meines Lebens.«

»Was ist passiert?«

»Mich hat gerade ein muslimischer Mann freundlich Kāfir genannt.«

DAS SCHLUSSWORT

Dieses Mal kam er von vorne und trat an unseren Tisch. Meine Freundin und ich zuckten beide unwillkürlich zusammen, als wir das Gesicht des Palästinensers erblickten, der mich nur wenige Tage zuvor von hinten attackiert hatte. Nun fragte er vorsichtig, ob er sich neben uns setzen und uns auf einen Kaffee einladen dürfe. Wir nickten zögerlich und boten ihm dann einen Platz an.

»Es tut mir leid, ich habe Scheiße gebaut«, sagte er. »Ich bin vor Gewalt und Meinungsdiktatur geflüchtet und nun mache ich hier dasselbe. Ich habe dich auf der Demonstration erlebt und gehört, wie die Leute über dich reden. Ich war überzeugt, dass du ein böser Mensch bist und habe die Situation entsprechend gedeutet. Es tut mir leid.«

Nach der Tat hatte er in unserer Straße Kontakt zu den Leuten gesucht, die den Vorfall miterlebt hatten, und gemerkt, dass niemand Verständnis für ihn hatte. Er hatte Angst vor den strafrechtlichen Konsequenzen seiner Tat, aber er schien auch kapiert zu haben, dass es hier keine akzeptierte Form der Klärung sei, Leute zu verprügeln.

»Wenn ein erwachsener, muslimischer Mann sich entschuldigt und zugibt, Mist gebaut zu haben, dann ist das ein sehr großer Schritt«, sagte ich zu meiner Freundin, als wir später zusammen auf meinem Balkon saßen. »Vor zwei Jahren hat mich niemand ernst genommen. Doch jetzt haben sich viele Leute eingemischt und etwas bei ihm bewegt. Meine Mission ist also doch nicht völlig aussichtslos.«

»Das ist ziemlich gut!«, fand auch sie und nickte zu meinem Mobiltelefon. »Du hörst orientalische Musik?«

»Ja, ich habe zum ersten Mal das Gefühl, dass ich die Musik wieder ertrage. Das habe ich meinen Habibis zu verdanken. Sie haben sich nach dem Überfall alle sofort bei mir gemeldet und ihr Entsetzen ausgedrückt. Der kleine Gangster war so wütend, dass er dem Typen fast einen Besuch abgestattet hätte.«

»Denkst du, dass du jetzt erst mal sicher bist?«

»Ich weiß nicht. Aber die letzten Tage haben mir mal wieder gezeigt, dass nicht alle Menschen mit muslimischen Wurzeln fanatische Spinner sind oder bleiben müssen.«

Der Putz bröckelte ein wenig von der gelb gestrichenen Wand der Balkonbrüstung. Die Sonne schien und es war heiß wie selten in meiner neuen Heimat. Ich ließ die Musik auf mich wirken, schloss die Augen und hielt mein Gesicht in die Sonne. Ich erinnerte mich an das Rattern der Dieselgeneratoren und konnte den Duft des frisch gebackenen Brotes meiner Mutter dabei förmlich riechen. Vor meinem inneren Auge sah ich die blassgelben, staubigen Dächer meiner Geburtsstadt.

Meine Welt war seither so viel größer geworden. Ich hatte viel verloren, aber noch mehr gewonnen. Ich war glücklicher, als ich es mir jemals hätte erträumen können. Das hatte ich auch meinem Djinn zu verdanken, denn ohne ihn hätte ich vermutlich weder rebellieren können noch flüchten müssen.

Ich wusste nicht, welche Zukunft mich erwartete. Aber ich bereute nicht, was ich hinter mir gelassen hatte. Und gerade weil ich mit dem Islam so viel Schreckliches erlebt hatte, würde ich nie mehr dem Hass und schlichten Weltbildern verfallen und Gleiches mit Gleichem vergelten.

Meine Freiheit war ein Geschenk und eine Verpflichtung. Ich konnte den zum Schweigen Gezwungenen eine Stimme geben. Ich würde weiter für das Recht auf Individualität und Freiheit auf die Straße gehen, bis es normal würde, unnormal zu sein. Meine Methode musste nicht jedem passen, aber sie passte zu mir.

Ich war zwar kein Vorzeigeflüchtling, aber ein lebender Beweis dafür, dass Menschen sich ändern konnten. Vielleicht könnte ich auch andere dazu inspirieren, lieber Kuffārspaß zu haben, als sich vor Höllenqualen zu fürchten. Hoffentlich würden sich irgendwann mehr Menschen von ihren absoluten Wahrheiten verabschieden und in Vielfalt miteinander leben, quer zu ihren religiösen Hobbys oder anderen Passionen.

»Ich habe eine Idee für ein Schlusswort«, sagte ich, nahm mein Handy, schrieb eine Skizze und schickte sie meiner Freundin auf ihr Telefon.

Sie korrigierte längere Zeit daran rum und schickte den Text wieder zurück.

»In der Behauptung eines ›einzig wahren und unveränderlichen‹ Charakters des Islams unterscheiden sich islamistische und antimuslimische Propaganda wenig. Beide Seiten halten den Islam für unveränderbar. Welche Wahl bleibt uns Kindern muslimischer Eltern, wenn wir von allen Seiten vermittelt bekommen, dass dieses toxische Denken zu unserer Kultur dazugehört? Warum sollten Flüchtlingsgesichter nicht auch säkular leben können? Scheiß auf die islamistischen und antimuslimischen Wahrheitsverwalter. Orientalische Vielfalt ist machbar!«, las ich vor. »Wie findest du das, Habibti? Sollen wir das ans Ende des Buchs setzen?«

»Ich weiß nicht«, antwortete sie. »Dafür ist es vielleicht etwas zu pathetisch.«

»Was bedeutet das?«, fragte ich.

»Aufgesetzt und übertrieben feierlich«, antwortete sie. »So als wolltest du gleich die Menschheit retten.«

»Das würde ich auch gern«, sagte ich. »Sobald wir mit den Glaubenskriegen aufhören, können wir uns vielleicht endlich mal den wirklich bedrohlichen Problemen der Welt widmen.«

Danksagung

Dieses Buch wäre nie ohne die vielen Menschen zustande gekommen, die ihre Geschichten mit uns geteilt haben. Danke dafür!

Es gibt darüber hinaus eine Reihe von Personen, denen wir dafür danken möchten, dass sie ganz konkret zur Entstehung dieses Buches beigetragen haben, allen voran dem Team unseres wunderbaren Verlags!

Meine Freundin dankt außerdem ihrer großen Schwester für die erste Lektüre und den großen Zuspruch. Dem Antiquar ist sie zu ewigem Dank verpflichtet für unzählige Verbesserungsvorschläge. Auch dem Kriminologen dankt sie für die wertvollen Anregungen. Und ohne den Buchhändler wäre das Buch vielleicht nie gedruckt worden.

Ich möchte gern dem Religionskritiker und der Psychologin dafür danken, dass sie an mich geglaubt haben, und der Literaturwissenschaftlerin dafür, dass sie uns mit kritischen Fragen gefordert hat. Mein Dank gilt auch dem Publizisten für die Möglichkeit, mich als Blogger auszuprobieren, und dem Geschlechterforscher für die Chance, erste Erfahrungen als Autor zu sammeln. Und mein besonderer Dank gilt dem Rapper für seinen kritischen Blick auf das Buch und den vielen Freundinnen und Freunden auf Facebook, die mich dazu ermuntert haben, meine Geschichte zu erzählen.

Meine Freundin möchte auch gerne ihren Freundinnen dafür danken, dass sie da sind, und ihrer geliebten Familie sowieso. Sie dankt ihrer Mutter, sie das Zuhören, und ihrem Vater, sie das Geschichtenerzählen gelehrt zu haben.

Und ich danke meinem kleinen Neffen dafür, mir einen Grund zu geben, den Kampf für eine bessere Welt nicht aufzugeben.